信託法
と
その社会的役割

坂東洋行〔著〕

中央経済社

はしがき

　1922年（大正11年），旧信託法と信託業法が制定され，本書執筆時の2022年で実に100年が経過した。信託法制定100周年の節目に本書が出版できることは大変喜ばしいことに感じる。

　本書は，早稲田大学法学部において2019年から担当している信託法の講義資料を加筆・修正したものである。同科目は，1996年から開講している一般社団法人信託協会による寄附講座となる。およそ四半世紀にもわたり，学生への信託の普及のために寄附講座に出捐いただいている同協会に厚く御礼申し上げたい。

　本書は，大学講義の信託法を扱っているものとなるが，法学部開講科目としての信託法の基礎，さらに信託の社会における役割をテーマ形式で法務と実務を紹介している。したがって，本書の読者層は，信託法を学習する学生にとどまらず，金融機関，不動産，リース業，総合商社等の実務に携わり，信託の仕組みを理解しようとする社会人も対象とすることを企図して構成している。

　第1部の「信託法の基本」は，大学講義での指定テキストに道垣内弘人『信託法（現代民法別巻）』（有斐閣・2017年）を使用したことから法解釈への影響が大きい。公刊されている一般的な信託法の基本書は，2006年の信託法改正後に執筆され，新旧の信託法の比較や解釈の変遷が詳細に記述されているものが多い。

　本書では，旧法下の信託法解釈は，前出・道垣内および新井誠『信託法（第4版）』（有斐閣・2014年）等を参照していただくことを念頭に，新旧法の解釈の変遷に関する記述は最小限にとどめている。

　また，現行法の規定は，旧法下における実務慣行や法解釈の対立等の解決を図り，平易な記述でわかりやすい条文となっている。したがって，できる限り信託法条文を参照し，なお解釈が難しい場合は事例を示しながら解説するよう心がけている。

　第2部の「信託の社会的役割」については，金融市場と信託，資産運用と信託，資産流動化と信託，不動産と信託，役員報酬と信託，資産承継と信託の6つのテーマに分け，構成している。

　それぞれの領域が抱える課題や問題，社会環境や利用者のニーズについて，統計データ等を確認しながら説明し，その課題等に対し「信託」がどのような役割をはたしているのか，またははたすべきなのかを営業信託の具体的な商品やサービスの構造の概観および参照すべき法理念を示し説明している。

　また，寄附講座の性格上，金融教育にも配慮し，年金や投資信託等の資産形成にも

紙幅を使い，挿絵等でわかりやすく解説するよう工夫している。

　筆者は，前職は信託銀行で機関投資家として25年間，市場運用や投資先および金融監督者とのエンゲージメントを日米英3拠点で実践し，早稲田大学大学院および英国ロンドン大学（University College London）で会社法，金融商品取引法および金融規制を研究した異色の経験を有する。

　このため，全編を通じ，「受託者責任」と「資産運用と信託」には，ことさら強い思い入れがあり，本書全体の構成の中でも大きな割合を占めている。とりわけ，Fiduciary（受託者）およびスチュワードがはたすべき責任について，英国法の解釈にこだわりを持って記述している。

　大学授業を通じ，「信託」をどう学生に理解してもらえるのか，また，将来の信託の担い手をいかに増やしていくのかに腐心しているが，それは本書にも該当する。

　信託法の解釈および営業信託の商品の仕組みの理解を促すため，本書では100を超える挿絵を自作している（イラストおよびシルエットについては主として AC ワークス株式会社の素材を利用している）。これらは，信託銀行勤務時代に広告宣伝に携わった際，利用者にいかに信託を訴求すべきかを日夜悩んだ経験の産物である。詳細な絵図や説明ではなく，単純化したほうが理解されやすいという経験則が基本となっている。

　この点，電通のエグゼクティブ・クリエイティブ・ディレクター（当時）の平山浩司氏，博報堂のストラテジック・ディレクター（当時）の杉谷領基氏には，信託が利用者にどう映るのかをテレビ CF 等の広告物の作成過程で共有してもらうことができ，両社の顧客に寄り添う社風は今でも物事の考え方の基本に影響し，感謝している。

　学部生時代よりご指導いただいている大塚英明早稲田大学法学学術院教授には，日ごろの信認法理の研究の進捗を相談するなかで，早稲田大学で信託法講義を始めるきっかけをいただいた。信託法とその実務を全面的に見つめ直すことができ，感謝申し上げたい。

　次に，信託法の解釈の基本となる受託者責任の考え方については，勤務校となる名古屋学院大学法学部に在籍されていた加藤雅信名古屋大学名誉教授に感謝申し上げたい

　平成30年債権法改正の法制審では，委任の受任者義務の一般規定として忠実義務の新設が検討され見送られたが，加藤名誉教授には，債権法改正時の議論や受任者の善管注意義務全般の考え方について，幾度か時間をいただき，詳細な解説をいただくことができた。

　最後に，大学院時代からの指導教授である上村達男早稲田大学名誉教授には，英国のスチュワードシップ・コードとの対比で，わが国の受託者責任を再検討するよう課

題を与えられ，それが筆者の受託者責任の法理（信認法理）の研究の端緒となり，会社法や金商法への発展的な研究へとつながった。改めて上村名誉教授に感謝申し上げたい。

　上村名誉教授は，信託法が改正される前の2001年に日本証券投資顧問業協会（現・投資顧問業協会）の委嘱により，「投資顧問業の注意義務について」報告書を提出し，外国法との詳細な比較法研究により受託者責任の考え方を整理され，また最近でも，上村達男『会社法は誰のためにあるのか─人間復興の会社法理』（岩波書店・2021年）にて受託者責任の考え方を更新されている（同書141-143頁）。

　本書を含め，筆者の受託者責任の法理の研究は，その報告書および著書で示された理念を継受しようとの目標を持って取り組んでいるが，上村名誉教授の指針までとうてい及ばない。それは弟子である筆者の能力不足であり，今後も修正に努めていきたい。

　他にも専門領域を有する多くの方々と議論や確認をいただく機会があったが，ここではあげず，参考文献等に名前をあげさせていただいた。

　本書の出版について，企画から編集に至るまで，多大なご理解とご尽力をいただいた株式会社中央経済社学術書籍編集部の露本敦編集長に厚く御礼を申し上げます。

2022年11月

名古屋学院大学法学部

坂東　洋行

目　次

第2部　信託の社会的役割

〔文献略語〕

新井	新井誠・信託法［第 4 版］（有斐閣・2014）
岩田	岩田新・信託法新論（有斐閣・1933）
上村	上村達男・会社法は誰のためにあるのか（岩波書店・2021）
江頭会社	江頭憲治郎・株式会社法［第 8 版］（有斐閣・2021）
江頭商	江頭憲治郎・商取引法［第 9 版］（弘文堂・2022）
加藤	加藤雅信・新民法大系 4 契約法（有斐閣・2007）
神作編	神作裕之編・フィデューシャリー・デューティーと利益相反（岩波書店・2019）
神田＝折原	神田秀樹＝折原誠・信託法講義［第 2 版］（弘文堂・2019）
黒沼	黒沼悦郎・金融商品取引法［第 2 版］（有斐閣・2020）
佐藤	佐藤勤・信託法概論（経済法令研究会・2009年）
四宮	四宮和夫・信託法［新版］（有斐閣・1989）
四宮＝能見	四宮和夫＝能見善久・民法総則［第 9 版］（弘文堂・2018）
条解	道垣内弘人編著・条解信託法（弘文堂・2017）
セミナー 1	能見善久＝道垣内弘人編・信託法セミナー 1（有斐閣・2013）
セミナー 2	能見善久＝道垣内弘人編・信託法セミナー 2（有斐閣・2014）
セミナー 3	能見善久＝道垣内弘人編・信託法セミナー 3（有斐閣・2015）
セミナー 4	能見善久＝道垣内弘人編・信託法セミナー 4（有斐閣・2016）
道垣内	道垣内弘人・信託法［第 2 版］（有斐閣・2022）
能見	能見善久・現代信託法（有斐閣・2004）
樋口	樋口範雄・入門 信託と信託法［第 2 版］（弘文堂・2014）
星野	星野豊・信託法（信山社・2011）
三菱	三菱 UFJ 信託銀行編著・信託の法務と実務［7 訂版］（金融財政事情研究会・2022）

〔雑誌略語〕

金判	金融・商事判例
金融	週刊金融財政事情
商事	旬刊商事法務
判時	判例時報

判タ	判例タイムズ
民集	最高裁判所民事判例集

〔法令略語〕

会計士	公認会計士法
会社	会社法
会社規則	会社法施行規則
外為	外国為替及び外国貿易法
規則	信託法施行規則
給付	確定給付企業年金法
給付令	確定給付企業年金法施行令
旧法	平成16年改正前信託法
業法	信託業法
業法規則	信託業法施行規則
業法令	信託業法施行令
拠出	確定拠出企業年金法
金商	金融商品取引法
金商令	金融商品取引法施行令
銀行	銀行法
銀行規則	銀行法施行規則
兼営	金融機関の信託業務の兼営等に関する法律
兼営規則	金融機関の信託業務の兼営等に関する法律施行規則
兼営令	金融機関の信託業務の兼営等に関する法律施行令
建設	建設機械抵当法
公益	公益信託ニ関スル法律
厚生	厚生年金保険法
資産	資産の流動化に関する法律
車両	道路運送車両法
商	商法
商標	商標権法
船舶	船舶法
相基達	相続税法基本通達
相続	相続税法
相続令	相続税法施行令
措法	租税特別措置法

措令	租税特別措置法施行令
宅地	宅地建物取引業法
著作	著作権法
直投令	対内直接投資等に関する政令
登記	不動産登記法
投信	投資信託及び投資法人に関する法律
独禁	私的独占の禁止及び公正取引の確保に関する法律
特許	特許法
取引府令	有価証券の取引等の規制に関する内閣府令
年金積立	年金積立金管理運用独立行政法人法
振替	社債，株式等の振替に関する法律
法	現行信託法
放送	放送法
保険	保険業法
民	民法
民訴	民事訴訟法

プロローグ

1　信託とは

【図1】

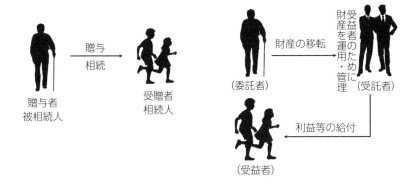

　「信託」という言葉の響きは，時には難しく聞こえ，また，時には優しく聞こえる。信託と言われても，通常，市民にとっては無関係で縁遠いものであるかに感じるであろう。たとえば，企業が保有資産の効率化を図るために不動産を流動化するには信託の仕組みを使わざるを得ない。また，航空会社が新型の航空機を大量に導入する際に活用するリースや証券化にも信託の仕組みが欠かせない。しかし，信託の仕組みは法人や企業等によって金融市場のみで利用されているわけではない。

　孫の成長を願う祖父母の思いは信託に託され，たとえば教育資金贈与信託として孫の教育資金給付のためにその思いが継承されていく。自分にもしものことがあった場合，愛犬のことが心配な人たちは信託を用い，愛犬が信頼できる人に世話をしてもらえる仕組みを設定することができる。人それぞれの優しい思いを実現できるのも信託である。

　企業年金における年金信託，小口で様々な資産へ投資できる投資信託等の投資にも信託の仕組みが活用され，年金の給付や投資資産の管理運用等，個人の将来の資産形成にも重要な役割を担っている。

　元来，信託の仕組みが考えられた背景には，財産を有する人が，家族や守りたい人たちのために信頼できる人に資産を預けて残す「家族愛」があり，市民社会には身近

な存在であった。信託を担う「受託者」は英語で fiduciary となるが，その語源はラテン語の fiducia「信頼」であり[1]，受託者とは「信頼できる人」を意味する。

　信託の仕組みが，贈与や相続と大きく異なる点は，図1の通り，財産がある人（贈与者，被相続人）と利益を受ける人（受贈者，相続人）といった二者間の関係ではなく，委託者と受益者の間に受託者が介在することである。つまり，受託者は第三者（受益者）のために委託者から財産を預かり，運用管理する契約を締結する点で他のどの制度よりも特異である（なお，信託の設定は契約だけではない）。このため，受託者の信頼を規律するための法制度が必要となることは言うまでもない。

2　信託法とは

　1922年（大正11年），信託法および信託業法が制定され，本年（2022年）で100周年を迎えている。信託法は民法の特別法の位置づけとなり，民法や商法で規律できない制度や手続を規定している。また，信託業法は，信託会社となる金融事業者を規律する業法となる。

　この信託法の制定以降，わが国の社会環境が大きく変わり金融市場も発展してきたことから，信託の仕組みについては実務が先行し，それに合わせて信託法の解釈についても既に様々なアプローチがなされてきている（→10-13頁）。

　これらの実務の先行により旧信託法の解釈のみでは矛盾が生じたり，信託の仕組み自体の市場での役割・期待に変化があったりしてきたことから，2006年信託法は全面改正され，それまでの解釈論や実務慣行が反映され，現在に至っている。

　また，信託法のみが受託者責任を規律するわけではなく，同時期に制定された会社法（2005年）では内部統制システム構築義務等の善管注意義務の類型化がなされたり，金融商品取引法（2006年）では投資運用業および投資助言業に善管注意義務および忠実義務が課されたりするなど，受託者責任がより具体化されている。

　本書では，「信託法の基本」で，まず信託の起源から始め，信託法の基本的な構造を説明していきたい。その後に，信託の仕組みが市場や社会においてどのような役割を担っているのかを「信託の社会的役割」で具体的にみていく。

1　Evan J., Miller, Paul B. & Sitkoff, Robert H., ed. "The Oxford Getzler, Joshua, Fiduciary *Principles in English Common Law*", Handbook of Fiduciary Law," Oxford University Press, 2019, p.472.

第1部

信託法の基本

第1章◆信託の成り立ちと信託法

第1節　信託の起源

1　受託者責任の誤謬

「他者の信認に応えるべく一定の任務を遂行する者が負うべき幅広い様々な役割・責任の総称」

　わが国の行政庁は，金融規制のアプローチとして，フィデューシャリー・デューティーを上記のごとく果断に言い換えている。フィデューシャリー・デューティーとは，信認関係において受託者が受益者に負う一般原則であり，わが国では「受託者責任」と呼ばれている（以下，本書においては特に断りがない限りフィデューシャリー・デューティーを「受託者責任」とする）。

　行政庁職員の見解では[2]，この受託者責任の概念が欧米において冒頭の定義の通り拡大しているとのことだが，実際は「総称」といったあいまいなものではなく，英米法においては信認義務，つまり受託者責任を認めるためには当事者間の信認関係の存在が必要となり，一律に認められるものではなく，厳格に信認関係の事実認定を求める判例法理が存在する[3]。

　そこでは，信認関係の成立に，委託者が相手方（受託者）に財産を託し，受託者に信認義務を課す意思があり，信託された財産を管理運用することを受託者に義務づけることが必要となる[4]。

　つまり，信認関係を認めるためには受託者が信託財産の管理処分に裁量権を有することが必要となり[5]，裁判所も形式的な関係ではなく，受託者の裁量権の有無を事案

2　中島淳一「顧客本位の業務運営が目指すべきもの」金融68巻1号（2017）11頁。
3　Frankel, Tamar, "Fiduciary Law," Oxford University Press, 2011, p.12（同書の邦訳として溜箭将之監訳＝三菱UFJ信託銀行 Fiduciary Law 研究会訳『フィデューシャリー「託される人」の法理論』（弘文堂，2014年）, Kelly, Daniel B., *'Fiduciary Principles in Fact-Based Fiduciary Relationship,'* Criddle, Miller & Sitkoff, ed. *supra note* 1, p.3.
4　Frankel, *supra note* 3, p.5.
5　Conaglen, Matthew, "Fiduciary Loyalty," Hart Publishing, 2010, p.247.

ごとに事実認定している[6]。

　受託者責任の対象を意図的に拡大することには、「受託者責任」が有する文言の重みを示すことで「強圧制（強い力や権力でおしつけること・広辞苑第7版）」を金融事業者に課す金融監督上の目的があるが、それは法令に基づくものではなく、かつ受託者責任が本来有する厳格な意味や目的とは大きく異なる。そこで、まず「信託」の起源を振り返り、誤った受託者責任の解釈の修正を試みていきたい。

2　ユース

　信託の起源は諸説あるが、英米法において信託法理が形成されてきた経緯から、主として英国における「ユース」にその起源を求める考え方が有力とされている（新井7頁）。12世紀に入った英国はまさに戦争の歴史であった。1189年に英国が参戦した十字軍遠征は13世紀後半まで続き、また、14世紀前半に始まったフランスとの戦争は100年近く続いたことから百年戦争と呼ばれている。これらの戦地に赴いた市民の不在時および死亡時の財産の管理が大きな社会的な問題となるのは想像に難くない。

　英国では、戦地に赴いた市民の財産の管理方法として「ユース（Use）」が用いられた。出兵した市民（譲渡人）は、自らの金銭や不動産等の財産を第三者である村や町の名士（譲受人）に譲渡し、自分が不在の間に財産を運用することを依頼した。そのうえで、譲受人はその財産を運用・管理し、発生した収益等

【図2】

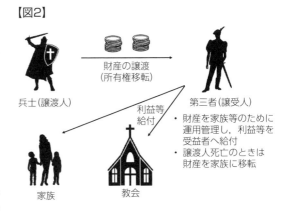

財産の譲渡
（所有権移転）

兵士（譲渡人）

利益等
給付

第三者（譲受人）
・財産を家族等のために運用管理し、利益等を受益者へ給付
・譲渡人死亡のときは財産を家族に移転

家族

教会

を留守宅の家族や教会に給付し、譲渡人が戦地で死亡するようなことがあると、譲受人が財産を相続人に移転させることがあらかじめ譲渡人と譲受人との間に約されていた。これらの譲受人による家族等のための財産の管理・運用と譲渡人死亡時の相続人への財産の移転がユースと呼ばれる仕組みであった（図2）。

3　大法官による救済

　ユースは、譲渡人と譲受人との間の信頼関係に依存するものであったが、13世紀に

6　Kelly, *supra note* 3, p.21.

入ると譲受人が譲渡人との約束を反故にし，財産および収益を専横ないし横領し，家族に一切給付しないことが発生した。家族は救済を裁判所に訴えるが，ユースの仕組み上，譲渡人の財産所有権が譲受人へ移転するため裁判上（コモンロー）では救済されることはなく，裁判所は訴えを門前払いとした。そこで，家族らはその救済を行政官となる大法官へ求めた（図3）。

【図3】

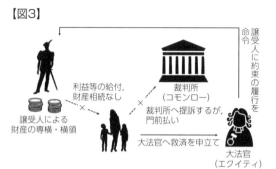

救済の申立てを受けた大法官は，コモンロー上の財産の権利者を譲受人と認めつつ，良心と衡平（エクイティ）の見地から譲受人の行為を不公正と認め，家族らの救済を判断するようになった（樋口48頁）。同様の事案が多く発生し，その都度，大法官が救済を判断することによって救済措置が先例となり，それらが一種の判例と扱われることとなった。コモンローでは扱われない事例を補う仕組みとして大法官による救済手続はコモンローと並ぶ「エクイティ（Equity）」裁判所を構成することになった[7]。

4　エクイティから信託へ

17世紀に入り，ノッティンガム大法官は，エクイティの先例からユースを再整理し，ユースは「トラスト（信託・Trust）」と呼ばれるようになった（佐藤9頁）。信託では，譲渡人が委託者，譲受人が受託者，家族等は受益者と呼ばれた。

【図4】

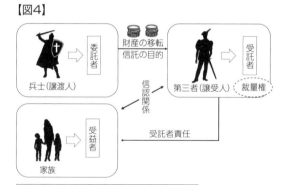

委託者から財産の移転を受けた受託者には財産の管理運用に関し信託の目的に従った裁量権があり，財産の管理運用から生じた利益等は受益者に給付する義務を受託者に負わせた。この財産の管理運用の裁量権と受益者への利益等

7　エクイティ裁判所の存在によって，「二重の法体系」と呼ばれる場合もあるが（新井7頁），その位置づけはコモンローの補完であり，エクイティとコモンローで一貫した法体系となる。英国では，他にも判例法理や制定法を補完させるプリンシプルや自主規制が発展してきた経緯がある。

給付義務について，受託者と受益者の間に信認関係（Fiduciary Relationship）を認め，その関係においいて受託者は受益者に対して受託者責任（Fiduciary Duty）を負うこととなった（図4）。

　ユースにおいても，信託においても，譲受人および受託者（Fiduciary）の責任が重く，そのため，信認関係（<u>Fiduciary</u> Relationship），受託者責任（<u>Fiduciary Duty</u>）のいずれも「受託者（Fiduciary）」が起点となった文言となっている。

　このように，信託の起源は，あふれる家族愛や信仰心が源泉となり，譲渡人から譲受人への厚い信頼に依存した仕組みとなっている。家族等の受益者に対し譲受人が負う責任はその信頼＝信認関係から生じ，行政庁が定義するような「総称」といったあいまいなものではなく，財産の管理運用に裁量権を譲受人が有し，家族等に対して利益等を給付する義務を負うことが明確かつ具体的であり，これは現代においても信託の仕組みの揺るぎない基盤となっている。

第2節　信託法の制定

1　法制史以前の信託

　信託の仕組みは，英国のユースばかりではなく，わが国においても類似の仕組みが活用されてきた（新井25頁）。たとえば，828年に創設された綜芸種智院は，空海に帰依していた貴族たちが第三者に土地や金銭等を預託し，その預託を受けた第三者が資金を管理運用し，学校設立や運営費を出資した。空海自身が出資を受け，学校を設立・運営したわけではなく，第三者が資金管理をしていた点に信託の類似性が認められる。

　また，1500年代後半に織田信長が朝廷の家屋修繕等の財政支援を行った際，京都近辺の田畑に課税し米を徴収した。徴収した米は京都の商人たちに預託され，商人が米を運用した収益が朝廷に給付されたが，この仕組みは「信長信託」と呼ばれている。

　1829年に始まった「秋田感恩講」では，商人たちが資金を藩に拠出し，藩はその資金で田畑を買い入れ小作米による収益を計上しながら，その収益を財源に飢饉等による貧困家庭に米を給付した。秋田感恩講は，現代の公益信託に近い仕組みとなっている。このようにわが国においても信託類似の仕組みが活用されていた。

2　社会経済の状況に応じた法整備

(1)　旧信託法の制定

　わが国においても信託類似の仕組みが存在したが，英米法による信託を立法により

初めて移植したのは，1905年の担保附社債信託法とされる。立法当時は日露戦争が終了したばかりで，わが国の産業復興時にあり，外貨を獲得するための国策として同法が制定された経緯がある（新井17頁）。

　同法により社債は発行会社の財産が付保されることにより信用力が高まり，社債による外貨等の大量の資金を調達できる手段が整備された。

　担保附社債信託法は，企業の資金調達を促進する目的があり，「信託」の定義や概念を明確にするものではなかったことから，信託の概念を明確にして信託制度の健全な発展を図り，かつ信託に関わる業者を規制するため，1922年，旧信託法と信託業法が制定された（神田＝折原21頁）。

　信託法により信託の定義やその当事者の責任や義務を規定し，信託業法により信託の担い手を規律していくため，信託法と信託業法が対に立法過程で審議され，同時期に立法化されたことは，わが国における信託の普及に望ましいことであった。

　しかし，実態は業者による信託の類似商法が横行し，「信託の濫用」とも呼べる状況にあったことから，明治維新以降，金融監督を担っていた大蔵省による業者取締が立法趣旨とされた（新井19頁）。英米における利用者の需要による信託の発展等を支援する立法措置とは異なり，金融市場において不公正取引等が横行した後に事後的な立法措置がなされるといったプロセスは現代でも共通する。

(2)　兼営法の制定

　信託業の収益は，財産の管理運用から得られる信託報酬に依存するため，その経営基盤は，社会経済の発展や規模に左右される。このため，黎明期の信託業は，必ずしも経営的に成功できていたわけではなく，1943年，「金融機関ノ信託業務ノ兼営等ニ関スル法律」（現行法はひらがな表示，以下「兼営法」とする）が制定された。

　米国では，19世紀に既に国法銀行や州法銀行が信託業務を兼営し，金融市場における主要なプレーヤーとなっていたことから，米国の国法銀行法を母法とした国立銀行条例を制定し，米国の金融制度をモデルとした経緯があるわが国が，兼営法により銀行業に信託業を兼営させたことは自然な流れである。

　兼営法は銀行業が信託業を兼営するための認可基準や信託業法の準用を規定するばかりではなく，銀行が取り扱うことができない財産の管理や遺言執行等の併営業務を列挙している。これも信託兼営金融機関に業務の多様性を認めることにより，経営基盤の安定性を目的としたものであろう。

　兼営法の制定により，専業の信託会社は銀行に転換するか，消滅していき，信託業法による免許取得で信託業を営む信託会社は，2004年の信託業法改正で新たな信託の担い手が登場するまでは存在していなかった（新井20頁）。

(3)　バブル経済とその崩壊

　信託法・信託業法制定から兼営法制定までの期間を信託会社（以下，信託業法とあわせ「信託業」とする）の時代とすると，兼営法制定以降は，信託兼営金融機関，つまり信託銀行の時代となり，信託法関連の立法は市場の需要や時代背景に影響を受ける。第二次世界大戦前後の混乱期を経て，信託銀行は，わが国の基幹産業への資金供給元として期待された。

　まず，個人による証券市場への投資を促すため，1951年，証券投資信託法（現「投資信託及び投資法人に関する法律」，以下「投資信託法」）が制定された。証券の大衆化を目的とし，投資を小口化するために受益権を証券化し，不特定多数の個人投資家に販売することに信託の仕組みが使われた。

　また，1952年，貸付信託法が制定され，大衆から小口の資金を集めて合同運用し，わが国の基幹産業に長期資金を貸し出す信託の仕組み（合同運用指定金銭信託）が利用された（三菱338頁）。単独運用が困難な少額の資金を信託の仕組みを利用し受託者が巨額の資金を運用できる点で，投資信託と貸付信託は共通する。

　信託銀行は，1985年以降，わが国が経験した未曾有のバブル経済醸成により，不動産や証券の市場でメインプレーヤーとなる。企業の余裕資金の運用先として単独運用指定金外信託（ファントラ）または特定金銭信託（特金）と呼ばれる証券信託が選好された。

　信託銀行は顧客と投資一任契約を包含する信託契約を締結し，受託者として信託財産により株式市場で大規模な投資を行った。また，不動産市場でも，土地信託を受託することにより信託銀行は受託者として土地建物の建設・開発，資金調達やビルメンテナンス等を行い，受益者に事業収益から配当を支払う仕組みを活用した。

　しかし，貸付信託，証券信託，土地信託は，わが国の経済成長が右肩上がりを継続する局面では，需要が継続し，事業収支も安定するが，経済の後退局面では厳しい。

　1990年代前半に始まったバブル経済の崩壊は，「失われた10年」と呼ばれ，わが国の経済は長期間低迷した。株式市場，不動産市場の価額が大きく下げ，土地信託の事業収支は悪化し，証券信託で保有する有価証券の含み損が拡大し，信託銀行の受託数が大きく減少した。

　また，企業の借入需要も後退したことから，貸付信託の新規受託数も減少し，2000年以降，募集が随時停止された。バブル経済崩壊と1997年の山一證券自主廃業に始まる金融危機による経済の停滞は信託銀行も影響を受けざるを得なかった。

　バブル経済崩壊後の長期間の景気低迷からの復興には，企業のバランスシート調整が欠かせなかったことから，2000年，「特定目的会社による特定資産の流動化に関する法律」が「資産の流動化に関する法律」（以下「資産流動化法」）に改正され，また，

投資信託法も改正された。資産流動化法は，債権や不動産の流動化を促進させるため，信託の仕組みを活用することが目的とされた。

　債権等を受託者となる信託銀行に信託することで，受託者は債権等を受益権に転換し，委託者は受益権を証券化し不特定多数の投資家に販売することが可能となった。

　また，投資信託法の改正により，投資信託が不動産等を運用対象にできるよう対象資産を拡大し，投資法人も運用スキームに加えた。これらの法改正により，証券化される受益権が多様化し，低金利の債券や低迷する株式市場を避ける機関投資家の投資対象資産拡大の需要に合致することになった。

⑷　信託法と信託業法の改正

　これらの市場の需要が拡大する一方，信託業が兼営法により実質的に信託銀行に限られ，また，不動産や有価証券等の有形資産に加え，特許や商標，音楽等の著作権等の知的財産などの無形資産に対する信託の需要も高まっていた。2004年以降の信託業法改正により，信託業の信託銀行以外の担い手の多様化と信託財産の対象の拡大を図る規制緩和がなされた（道垣内16頁）。

　従来，営業信託においては，金銭，有価証券，金銭債権，動産，土地およびその定着物，地上権，土地の賃借権に限定され，船舶，車両等の動産は種類を特定して認可が必要であったが，2004年信託業法改正によりこれらの制限が撤廃され，知的財産権等が信託財産の対象とされた。

　また，信託の担い手も信託銀行に加え，新たな類型として，運用型信託業，管理型信託業，特定大学技術移転事業承認事業者（TLO），グループ企業内信託が追加され（→120頁），信託業への参入が緩和された（三菱322頁）。

　これらの社会経済の変化に対応し，信託業法改正や実務の取扱いが変わるなか，旧信託法も見直しの遡上に載らざるを得なくなる。判例法理による法文解釈の変更や実務の取扱いの変化を改正条文に取り込んで行く現代の法改正のプロセスにならい，信託法および信託業法も2006年改正された（旧信託法が全面改正されたことから，旧信託法は以下「旧法」または「旧信託法」とする）。

　信託銀行等が旧法を解釈しながら進めてきた実務慣行を具体的に条文化し（星野14頁），また，旧法の解釈により実施されてきた担保権信託や自己信託等の新たな信託の類型に関する規定が追加された（三菱324頁）。信託宣言による自己信託（法3条3号），消極財産（債務）の信託を認めることで可能となった事業信託（法21条1項3号）等には，実効性の可否は別として，信託業に新たな役割・機能が期待されている。

　これらの一連の改正により，信託業の担い手に関する規制も緩和され，免許制の業者に加え，登録制の業者も採用された。また，著作権等管理事業法等の他の法律によ

り登録または認可等が認められる信託の引受けに関しては，信託業法上の免許または
登録が不要とされた。

(5)　立法・法改正による信託業の役割の変化

　旧信託法および信託業法が制定された1922年以降，信託業が求められる役割は，経
済社会の情勢や需要により，大きく変遷してきている（図5）。とりわけ，1985年以
降のバブル経済醸成期においては，信託銀行は，不動産市場や株式市場において，信
託財産の運用を行うメインプレーヤーであったが，バブル経済崩壊以降は，資産流動
化法に基づく特定目的会社や投信運用会社が運用する信託財産を受託し，専ら指図等
に従い信託財産を管理するバイプレーヤー（脇役）の位置づけとなっている。

【図5】

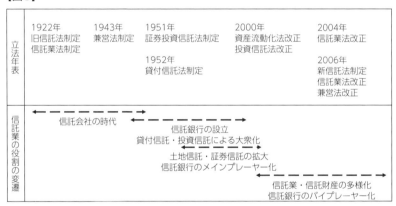

　もっとも，受託者による財産の管理は，ユースにまで遡ると，譲渡人から譲り受け
た財産を譲渡人の死亡等が発生するまで適正に管理し，家族等に承継する重要な機能
であり，本来，受託者に期待された中核的な役割である。
　また，わが国の信託財産は2000年以降急拡大し，2022年3月末現在で1,500兆円を
超える規模となり（信託協会調べ），家計が保有する金融資産額2,000兆円（日本銀行
資金循環統計調べ）の75％に匹敵する。信託財産を受託者として管理する信託業の
責任はさらに重くなっているといえる。

第3節　信託の解釈の変遷

1　概要

　旧法は信託の定義として,「本法において信託と称するは財産権の移転その他の処分を為し他人をして一定の目的に従い財産の管理または処分を為さしむるをいう（原規定はカタカナ表示, 以下同じ）。」と規定し（旧法1条）, 信託の定義や解釈は, 民法学者, 外国法の基礎法学者, 商法学者等により盛んな議論が続けられてきた。

　信託は民法領域との親和性が高く, 民法学者からの債権法および物権法との比較アプローチによる先行研究が多い。また, 基礎法学者による先行する英米の法制史や近時の動向等の紹介も見受けられ, わが国の信託の発展に多大な影響を与えてきた。

　さらに, わが国においては, 信託銀行を中心とした営業信託により信託制度が発展してきた経緯から, 商行為としての信託引受や近年急拡大している特定目的会社等を活用した資産の流動化等への信託の役割や信託の分割等の信託の変更行為等が会社法の領域に抵触している。

　また, 2006年に制定された金商法は, 信託受益権一般をみなし有価証券としたことから, 金商法により信託業への販売勧誘等の業者規制, 受益権証券への開示規制が規律され, 会社法および金商法が交錯する領域として商法学者による先行研究も存在する。

　解釈や学説は, 社会経済の発展や需要により信託に期待される役割が変化していくため, その時々に応じた解釈も必要となり, どの学説が適切だと断定的に考えることはできない。信託の仕組み自体がそうであるように解釈・学説も柔軟にあるべきであろう。以下, これまでの代表的な学説の議論をまとめていく（学説の推移の詳細な分析は新井42-58頁）。

2　債権説

　旧法1条の目的規定にある「財産権の移転その他の処分」を物権的効力（物権移転の実現）,「一定の目的に従う管理処分」を債権的効力（債権的拘束の設定）に区分し, 一個の信託行為により物権的効力と債権的効力が実現し, この信託行為により委託者が受託者に完全権（管理権, 処分権, 名義等を含め完全に移転すること）が与えられることにより, 受益者のためにその財産を信託目的に従って管理・処分すべき「債務」を受託者に負わせるという考え方を債権説と言い（四宮59頁）, 旧法制定時より

通説と考えられていた。

　しかし，受益者の取消権（旧法31条），信託財産の物上代位性（旧法14条）や，信託財産の独立性を認め，受託者には信託財産の相続権が存在せず（旧法15条），受託者の債権者は信託財産の強制執行等ができない（旧法16条）など，この債権説に反する旧信託法の規定が存在する。

　この点，信託財産の独立性や物上代位性は信託財産を保護するために特例として認めたものであると説明されるが，受益者の取消権は例外規定として説明がされていないとの批判がある（四宮61頁）。

3　相対的権利移転説

　信託財産の取引の相手方にとって管理処分の当事者は受託者であり（旧法4条），取引の相手方は，その財産権と受益権の一致を外形的に判断せざるを得ず（旧法10条），また，信託財産は複数の受託者による共有が認められていない（旧法24条）。

　委託者および受益者と受託者の関係においては，対内的に所有権は移転するが，信託財産の管理処分は限定的であり，所有権は受益者に帰属する一方，受託者と取引の相手方の間では対外的に信託財産の所有者は受託者であり，その背後にある委託者および受益者は無関係となる。対内的な権利移転と対外的な権利移転の効果を別にする考え方を相対的権利移転説という（岩田99頁）。

4　実質的法主体性説

　債権説では特例や例外とされる信託財産の物上代位性，信託財産の独立性および受益者の取消権を指し，いかなるときも財産権が受託者にあるわけでないため，債権説の核心的な根拠となる完全権の移転を批判し，実質的法主体とした信託財産を中心とする超個人的要素と，受託者を信頼してこれに名義を与えるという個人的要素を構成原理とする二重性格が信託の構造に存するとの考え方を実質的法主体性説という（四宮79頁）。この説では，民法では合致しない信託独自の権利関係も民法における法律行為自由の原則で設定が可能ととらえる。

5　様々な解釈の発展

(1)　概要

　ここまでの主要な学説は，旧信託法が制定されて以降，主として民法学者により論じられてきたものである。しかしながら，定義や解釈の議論は必ずしも建設的ではなく，市場の発展および信託機能を使った仕組みやスキームに応じた法規制や救済を民法，商法，金商法，会社法等，私法一体として重畳的に考えるべきであろう。信託に

期待される機能や役割の発展により，様々な考え方があり，先行研究（新井49-58頁）を参考に以下簡単に触れる。

(2) 大阪谷説

実質的法主体性説を批判し，受託者は管理権にとどまらず，対外的に所有者と同等の権利主体を有し，受益権の物権性を否定し，物の性質に従って変化する特殊な債権（＝随物権）であるとする説である[8]。

(3) 田中説

実質的法主体性説と債権説を比較し，信託財産を内容によって区分し，不動産信託は物権性，金銭信託は債権性と考える折衷説をとる[9]。これは，受益権について物権的要素と債権的要素が併存すると捉え，財産権の機能的分解として管理機能と収益支配機能に分けられると考える[10]。

(4) 道垣内説

信託法を特別法と考えるのではなく，民法や商法と一体としてわが国の私法体系に位置づける説である（道垣内24頁）。資産流動化や受益証券発行信託など受益権が証券化され，民法の契約等の概念にとどまらず，証券の販売勧誘，発行開示，投資者保護等の金商法の法理論も近時重要となってきていることを考えれば，当然と言える。

(5) 神田説

信託制度を民事信託と商事信託に区分し，民事信託では財産管理と贈与（gift）が目的となり，商事信託では贈与ではなく対価の交換を伴う取引（deal）が目的となる商取引とする考え方で（神田＝折原5-6頁），わが国において活用されてきた信託は商事信託であり，旧信託法1条が予定していた民事信託とは異なるとする説である。

この説では，信託業が扱う営業信託と神田説がいう商事信託の区分が必ずしも明確ではなく，また，財産管理や贈与，証券信託や土地信託等のdealとされる信託行為も旧信託法下でも営業信託で扱われていたため，giftとdealに明確に区分できるものではなく，信託の実務家や利用者にはわかりにくい。一般には，商事信託は営業信託と同義として扱われている。

8　大阪谷公雄『信託法の研究（上）』（信山社・1991年）288-292頁。
9　田中實『信託法入門』（有斐閣・1992年）34頁。
10　田中實＝山田昭『信託法』（学陽書房・1989年）95頁。

(6)　樋口説

英米との比較法の観点から，信託を契約から切り離し，信認関係という別個の基盤を持つ独自システムであると位置づける説である（樋口6頁）。英米法においては，信託（Trust）という文言が法令に使われることが少なく，受託者（Fiduciary）を起点とした信認義務（受託者責任）や受託者と受益者間の信認関係を規律する法学領域となり，信託法（Trust Act）というよりは信認法（Fiduciary Law）の法域でとらえることが一般的となっている。

(7)　能見説

信託利用の多様性を理論面に反映し，財産処分，契約，制度といった3つの類型に区分して理念づけようとする説となる（能見10頁）。それぞれの類型に応じた信託の仕組みを例示するが，現実的にはこれらの類型の中間型・融合型もあるとする。信託の仕組みは柔軟な制度であり，かつ信託の当事者には契約自由の原則があり，法令および公序に反しない限り，信託の定めにより自由な設計ができる。

(8)　新井説

債権説を基本とし，自益信託と他益信託を理念的に別類型として区分したうえで受益権を信託法によって規定された特別な債権と捉える説である（新井60頁）。そのうえで，現行法における信託の基本モデルが資産流動化信託であるとする。現在の社会経済，金融市場が信託業に期待する役割は，資産流動化における信託財産の適正・的確な管理であり，この点，信託の定義・解釈に採用されることは自然であろう。

第4節　信託の分類

1　設定方法による分類 [11]

(1)　契約信託

「契約信託」は委託者と受託者との間の契約により成立する（法3条1項）。信託契約に別段の定めを置くことにより，法令および公序に反しない限り柔軟な信託の設計が可能となる。

11　信託の設定については，第3章参照。

(2)　遺言信託

「遺言信託」は，委託者死亡を事由として信託が成立する（同2号）。契約信託と同様にあらかじめ遺言に信託の目的，財産の管理・処分等を記載する。営業信託が取り扱う遺言執行サービス等も商品サービス名として遺言信託が使われる場合もあるが（→206頁），信託の設定を目的とする遺言信託とは異なる。

(3)　自己信託（信託宣言）

「自己信託」は委託者による信託宣言により信託が成立する（同3号）。企業が非採算部門を企業内に残し，採算性の高い事業を信託宣言により自己信託し，計画倒産して差押えを免れるなど詐害信託のおそれが強いため，信託宣言の期日の記録や受益者が必ず介在しなければならないなどその手続は厳格となっている。

2　信託目的による分類

(1)　公益信託

「公益信託ニ関スル法律」（以下「公益信託法」とする）により規制され，学術，技芸，慈善，祭祀，宗教その他の公益を目的とする信託で，その設定は受託者が主務官庁の許可を受けなければならない（2022年10月現在改正作業中[12]）。

(2)　私益信託

公益信託以外の信託となるが，契約信託または遺言信託により受益者の定めのない目的信託として法令上の公益以外の目的に信託を設定することが可能である（法258条）。大学研究への助成，学生への奨学金給付，地域社会の伝統芸能への寄付等の事例があり，それらの目的と法令上の公益との差別化が難しい。

3　受益者の属性による分類

(1)　他益信託

信託の当事者に，委託者，受託者，受益者の三者が存在する信託を他益信託という。この形態は，信託の仕組みの基本形となるものとなり，ユースのモデルから変わりがない。委託者が財産を拠出し，財産が受託者に移転され「信託財産」となる。受託者は信託財産を信託の目的に従って受益者のために裁量権を有して管理・運用を行い，

12　公益法人は主務官庁の認可が必要であったが（公益の種類により所管省庁が異なり認可基準も異なっていた），2006年に制定された「公益社団法人及び公益財団法人の認定等に関する法律」により，公益認定の一元化等を目的として行政庁による認可に代わった。現状は，内閣府または都道府県が認可手続を行い，改正中の公益信託法もこれにならう見込みとなっている。

信託財産から発生した収益等を利益として受益者に給付する（図6）。

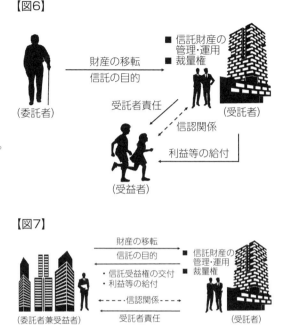

【図6】

(2)　自益信託

委託者と受益者が同一人物（委託者兼受益者）となる信託を自益信託という（図7）。たとえば，商業用不動産のオーナーが所有する商業用ビルを受託者に信託し，受託者は信託財産を受益権に転換し委託者兼受益者に交付する。委託者兼受益者は，受益権を証券化し，不特定多数の投資家に販売することで商業用ビルへの投下資金を回収し，次の投資に費やすことができる。

委託者兼受益者は，商業用ビルを処分（売却）したわけではないので，テナント等の収益が受託者から利益として給付される。委託者は投資家への配当や費用の支払いをする必要があるが，それらも信託の仕組みを使い，受託者が管理することも可能である。自益信託では，委託者が受益者を兼ねるため，信託財産の実質的所有者が委託者となる。その他，債権等の流動化にも自益信託が活用されている。

4　受託者の属性による分類

(1)　営業信託（≠商事信託）

① 営業信託

受託者が営利を目的として信託を引き受けることは商行為となる（商法502条13号）。信託業法または兼営法による免許または登録を受けた信託業でなければ（信託業法3条，同7条1項，兼営法1条1項），報酬を受けることを目的とした信託の引受けができない（江頭商560頁）。信託業が受託者となる信託を一般に営業信託と言う。営業信託を信託業が扱うことから「商事信託」と説明する場合もあるが，前述の神田説による商事信託とは全く異なるため，本書では信託業が扱う信託を営業信託とする。

② 営業信託の分類

　信託財産の対象により，設定時の信託財産が金銭または金銭同等物であるときは「金銭の信託」となり，金銭または金銭同等物以外のときは「物の信託」と呼ばれ，また，複数の財や物が信託財産の対象となるときは，「包括信託」と言う。

　金銭の信託も，信託終了時の交付内容により，信託財産を金銭に換価し，受益者に交付するものを「金銭信託」と言い（代表的なものとして特金→145頁），信託財産を信託終了時のまま交付するものを「金外信託」と言う（代表的なものとしてファントラ→146頁）。

(2)　非営業信託（≒民事信託）

　受託者が信託業でない信託を非営業信託と言う。家庭内の資産承継を円滑に進めるために考案された「家族信託®」[13]などが代表例として説明される場合がある。民事信託一般では，受託者に営利性がないため，家族信託®の例のように相続人等の家族が受託者に就任したり，営利性がない一般社団法人が受託者に就任したりする場合がある。

　受託者が社会通念上認められる運用管理経費等以上の信託報酬を得る場合，営利性等の問題から信託業法上の免許または登録が必要となり，信託の設計には弁護士等のアドバイスが必要となる。このため，非営業信託による信託の設定はあまり普及してこなかった。

　営業信託を商事信託と呼ぶ流れから，非営業信託を「民事信託」と説明する場合が多い。また，家族信託®が非営業信託の数少ない具体例となるため，非営業信託もしくは民事信託全般が家族信託®と混同されやすい。本書では商事信託と営業信託の混同を避けるため，民事信託ではなく非営業信託とする。

第5節　関連する法令

1　受託者責任を課す法令（信認法理）

　受託者責任はわが国では一般に注意義務と忠実義務を指す（→27頁）。受託者責任は信託法および信託業法だけではなく，様々な法令にも規定されている。事業者が利用者または契約者等から財産または権限の委任を受け，裁量権を有する場合，事業者に利用者等の保護の観点から受託者責任を法令上求める場合が多い。

13　一般社団法人家族信託普及協会®による登録された商標。

　これを信託法理と呼ぶと，わが国では信託法および信託業法の狭義の法域を指すことになるため，受託者（Fiduciary）の責任を起点とする信認法理（Fiduciary Law）と呼ぶ英米法の概念のほうが適切であろう。本書においても，信託法および信託業法だけではなく，信認法理が採用されている法令を他の章でも同様に扱う。

　2006年金商法制定により投資運用業に権利者（投資一任契約の相手方，投資信託の受益者，運用委託をした投資法人等）に対して忠実義務（金商42条1項），善管注意義務（同42条2項）が課されている。信託銀行も投資運用業を行うことができるが（同33条の8第1項），金商法による忠実義務や善管注意義務等の行為規制は，信託業法に規定されているため適用除外となっている（同65条の5第5項）。

　つまり，金商法と信託業法による忠実義務および善管注意義務の基準は同等となり，信認法理が金商法にも採用されていることになる。金商法上の投資運用業も権利者から財産の委任を受け，投資一任契約等により裁量権を有し，財産の運用・管理を行うため，受託者責任が課されることは当然であろう。

　金商法は，運用委託をした投資法人に対して投資運用業の忠実義務等を求めるが，投資運用業が誰の利益を図るために行為するかを明らかにすることが金商法改正の立法趣旨であり，投資運用業が忠実義務等を負うのは投資法人ではなく，アセットオーナーである実質的な受益者となる（黒沼735頁）。

　投資顧問契約を締結して顧客に投資判断の助言をする投資助言業についても，金商法は忠実義務（同41条1項），善管注意義務（同条2項）を課している。投資助言業には投資一任契約等の裁量権はないが，投資顧問契約に基づいて個々の投資助言が継続的に行われることから，投資助言業に対する顧客の信頼を基礎とするため，一定の信認関係が認められるとされる[14]。反復・継続的な投資助言により顧客が投資助言業を信頼して投資助言に従って投資判断を行うことから，そこに裁量権が擬制されると考えられる。

　そのほか，内外の金融市場で公的年金を原資に巨額の資金を投資する年金積立金管理運用独立行政法人（以下「GPIF」とする）にも年金積立金管理運用独立行政法人法により，役員に一般の注意義務（年金積立11条1項），さらにいわゆるプルーデント・インベスター・ルール（投資の専門家としての注意義務）を課し（同条2項），GPIF に対して役員による年金積立金の管理・運用に関する忠実義務の行為規程を定めることを規定している（年金積立22条）。これも年金加入者および年金受給者が実質的受益者となり，GPIF の役員に受託者責任を負わせる目的がある（→162頁）。

14　神田秀樹＝黒沼悦郎＝松尾直彦編著『金融商品取引法コンメンタール2』（商事法務・2014年）392頁［舩津浩司］。

　GPIF にはこれらの義務に基づき，運用受託機関が，実質的受益者の利益（運用益ばかりでなく社会環境等への利益を含む）に配慮したスチュワードシップをはたしているかを監督する義務がある（上村140頁）。

2　受益権を規律する法令（販売勧誘・開示ルール）

　前述の通り，2006年の信託法および信託業法の改正により，信託業の中心的な役割は，資産流動化において受託者として信託財産を受益権に転換することにある。受益権は証券化され不特定多数の投資家に販売されることから，金融商品として扱われる必要があり，2006年に制定された金商法は，信託受益権一般[15]を「みなし有価証券」として金商法の規制対象としている。

　金商法2条2項各号は，証券または証書に表示されるべき権利以外の権利であっても有価証券とみなして金商法を適用する権利を列挙し，1号に信託の受益権を置いている。この結果，信託業の信託受益権の販売業者としての行為はすべて第二種金融商品取引業として扱われることから，信託業法から信託受益権の販売業者に関する規定は削除された（黒沼39頁）。

　信託受益権の販売勧誘を行う者は，第二種金融商品取引業の登録を受けなければならず，他の金融商品取引業と同様に誠実義務（金商36条1項），広告規制（同37条），契約前の書面交付義務（同37条の3），断定的勧誘等の禁止行為（同38条），適合性の原則（同40条）等の金商法の行為規制が適用される[16]。

　信託受益権が金商法上の金融商品として扱われることで，募集等の際にその信託受益権の内容に原則的に開示義務が発生する。しかし，開示規制の目的は，有価証券の勧誘を不特定多数に行う場合に投資者が情報に基づいた投資判断を行えるようにするためであり，投資者の数が少なく投資者に専門的知識がある場合までも開示を強制する必要はないため，これらを私募として開示規制の適用除外としている（黒沼63-64頁）[17]。

　このため，金商法は，集団投資スキーム（ファンド）持分などの有価証券投資事業権利等のうち，信託財産の資産価格の総額の50%超を有価証券投資にあてる信託（金

15　2006年改正前証券取引法も，投資信託の受益権，貸付信託の受益権等を有価証券またはみなし有価証券としていた。

16　特定目的信託の原委託者（原資産保有者）による信託受益権の販売勧誘には金商法の適用はないが，準用規定として府令が規定されている（特定目的信託の受益証券の募集等を行う原委託者に係る行為規制等に関する内閣府令）。

17　投資信託の受益証券や特定目的信託の受益証券等の金商法2条1項に該当する「有価証券」は金商法の開示規制が適用される（貸付信託除く）。

商3条3号イ（1），金商令2条の9第1項）を金商法適用のみなし有価証券とする
一方，企業年金や公的年金等の年金信託，財形信託や商品ファンド等の信託受益権を
金商法の適用除外としている（金商3条3号イ（2），金商令2条の10第1項1号イ
ないしル）。

　なお，金商法適用対象となる有価証券投資事業権利等であっても，当該信託受益権
を500名以上が所有しなければ募集に該当しないため，金商法による開示規制を免れ
る（金商2条3項3号，金商令1条の7の2）。

3　投資法人・SPC のガバナンス（会社法の規律）

　受益権を証券化して不特定多数の投資家に販売することを前提とした信託の設定は，
不特定多数の出資者を募集する株式会社の設立と類似している。つまり，事業を目的
とする信託の仕組みを濫用した株式会社に類似する法人の設立が可能となるため，信
託の仕組みにもガバナンスのための機関設計が重要となる。

　1998年改正証券取引法により，投資資金の合同運用とその収益等の分配を実現させ
る営利法人として証券投資法人制度が導入され，2000年同改正により証券投資法人の
投資対象が不動産その他に拡大されたことから，投資法人と名称が改められた（黒沼
723頁）。

　投資法人は会社型投資信託と呼ばれ，投資者が法人の構成員となり，資産の運用を
運用会社に委託しなければならず（投信198条1項），また，一般事務等の業務のほと
んどを外部に委託するため，ペーパーカンパニーに近い性格を有する。しかし，株式
会社ではないが，投資法人にはその構成員から成る投資主総会のほか，執行役員，監
査役員，役員会，会計監査人を置かなければならず（同95条），会社法上の株式会社
を投資法人，株式を投資口，株主を投資主，定款を規約等，読替え規定が置かれ（投
信65条），大半の会社法の規定を準用している（同75条，84条，94条，115条等）。

　執行役員および監査役員は投資法人に対して善管注意義務（同97条），忠実義務
（同109条5項）を負う。このため，執行役員等はその任務懈怠により投資法人に生じ
た損害に対し責任を負い（同115条の6第1項），投資主からの責任を追及する代表訴
訟の対象となる（同116条）。

　同じように資産流動化法の特定目的会社においても，会社法の読替え規定および準
用規定（資産25条，85条等）が置かれ，特定目的会社の出資者を社員とし，社員総会
は特定目的会社の一切の事項を決議することができ（同51条2項），取締役その他の
社員総会以外の機関に社員総会の決議事項を委任する定款の定めを無効としている
（同条3項）。

　社員総会以外の機関に，取締役と監査役を置かなければならず，取締役および監査

役は特定目的会社に対し，善管注意義務を負い（資産69条），取締役は特定目的会社に対し忠実義務を負う（同85条）。取締役または監査役の任務懈怠により特定目的会社に損害が発生した場合，取締役等は特定目的会社へ損害賠償責任を負い（同94条1項），また，社員（株主）が責任を追及する代表訴訟の対象となること（同97条）は株式会社および投資法人と共通となる。

　このように，投資法人や特定目的会社には，会社法のガバナンスが準用されていることから，一見，信託の仕組みの濫用は難しいように思える。しかし，診療報酬（レセプト）債権等を買い取り，これを裏付資産として債券を発行することを目的として設立された特別目的会社が，診療報酬債権等の残高等を粉飾して債券購入者に損失を被らせた事案では[18]，特別目的会社の大半の業務運営を証券会社に委託していたことから，裁判所は当該証券会社の取締役の損害賠償責任を認めた。

　しかし，特別目的会社の代表取締役について裁判所は，「SPCは資産の流動化のための器として設立されるペーパーカンパニーであり，SPCの取締役は実質的な業務執行を期待されているわけではないのが実態である。……そうすると，被告Y1（特別目的会社の取締役）は，b社（証券会社）が原告に対して虚偽情報の提供を行っていることを認識していたか，容易に認識できたにもかかわらず，これを止めなかったという場合に限って，善管注意義務違反が認められ，会社法429条1項に基づく損害賠償責任を負うものというべきである。」とし，損害賠償責任を認めなかった。

　本事案では資産流動化法を設置根拠としない特別目的事業体となるが，法人のペーパーカンパニー化や取締役の職務執行の実質性が投資法人および特定目的会社に共通する。投資法人および特定目的会社に会社法の機関設計等をモデルにガバナンスの仕組みを規定しているが，その実効性に課題を残す司法判断である。

第6節　信託に類似した仕組み

1　代理

　代理は，本人と代理人との二者間の関係となり，代理人が本人に効果が帰属することを明らかにして（顕名・民99条），相手方との取引のために意思表示をすることである（四宮＝能見343頁）。本人の財産の所有権が代理人に移転せず，あくまで代理権限の範囲で代理人が本人のために管理することにとどまる。また，代理人の代理行

18　札幌地判令和3年3月25日金判1622号33頁。また，類似の裁判所の判断として，大阪地判平成18年5月30日金判1252号38頁。

為に関して，本人が権限を保有しているため，自ら管理処分を行うことが可能であり，本人と代理人の権限が競合する。

2　委任

委任は，委任者と受任者の二者間の関係となり，受任者は委任の本旨に従い委任事務の処理に際し，善管注意義務を負う（民644条）。委任事務の対象となる財産の所有権は受任者に移転しない。ここで言う，委任の本旨に従うとは，委任契約の目的とその事務の性質に応じて最も合理的に処理を行うことであって（加藤415頁），理念やミッションを示すものではない。委任によって，委任者の権限が消滅することはなく，委任者と受任者の権限が競合する。

3　寄託

寄託は，寄託者と受寄者の二者間の関係となり，寄託物の占有権が受寄者に移転するのみで，所有権は移転しない。また，受寄者は寄託者の承諾がなければ，寄託物を使用に供することができない（民658条1項）。消費寄託となる預金契約では，寄託物となる金銭を受寄者である銀行が投融資等に消費することができるが，同等物（金銭）を返還しなければならない（民666条1項）。

4　組合

組合は，各当事者が出資をして共同の事業を営むことを約することによってその効力が生じることから（民667条1項），組合契約を締結する複数の当事者（組合員）が存在し，組合員が出資した財産は，総組合員の共有に属する（民668条）。

組合には法人格がないため組合の所有とならず，かつ，各組合員は組合の解散，清算の終了までは持分権を個別に行使できないため，一般に合有と呼ばれている（加藤476頁）。組合の業務は，組合員の過半数で決定し各組合員が執行するか（民670条1項），組合契約により，業務決定および執行を業務執行者に委任してもよい（同条2項）。

業務執行者は合議により業務の決定・執行を行い，総組合員に対し善管注意義務を負うことから（民671条，644条），株式会社や投資法人等の仕組みに類似し，債権流動化スキームや投資ファンド等に利用されている。

5　匿名組合

匿名組合は，営業者（相手方）の営業のために匿名組合員（当事者の一方）が出資し，その営業から生ずる利益を分配することを約することによって効力を生ずる契約

となり（商535条），営業者と匿名組合員の二者が当事者となる。

匿名組合員が出資した財産は，匿名組合員や匿名組合ではなく，営業者に属するため（商536条1項），営業者が倒産した場合には出資財産は営業者の破産財団に組み込まれ，匿名組合には倒産隔離機能がない（新井113頁）。

匿名組合員は，営業者の業務を執行し，営業者を代表することができず（商536条3項），営業者の行為について，第三者に対して権利義務を有しないことから（同4項），営業者の匿名組合についての権限は専属である。

民法上の組合との相違は，組合員の出資は総組合員の合有財産とされることから，組合員の属性や出資額が共有されるが，匿名組合員の出資財産は営業者に属するため，出資者の属性に匿名性があり匿名組合員と呼ばれる。

さらに，組合の債務も総組合員に属するため組合員は原則無限責任を負うが，匿名組合契約では，財産も債務も営業者に属することから，無限責任の営業者と出資額に損失が限定される有限責任の匿名組合員とに分けられる（星野19頁）。民法上の組合と同様，匿名組合も資産流動化スキーム（→178頁）や投資ファンド等に利用されている。

6　問屋

問屋は，自己の名をもって他人のために物品の販売または買入をなすことを業とする者をいう（商551条）。自己の名をもって（自分が権利義務の帰属主体となって）他人のために（他人の計算により）法律行為をすることを引き受ける行為を取次というが（商502条11号），問屋は取次業者の一類型で，物品（有価証券等）の販売または買入（売買契約の締結）を引き受けることにより手数料を取得することを業とする商人であり（江頭商253頁），代表的なものは証券会社等の金融商品取引業である。

取次行為により発生した損益については，取次を委託した者に帰属することから，間接代理とも呼ばれる（新井114頁）。問屋の権限内の行為の経済的効果は一時的に問屋に帰属するが，最終的に取次委託者に帰属させることになる。また，問屋の取次の当事者は取次委託者，問屋，取引の相手方となるが，問屋は取次委託者の顕名の必要がないため，取次委託者の匿名性があり，取次委託者と取引の相手方は直接の法律関係が生じないことになる。

7　株式会社

株式会社と取締役の関係は委任であり（会社330条，民644条），取締役は株式会社に対し善管注意義務および忠実義務を負う（会社355条）。株式会社が委任者であり，取締役が受任者となり，株式会社に出資する株主は，取締役が会社経営を行った対価

として発生する収益を配当として受け取ることから（会社105条 1 項 1 号），受益者と
考える向きもあるかもしれない。

　このため，信託の委託者（株式会社），受託者（取締役），受益者（株主）との仕組
みと類似すると考えることもあるであろう。法令上，取締役は会社に対して信認義務
（善管注意義務，忠実義務）を負うが，今日，取締役が株主に対して受託者責任を負
うとの行政庁の解釈変更もある[19]。

　また，取締役は株主利益最大化原則を負うといった，この行政庁の解釈を支援する
見解もあるが[20]，株式会社は株主利益のみのために存在せず，また，その委任を受け
た取締役は利益をすべて株主に還元する必要もなく（上村84頁），さらに，株主（受
益者）に配当を支払うのは取締役（受託者）ではなく，会社（委託者）である。信託
とは異なり，取締役と株主の関係に「受託者責任」を言及することは会社法解釈に疑
念を生み，まったく適切ではない。

　会社法の規律は前述のガバナンス以外にも信託法にも及ぶが，その他に反対株主の
株式買取請求（受益権取得請求），会社の合併（信託の併合），会計帳簿等の閲覧等請
求（信託帳簿等の閲覧等請求），役員等の責任追及（受託者等の責任追及）等の様々
な類似の規律が信託法にも採用されていることから，会社法の解釈との対比で信託の
仕組みを理解することが必要である。

19　株式会社東京証券取引所「コーポレートガバナンス・コード～会社の持続的な成長と中長期的な
　　企業価値の向上のために～」（2021年 6 月11日）基本原則 4 。
20　田中亘『会社法（第 3 版）』（東京大学出版会・2021年）272頁。

第2章◆信託の当事者

　信託の基本となる仕組みは，その当事者に委託者，受託者，受益者の三者が存在し，委託者は自らが所有する金銭や不動産等の財産を受託者に信託する。委託者の財産は受託者に移転し，信託財産となり，受託者は信託の目的に従い，その管理・運用に裁量権を有する。

　受託者は受益者のために信託財産を管理・運用して発生した収益等を利益として受益者に給付する。この信託の仕組みにおいては，受託者は信託財産の管理・運用に裁量権を持つことから，受益者との間に信認関係が存在し，受託者は受益者に対し受託者責任を負うことになる（図6→15頁）。

　前述の通り，信託の仕組みに類似する代理，委任，寄託，組合，匿名組合，問屋等の契約・行為においても，当事者間の信頼が基本となるが，権利関係が二者間だけではなく，第三者となる受益者にまで及び，財産の譲渡，委任を受けた者が対象財産の管理・運用に裁量権を有して行い，当事者間ではなく，第三者に利益等を給付する仕組みは信託のみとなる。

　信託においては，委託者から財産の移転を受け，受益者に対して受託者責任を負う，「受託者」の役割・機能が最も重要となるため，信認法理においては厳格な規律を求めている。また，信託財産の恩恵を最も享受する受益者は，ユースの例を出すまでもなく，委託者より社会的には弱者であることが想定されるため，その保護法制も厚い。委託者が受託者の信託事務の処理について，受益者の利益を損ねない範囲でいかに関与していくかも受益者の保護に関し，重要な視点となる。

　この章では，信託の当事者となる委託者，受託者，受益者の責務と利害関係を信託法がどのように調整しているかを概観する。

第1節　受託者

1　概要

(1)　受託者の定義

　法2条5項は，受託者を「信託行為の定めに従い，信託財産に属する財産の管理又は処分及びその他の信託の目的の達成のために必要な行為をすべき義務を負う者」と

定義している。一方，行政庁は，顧客本位の業務運営に関する原則において，受託者（フィデューシャリー・デューティーを負う者）を「他者の信認に応えるべく一定の任務を遂行する者」と解釈の変更を行っている。信託の仕組みにおいては，受託者が負う責任は重く，また，その担う役割は大きいため，「受託者」の定義はより厳格に解釈すべきである。

　英米法においては，受託者を一般的に定義する制定法はなく[21]，判例法理で解釈されてきた。英国では，「信託（trust）と信頼（confidence）の関係を生じる特別の事情において，他人の利益，もしくは他人のために行動することを引受けた者」[22]，米国では，「ある人を受託者であるとすることは，分析の始まりに過ぎない。それによってさらなる検討の方向性が示される。誰に対する受託者か。どのように義務を受託者として負うのか。義務から逸脱した結果どうなるのか」[23]と判示されている。

　また，有力な学説では，受託者は，財産または権限が託され，託す人が託された人を信頼し，託すことによって託す人がリスクを負う（託された人が裁量権を持つこと）場合，託された人が受託者と解釈されている[24]。委託者と受託者の間の特別な事情（信認関係の有無）や受託者が委託者に負う義務（財産管理上の目的の履行）等を裁判所が個別に事実認定し，受託者と判断したうえで，信託の仕組み上の責任を受託者に負わせることが，判例法理として蓄積されてきたもので，一般的に喧伝される医師と患者等の外形的な関係のみで一律にどちらかを受託者とし，受託者責任を負わせてきたものではない（→ Topic 8）。

　この点，わが国の信託法も「信託の目的の達成」を受託者に求め，また，受託者が従うべき一定の目的から「専らその者（受託者）の利益を図ること」を除くことからも明らかなように（法2条1項），受託者は受益者のために信託財産を管理・処分する義務を負うことになる。受託者の利益と受益者の利益は常に相反するリスクがあり，受託者に信託事務を適正に処理させるため，信託法は様々な義務を負わせ，さらに受託者の禁止行為を規定している。

21　米国の年金事業者の業法となる ERISA（Employee Retirement Income Security Act）は，年金運用に関わる各当事者を受託者として定義し，忠実義務，注意義務等の受託者責任を課している。ERISA を所管する労働省は受託者の解釈変更（規制対象者の拡大）を試みてきたが，解釈変更の規則制定が民間団体による行政訴訟で無効となっている（*Chamber of Commerce of the United States; etc. v. United States Department of Labor; R. Alexander Acosta, Secretary, U.S. Department of Labor*, United States Court of Appeals for the Fifth Circuit, No. 17-10238, March 15, 2018）。

22　*Bristol & West Building Society v Mothew（t/a Stapley & Co）* [1998] Ch. 1（24 July 1996）

23　*SEC v. Cheney Corp.*, 318 US. 80, 85-86（1942）

24　Frankel, *supra note* 3, p. 4.

(2) 受託者の地位の二面性

受託者は自然人であれ，法人であれ一個の行為主体となる。このため，受託者として法律行為等を行う場合と，自然人または法人として法律行為等を行う場合との二面性が存在する。しかし，第三者から見ると，取引や契約を行う際，受託者と法人または自然人は同一に見える。このため，受託者は自身の固有財産と信託財産を分別管理する義務があり，信託財産の金銭等の財産を権限外で固有財産に帰属させることができない。

受託者は，受託者として有する権限に基づいて信託事務の処理としてすることができる行為であってこれをしないことが受益者の利益に反するものについては，これを固有財産または受託者の利害関係人の計算でしてはならない（法32条1項）。なお，「利益」とは必ずしも収益ではなく，資産運用におけるロスカット（損失確定のための売買取引）など，それをしなければ信託財産の損失拡大が防げないような事態における行為も利益となる。

(3) 受託者の権限の範囲

受託者は，信託財産に属する財産の管理または処分およびその他の信託の目的の達成のために必要な行為をする権限を有する（法26条）。受託者の信託事務の行為においては，信託のための意思をもった権限内の行為が求められることになる。

たとえば，受託者が年金基金から日経平均株価指数をベンチマーク（指標）とし，株式の運用をするため金銭の信託を引き受けた場合，株式で運用することが権限内の行為となる。受託者が日経平均株価指数を上回ることを目的とすること自体は信託のための意思がある行為となるが，信託財産をもって株式ではなく信用格付の低い社債に投資することは株式ではないため，権限外の行為となる。

信託のための意思を持たない行為とは，受託者の固有財産の株式運用で発生した損失を信託財産に帰属させること（損失の付替）等が該当する。

信託のための意思を有しない行為および権限外の行為は，受託者の取引相手が悪意・重過失である場合，受益者は取り消しできる（法27条1項）。また，受益者の取消権を制限する信託行為の別段の定めを置くことはできない。これらの権限外の行為等について，信託法は競合行為禁止（法32条1項）や介入権（法32条4項）等を規定し，受益者の保護を図っている（→29頁）。

(4) 受託者の要件

受託者は，委託者および受益者の期待に応え，信託事務を遂行する行為能力を有しなければならない。このため，未成年者および成年被後見人，被保佐人等の制限行為

能力者は受託者に就任することはできない（未成年者の欠格要件として法7条，成年被後見人，被保佐人の受託者の任務終了事由として法56条1項2号）。

　法人の場合は，定款等の法人の目的の範囲に信託の引受けが含まれなければならず（民34条），商行為として信託を引き受ける場合は，信託業法または兼営法による免許または登録が必要となる。

2　受託者の義務

(1)　概要

　旧法において，主な受託者責任とは，善管注意義務，忠実義務，自己執行義務，分別管理義務とされていた[25]。現行法への改正で，自己執行義務が削除され，信託事務の第三者への委託（再委託）が原則禁止から原則自由へと変わり，受託者が第三者に信託事務を委託する際の選任および監督に関する注意義務が追加された（法28条，35条）。

　また，分別管理義務は，受託者の固有財産と信託財産または信託財産と他の信託財産間に利益相反を生じさせない目的があるため，忠実義務を具体化する義務に過ぎない。したがって，受託者責任とは，忠実義務および善管注意義務であり，その他の法定義務は，忠実義務または善管注意義務から派生したものとなる。

　なお，わが国では忠実義務と善管注意義務の解釈については，同質説と異質説の対立がある。先行判例が会社法の事案のみとなるため，会社法における解釈論となるが，忠実義務は取締役の地位にある者がその地位を利用して会社の利益を犠牲にして自己の利益を図ってはならない義務であり，その違反には善管注意義務と異なり，故意・過失は問題にされないとする異質説[26]と，忠実義務も善管注意義務も，取締役が慎重かつ誠実に会社の業務を遂行すべきことを要求するものにほかならないのであって，会社法の規定は取締役の権限を拡大すると同時にその責任を強化したのでこれと対応して取締役の一般的義務についても特に明確化を図ったものと解すれば足るであろうとする同質説[27]がある。

　裁判所は，「（忠実義務は）善管注意義務を敷衍し，かつ一層明確にしたにとどまるものであって，所論のように，通常の委任関係に伴う善管注意義務とは別個の，高度な義務を規定したものと解することができない[28]」と同質説を支持している。

25　神田秀樹「いわゆる受託者責任について：金融サービス法への構想」フィナンシャル・レビュー56号（2001年）99頁。
26　星川長七『取締役忠実義務論』（成文堂・1972年）7頁。
27　大隅健一郎『新版会社法概説』（有斐閣・1967年）119頁。
28　最判昭和45年6月24日民集24巻6号625頁。

　50年以上前の会社法の先行判例であって，また，会社法自体にも忠実義務の一般規定が別に置かれていることも考えると（会社355条），同質説をそのまま現代の信認法理解釈に適用することは必ずしも適切ではない。元々，英国法体系においては，注意義務違反は不法行為法によりコモンローで争われ，忠実義務違反はエクイティで救済された経緯があるため，信認法理においては，異質説をとるのが自然である。

(2)　忠実義務

① 一般規定

　受託者は，受益者のため忠実に信託事務の処理その他の行為をしなければならない（法30条）。この忠実義務は，現行法制定に伴い新設されたが，旧法にも忠実義務を具体化させる公平義務，分別管理義務，利益相反行為および競合行為の禁止が規定されていたことから，忠実義務の一般規定とされる。法令に規定されていない義務違反行為であっても，この一般規定で忠実義務違反とすることが可能となる。

　信認法理においては，受託者責任とは主として忠実義務を指し，信託財産の利益と受託者個人の利益が衝突するような地位に身をおいてはならないとする No Conflict Rule と信託事務処理において権限外に自己または第三者のために利益を得てはならないとする No Profit Rule の2つの原則が忠実義務の内容となる（新井257頁）。

　この忠実義務の一般規定に違反する行為の具体例として，法は利益相反行為と競合行為を規定している。

② 利益相反行為の禁止

　法31条1項は，（1）信託財産を固有財産に帰属させること，（2）信託財産を他の信託財産に帰属させること，（3）第三者を相手に信託財産のためにする行為で自己が第三者の代理人となって行うもの，（4）第三者との間において信託財産のためにする行為であって受託者またはその利害関係人と受益者の利益が相反することとなるもの，の4つの行為を禁止している。

　（1）および（2）の具体例には，信託財産または他の信託財産から費用を支出して得た情報を受託者が固有財産または他の信託財産の運用等に利用すること等の情報の流用や，会社と取締役に信認関係を認め，取締役が自己または第三者の利益を図るために受益者となる会社（株主）の内部情報を利用することを基本的な要件とするインサイダー取引規制があげられる。

　（3）の具体例には，受託者が第三者の代理人となり，受益者のために取引をすることは，双方代理を構成し，第三者の利益を図る可能性が高くなるという点があげられる。本人（委託者）の許諾がない双方代理は無権代理となる（民108条）。

　（4）の具体例には，受託者がその固有財産に属する財産のみをもって履行する責

任を負う債務の担保のために信託財産に担保権を設定する行為があげられる。

これらの利益相反行為の禁止の法益は受益者の保護にあるため，受益者の利益を害さない行為までは禁止する必要がなく，信託行為による定め，受益者による事前の承認，相続等による資産の承継，その行為が受益者を害することがないと合理的に認められる場合等，利益相反行為が許容され（法31条2項），また，事後であっても受益者の追認があれば行為当時まで遡って効力を生ずる（同条5項）。利益相反行為により信託財産に損失が生じた場合，受益者は受託者に損失の填補を，変更が生じた場合，原状の回復を求めることができる。

③ 競合行為の禁止

法32条1項は，受託者は受益者の利益に反することを受託者の固有財産または受託者の利害関係人の計算でしてはならないと規定している。具体例として，年金基金等の委託者による指図でA社株の大口買付があったとき，信託財産による買付前に受託者が固有財産でA社株を大量に購入するフロントランニング行為があげられる。

この場合，受託者が事前に固有財産でA社株式を購入したことで，A社株価の上昇を招き信託財産で割高で買い付けなければならなくなったこと，また，信託財産の大口買付後に受託者がA社株を売却し利益を得ることが競合行為となる。

競合行為に対する救済手段が受託者に対する損失の填補・原状回復に限定されると，受益者は他の債権者と競合する。そこで，法は競合行為を信託財産のためにされたものとみなすことの判断を受益者に認め（法32条4項），これを介入権という。受託者のフロントランニング行為等の競合行為により利益が発生している場合等，受益者は取引当事者となり，その利益を受領できる。

④ 公平義務

受益者が複数の信託においては，受託者は，受益者のために公平にその職務を行わなければならず（法33条），これを公平義務という。信託財産が1つで受益者が複数の場合，受益者すべてに平等に利益等の給付を行うという趣旨ではなく，信託行為の定めに応じて公平に給付すればよい（会社法〔109条1項〕の株主平等原則と同旨である）。

受益者間に利益が対立するときは，信託の目的に照らし，受託者は，受益者の利益最善化を図る（善管注意義務をもって判断する）。信託財産が複数で受益者が複数の場合，本来，法は1つの信託財産に複数の受益者が存在することを予定していることから，複数の信託財産を1人の受託者が管理・処分する場合も受託者は公平に信託事務を処理しなければならない（損益の付替えなど利益相反行為の抑制）。したがって，公平義務は忠実義務の1つの態様となる。

⑤ 分別管理義務

受託者は，信託財産と固有財産および信託財産と他の信託財産を分別して管理しな

ければならない（法34条1項）。この分別管理義務は，受託者が固有財産と信託財産
との間で金銭の流用や損益の付替等の利益相反行為を防止することにあるが，さらに，
信託の重要な機能の1つである「倒産隔離」を実現させるため，信託財産に属するこ
とを登記等により固有財産または他の信託財産から分別させて第三者に対抗する目的
も有する。

　分別管理を法定することにより，受託者による利益相反行為を心理的に抑制するこ
とができるため，分別管理義務も忠実義務の1つの態様となる。

　倒産隔離を目的とした第三者への対抗要件は，不動産や航空機等の登記，登録等の
公示が可能な財産（同項1号）であればいいが，信託財産の対象範囲はそれにとどま
らない。船舶・車両等の登録可能な動産，振替株式等（同3号）の動産および金銭以
外の動産（同2号イ）は外形上区別できる状態の保管，それ以外の債権，証券，金銭
等の財産（同2号ロ）についてはその計算を明らかにする方法での保管が必要とされ，
振替株式等の法務省令で定める財産（同3号）については法務省令で定める管理方法
に従うとされる。

　⑥ 報告義務・帳簿等作成等義務

　受益者と信託財産を直接管理する受託者の間には情報の非対称性が存在することか
ら，受託者が信託の目的通りに忠実に信託財産を管理・処分しているかを報告させ，
受益者が適正に信託財産の状況を把握するため，受託者から受益者への報告義務等が
規定されている（法36条ないし39条）。

　したがって，報告義務等も忠実義務の1つの態様となる。なお，委託者も信託の定
めによりこれらの制度を利用することができる（報告は委託者も対象）。

　まず，受益者および委託者は，信託事務の処理の状況，信託財産に属する財産の状
況，信託財産責任負担債務の状況について　受託者に報告を求めることができる（法
36条）。

　さらに，受託者は信託財産に係る帳簿その他の書類または電磁的記録を作成し（法
37条1項），毎年1回，貸借対照表，損益計算書その他の法務省令で定める書類また
は電磁的記録を作成しなければならず（同条2項），貸借対照表等を作成した場合は，
受益者に報告しなければならない（同条3項）。

　そのうえで，受益者は，信託財産にかかる帳簿等の閲覧謄写の請求ができ（法38条
1項），閲覧等請求の拒絶事由に該当しない場合は，受託者はこれに応じなければな
らない（同条2項）。閲覧等請求への拒絶事由には，「不適当な時に請求を行ったとき
（同項2号）」以外は，請求者が権利の確保や行使に関する調査以外の目的で請求した
場合，請求者が信託事務処理を妨げまたは受益者の共同の目的を害する目的で請求し
た場合，請求者が閲覧等により知り得た事実で利益を得ようとする場合，請求者が過

去２年以内において閲覧等に知り得た情報で利益を得ていた場合等，会社法の会計帳簿等の閲覧等請求拒絶事由と同等の内容となっている（会社433条２項）。

Topic 1 取締役による買収防衛策発動の忠実義務違反

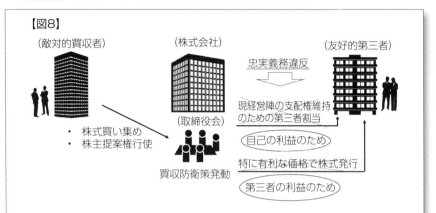

【図8】

（敵対的買収者）　　　（株式会社）　　　　　（友好的第三者）

忠実義務違反

現経営陣の支配権維持のための第三者割当

・株式買い集め
・株主提案権行使

（取締役会）

自己の利益のため

特に有利な価格で株式発行

第三者の利益のため

買収防衛策発動

　株式会社の経営権が現経営陣とファンド等の敵対的買収者との間で争われるとき，現経営陣は取締役会決議により新株等の発行等の買収防衛策を発動し，敵対的買収者の議決権保有割合を引き下げ排除しようとする（図8）。

　これに対して，敵対的買収者がそれらの発行差止の仮処分命令を裁判所に申し立てる事件が多い。新株等の発行が現経営陣の支配権を維持することが主要な目的となる場合，裁判所は新株等の不公正発行とし（会社210条2号），発行差止を認める傾向にある（東京高決平成17年3月23日金判1214号6頁ほか）。

　また，買収の対象となる株式会社は株式発行の主要な目的を資金調達とし，友好的な第三者に株式を引き受けてもらうこともある。このとき，第三者に対して発行する株式の価格が特に有利であり，かつ株主総会決議を欠く場合，敵対的買収者は新株等の発行差止の仮処分命令を申し立て（会社210条），裁判所は株式の有利発行（会社199条2項・3項，309条2項5号）として差止を認める傾向にある（東京地決平成16年6月1日金判1201号15頁ほか）。

　忠実義務と善管注意義務の同質説をとるわが国では，一般に買収防衛の事案では善管注意義務違反を争う場合が多いが，取締役が経営支配権を維持するために新株等を発行する行為は自己の利益を図ることになり，第三者に特に有利な価格で新株等を発行する行為は第三者の利益を図ることになり，いずれも会社に対する利益相反行為であって，忠実義務違反となる。

(3) 善管注意義務

① 善管注意義務

　受託者は，信託事務の処理に際し，善管注意義務を負う（法29条2項）。法文には，受託者が善管注意義務を負う対象の明文の規定はないが，受託者が受益者のために専ら信託事務を処理することから（四宮230頁），一般に受託者は受益者に対して善管注意義務を負うことに疑いはない。ここで問題となるのは，受託者の注意義務の水準（程度）である。

　寄託において，無報酬の受寄者は，自己の財産に対するのと同一の注意をもって，寄託物を保管する義務を負うとされ（民659条），これが民法上の一般人の注意義務の水準と考えられる。つまり，一般人は当然のことながら，預かった財産については，自分の財産と同様の注意を払えばそれで済むことになる。

【図9】

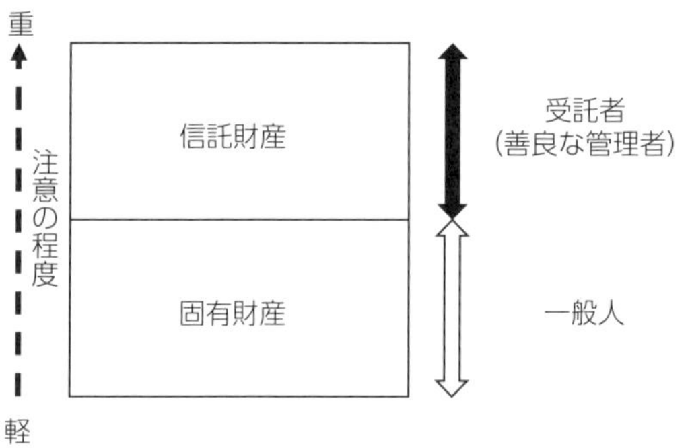

　一方，受託者は，自己の財産（固有財産）ばかりでなく，信託財産を管理処分するため，既に一般人より高度な注意義務が求められるが（図9），その水準は，個々の債務者（受任者，受託者等）の具体的な能力（主観的基準）ではなく，経験，年齢等の客観的基準で定められるものとなる。

　したがって，受託者が他の債務者と比べ，注意義務の客観的基準が当然に高いということではなく，信託の目的に応じた注意義務水準が求められる。受託者の注意義務の水準は，信託行為の別段の定めにより設定することが可能となり（法29条2項ただし書），「自己の財産に対するのと同一の注意」やさらに軽減することができる（道垣内183頁）。

　しかし，注意義務をすべて排除することは，他の受託者との均衡上許容されず，また，さらに重い注意義務を課すことも受託者の担い手がいなくなるため，現実的に不可能であろう。

② 信託事務遂行義務

　受託者は，信託の本旨に従い，信託事務を処理しなければならない（法29条1項）。ここでの信託の「本旨」は，前述の委任の「本旨」（民644条）と変わらず（→21頁），信託の理念やミッションを意味するものではなく，それぞれの信託行為に設定された目的を達成するために信託事務を処理させる義務を負わせることにとどまる。

委任においてその本旨に従い，受任者が委任者へ善管注意義務を負うのと同様，信託においても，法文上は法29条の１項と２項に分かれているが，受託者が信託の本旨に従い，受益者に善管注意義務を負うことから，信託事務遂行義務は，善管注意義務の確認規定であろう。

③ 第三者監督義務

法28条は，受託者に信託事務を第三者に委託すること（再委託）を認めている。旧信託法では自己執行義務が規定されていたため（旧法26条），原則，受託者は信託事務処理を単独で実行する必要があった。

しかし，１人の受託者がすべての信託事務を処理することは必ずしも適当ではなく，たとえば，不動産管理信託等におけるビルの管理・修繕事務や弁護士や会計士等の専門性が高い者を補助者として使用することは可能とされていた（四宮237頁）。受託者の能力が及ばない事項までも無理に受託者が実行することは，その事務の履行に際して信託財産に損害を与えた場合，善管注意義務違反が問われかねない。

現行法において，信託事務を第三者に委託できるのは，信託行為に，（１）信託事務の処理を第三者に委託する旨または委託することができる旨の定めがあるとき（法28条１号），（２）信託事務の処理の第三者への委託に関する定めがない場合において，信託事務の処理を第三者に委託することが信託の目的に照らして相当であると認められるとき（同条２号），また，（３）信託事務の処理を第三者に委託してはならない旨の定めがある場合において，信託事務の処理を第三者に委託することにつき信託の目的に照らしてやむを得ない事由があると認められるとき（同３号）となる。

（１）の場合は，信託事務を第三者に委託すること自体が信託事務の処理となり，（２）の場合は，信託の目的が受託者単独による信託事務処理とならない限り，受託者の善管注意義務（受益者への利益衡量）の範囲で肯定され，（３）の場合は，やむを得ない事由も信託の目的に照らし判断される。病気等，受託者による信託事務の実行が不能となった場合，第三者に委託して信託事務を継続させるかの判断などが該当する。

現行法は，受託者に信託事務の再委託を認める一方，第三者の選任および監督に対し受託者の善管注意義務を求めている（法35条１項）。受託者は，第三者の選任・監督のみに責任を負い，信託の目的に照らして適切な第三者を選任し，委託契約の内容も委託費用や第三者の注意義務の程度等に適切性を確保しなければならない。

また，信託の目的の達成のため，第三者を必要かつ適切に監督しなければならないが，これも善良な管理者の注意を持って監督すれば足りる（道垣内198頁）。法28条に違反して信託事務を第三者に委託したことにより信託財産に損失等が発生した場合，受託者が第三者に委託しなかったとしても損失等が発生したことを立証しなければ受

託者がその責任を負う（法40条2項）。

　受託者から委託された第三者の責任は，受託者との間の委託契約に基づくことになり，第三者は受益者に直接の義務は負わず，受託者の信託事務を委託することに善意・悪意を問わず第三者の職務は独立している。第三者は受託者との契約に基づき受託者に責任を負うことから，責任が制限される。

　しかし，第三者の責任により信託事務処理に損害が発生した場合，受託者が第三者に損害賠償債権を有するため，結局は第三者の受託者に対する損害賠償責任は信託財産に帰属する。

⑷　信託業法による受託者の義務

① 概要

　信託法は，私法ルールであり，信託の当事者間の利害調整，義務等違反者への損害賠償責任を規律するのに対し，信託業法は，業者規制ルールで，違反者への行政処分や刑事罰を課（科）すことを目的としている。金融商品取引業による金融商品の販売勧誘についての金商法と金融サービスの提供に関する法律[29]との関係と同じである。

② 忠実義務

　信託業は信託の本旨に従い，受益者のため忠実に信託業務その他業務を行わなければならないとされ（業法28条），利益相反行為の禁止対象となる自己取引に受託者の利害関係人（役職員，関連法人，大口株主等）が追加されている一方（業法29条2項1号・2号），利害関係者間の取引として，委託者，受益者から指図権の委託を受けた者の指図による取引，市場価格が明確な有価証券等の売買等を禁止の例外として認めている（業法規則41条3項）。なお，信託業はその兼営業務の多様性により，競合行為の禁止は規定されていない。

③ 善管注意義務

　法29条2項のただし書が業法にはないため，信託行為の定めによる注意義務の程度の軽減は認められない（業法28条2項）。信託事務の第三者への委託については，委託の要件につき信託業務の一部を委託することおよびその委託先が信託行為の定めにおいて明らかにされていること，委託先が委託された信託業務を的確に遂行できるものであることが加重されている（業法22条1項）。

　信託業が委託先の選任につき相当の注意をし，損害発生の防止に努めたときは受託者の損害賠償責任は免責される（業法23条1項）。第三者が委託者または受益者により指名された場合は受託者の責任は免責されるが，信託業に関係する第三者は責任を

29　2020年，金融商品の販売等に関する法律（金販法）から改称。

免れない（同条２項）。

Topic 2　投資顧問付特定金銭信託（特金）

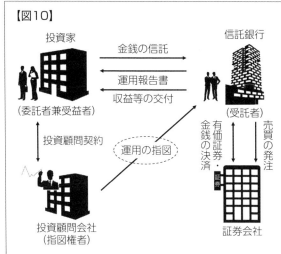

【図10】

証券信託の仕組みにおいては，投資顧問契約に基づく「指図権者」が存在する場合がある。図10は投資顧問付特定金銭信託を例示している。この信託の仕組みでは，指図権者は，受託者が信託事務を委託する第三者ではなく，また，有価証券の運用について投資顧問会社が指図することから，受託者は有価証券の運用による損失等について責任が免除される（善管注意義務が軽減される）。

　受託者は指図権者の運用指図に従い，有価証券の売買の発注および金銭・有価証券の管理を善管注意義務に従い実行すればよい。指図権者は，投資顧問契約（投資一任契約）が委任となることから，投資家（委託者兼受益者）に対し，受託者とは別個の善管注意義務を負うが，委任には忠実義務の一般規定がないため，忠実義務を負うわけではない。金商法上，投資顧問会社は投資運用業または投資助言業となり，顧客に対する善管注意義務および忠実義務が課されている（金商41条，42条）。

3　受託者の責任

(1)　概要

　受託者がその法令上の義務に違反し，信託財産に損失等を与えた場合，受益者救済の観点から，信託法には受託者への様々な責任追及等の手段が規定されている。その救済手段は，（1）競合行為および利益相反行為等の受託者の義務違反の特性に応じたもの，または（2）忠実義務の一般的な違反に応じたものの2つのタイプに分けられ，図11の通り，取消，介入権，損失の填補，行為差止等の手段が認められている。

【図11】

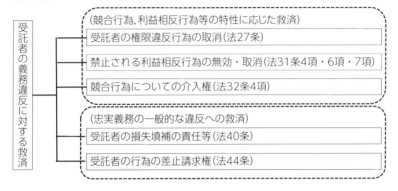

受託者の義務違反に対する救済

（競合行為，利益相反行為等の特性に応じた救済）
受託者の権限違反行為の取消（法27条）
禁止される利益相反行為の無効・取消（法31条4項・6項・7項）
競合行為についての介入権（法32条4項）

（忠実義務の一般的な違反への救済）
受託者の損失填補の責任等（法40条）
受託者の行為の差止請求権（法44条）

(2)　損失の填補等の責任

　受託者の任務懈怠により，信託財産に「損失」が生じた場合，受託者は当該損失の填補の責任があり（法40条1項1号），信託財産に「変更」が生じた場合は，原状回復の責任がある（同項2号）。任務懈怠の適用は，現に信託財産に損失等が発生することが要件となるため，善管注意義務違反，第三者の監督義務違反，忠実義務違反，分別管理義務違反が対象となり，公平義務違反，報告等義務違反は対象とならない（道垣内253頁）。

　受託者の責任を追及できるのは，受益者となり，信託行為の定め等で受益者の権利行使を制限することはできない。また，責任額に上限を設定することは受益者の権利行使を制限することになり認められない。信託行為の定めにより，委託者も請求権者とすることができ（法145条2項7号），また，受託者が複数の場合，他の受託者も受託者に対して責任追及ができる（法85条2項）。

　法40条により損失の填補等の請求には，受託者による任務懈怠があり，信託財産に損失または変更が生じ，かつ信託財産の損失または変更が受託者の任務懈怠によって生じたことが要件となる（法40条1項）。ここでの任務懈怠とは，信託の事務処理に際し，善管注意義務を欠く過失がある場合，第三者に委託した場合の選任・監督義務に善管注意義務を怠った場合，自己または第三者の利益を図る意思をもった行為等が該当する。また，損失とは義務違反前の状態と比べ信託財産の価値が低下し原状回復が困難な場合を指し，変更とは同様の状態で原状回復が可能な場合を指す（条解312頁）。

　損失の填補等の責任追及に際しては，不法行為法の一般原則と同様，受益者が受託者の義務違反を立証しなければならないが，委託者が信託事務を第三者に委託したときの受託者の任務懈怠については，前述の通り，受託者が第三者に委託をしなかったとしても損失等が発生したことを立証しなければならない（法40条2項）。

　填補される損失の範囲は，通常生ずる損害の額（民416条1項）および当事者が予見可能な損害の額（同条2項）となり，わが国においては懲罰的または制裁的な損害賠償の請求は認められていない。原状回復の内容は，義務違反がなければ信託財産が現時点であるはずだった状態に戻すこととなるが，原状の回復が著しく困難であるとき，原状の回復をするのに過分の費用を要するとき，その他受託者に原状の回復をさせることを不適当とする特別の事情があるときには，損失の填補請求のみとなる（法40条1項ただし書）。

　たとえば，家屋の焼失等の場合は，家屋を修繕・再建することが原状回復となるが，家屋に既に死亡した著名画家の絵画が備置され，家屋全体が焼失した場合には，同じ絵画を原状回復することは不可能であるため，金銭にて損害が填補されることになる。

　受託者の忠実義務違反により信託財産に損害が発生した場合，受益者は損失の填補を請求できるが，一般に受託者の利益相反行為により発生した損害額の算定は困難である。このため，利益相反行為等の忠実義務違反行為があった場合，受託者またはその利害関係人が当該行為により得た利益を信託財産の損害額と推定することを規定している（法40条3項）。

　忠実義務違反の行為の対象となるのは，単純に信託財産からの果実（管理処分による利益や固有財産との利益付替）だけではなく，信託事務処理により得た情報による利益取得（インサイダー取引やフロントランニング行為）も含む。受託者またはその利害関係人で，利害関係人の利益が受託者の利益とみなせるものを受託者が得た利益とみなし，受益者は信託財産の損失およびその損失額の立証責任は求められないが，受託者等による利益の事実とその利益額の立証は求められる。

　英米法における受託者責任の根幹をなすのは忠実義務であり，忠実義務は権限外に自己または第三者のために利益を得てはならないとするNo Profit Ruleが原則となるため，その違反により得た利益を吐き出させること（disgorgement）が責任追及の手段となっている。わが国の会社法においても，取締役の利益相反行為については同様の損失額推定規定が存在する（会社423条2項）。

　受託者が法人の場合，受益者が損失の填補等を請求しても，法人が自然人である取締役等に実質コントロールされているペーパーカンパニーである状態も考えられるため，法は，法人が行った法令または信託行為の定めに違反する行為につき悪意または重過失があるとき，当該法人の理事，取締役もしくは執行役またはこれらに準ずる者に受益者に対して連帯して損失等の填補の責任を負わせている（法41条）。

　なお，受益者は，受託者の損失の填補等の責任および理事等の連帯責任を免除することができる（法42条）。受益者が複数の場合は，受託者の全部責任免除および受託者の悪意・重過失があった場合の損失の填補等の責任の一部免除については，信託行

為の別段の定めの有無にかかわらず，受益者の全員一致が必要となる（法105条4項）。

(3)　損失の填補等の消滅時効

　損失の填補責任等の債権の消滅時効については，債務不履行責任と同じ扱いとなる（法43条1項）。債権者となる受益者が権利を行使できることを知ったときから5年間，権利を行使することができるときから10年間の消滅時効となる（民166条1項）。しかし，信託の特例として，受益者がその指定を受けたことを知るまでは消滅時効が進行しない（法43条3項）。

　したがって，受益者自身が受益者に指定されたことを知った日を起算点とし，受益者が権利を行使できることを知ってから5年間，権利を行使できるときから10年間で消滅時効となる。信託の特徴として，信託の設定時に受益者がその指定を認識できていない場合があるからである。

　「受益者が権利を行使できることを知ってから」については，信託財産が受託者の手元にあり，受益者との情報の非対称性を考慮すると，受託者の義務違反を認識することは困難であるため，「権利を行使することができるとき」を「受益者が違反行為を認識し，または，認識すべきであったとき」と解釈すべきとの考えもある（道垣内272頁）。

　もっとも，消滅時効が無期限となると，受託者の負担が大きいため，損失の填補等の請求債権は，受託者による任務懈怠により信託財産に損失等が生じたときから20年間で消滅する（法43条4項）。

(4)　受託者の行為差止

　損失の填補等の責任追及は，事後的な手段となるが，法は事前措置として受益者が受託者の行為を差し止めることを認めている（法44条）。受託者が法令もしくは信託行為の定めに違反する行為をし，またはこれらの行為をするおそれがある場合において，当該行為によって信託財産に著しい損害が生ずるおそれがあるときは，受益者は，当該受託者に対し，当該行為をやめることを請求することができる（同条1項）。会社法における取締役の法令・定款違反等の行為の差止規定（会社360条1項）と同等である（セミナー2［藤田友敬発言］303頁）。

　著しい損害とは，損害の絶対額ばかりでなく，信託の目的との関係，損失の填補・原状回復への受託者の履行能力が考慮すべき要因となる。受益者が受託者に差止請求をした段階で，受託者の信託事務処理はすべて権限外行為となる。元々の権限内行為を受益者が差止請求をする場合，取引の相手方にまで効力は及ばないため，受託者が違反行為を継続すると信託財産の著しい損害が拡大する。このため，実務としては受

託者の行為差止の仮処分命令を裁判所に申し立てることになる。

　公平義務違反の差止請求については，複数の受益者が存在する場合，自らの信託財産に影響がない受益者一般に差止請求を一律認める必要はなく，著しい損害のおそれがある受益者のみに差止請求を認める（法44条2項）。当該受益者の信託財産にかかる受託者の違反行為のみが差止対象となり，他受益者と受託者の関係に影響はない。

　受益者による受託者の違反行為の差止は，情報の非対称性や受益者の能力の程度により適正に請求されることは期待しにくい。このため，法は，受託者の信託事務の処理に関し，不正の行為または法令もしくは信託行為の定めに違反する重大な事実があることを疑うに足りる事由があるときは，受益者は，信託事務の処理の状況ならびに信託財産に属する財産および信託財産責任負担債務の状況を調査させるため，裁判所に対し，検査役の選任の申立てを認めている（法46条1項）。

　しかし，「不正の行為又は法令若しくは信託行為の定めに違反する重大な事実があることを疑うに足りる事由」が求められているため，現実的に受益者単独ではそれらの事由を立証することは困難である。

　会社法の検査役選任の申立てにならい導入された規定と考えられるが（会社358条），受益者は，信託の帳簿等閲覧等請求を利用し，弁護士，会計士等の専門家のサポートを受けながら検査役選任を申し立てる必要があり，受益者の経済的負担が相応に大きい。受益者による申立ての実効性を高めるため，申立事由を軽減すべきであろう。

4　受託者の権利

(1)　信託財産からの費用償還請求権

　受託者は，信託事務を処理するのに必要と認められる費用を固有財産から支出した場合には，信託財産から当該費用および支出の日以後におけるその利息の償還を受けることができる（法48条1項）。信託財産の財産を受託者の固有財産に帰属させることは利益相反となるが，受託者が信託事務のために固有財産から支払った費用等は当然に固有財産から弁済される（信託財産から金銭を受託者の固有財産に移転させる）。

　支出後の償還請求については，信託事務処理に必要な費用を固有財産から支出したとき請求できるが，費用支出には善管注意義務を要し，権限外の支出は請求できない。さらに，費用支出の日以後の利息の償還を受けることができ，費用の前払請求については，必要費用の前払いを信託財産から受けることができる。お手盛りを防止するため，受益者に事前通知を要する。

　受託者に信託財産に対し損失の填補責任がある場合，その責任を履行した後でなければ，償還・前払いを受けることはできない。また，受託者が，償還・前払いを受けるまでは，受益者に対する給付債務の履行を拒絶できる。なお，信託財産に強制執行

等の手続が開始されたとき，償還・前払いの債権は破産財団に組み込まれ（一般債権），受託者は配当請求ができる。

　信託財産責任負担債務（法21条1項→82頁）を固有財産をもって弁済したことにより償還・前払いの権利を有する受託者は，当該債務に係る債権を有する債権者に代位する（法50条1項）。この場合において，受託者が有する権利は，その代位との関係においては，金銭債権とみなされる。

　なお，受託者は債権者が信託財産に属する財産に有する権利に限って代位の対象となる。

(2)　受益者からの費用償還

　受託者が償還・前払いの権利を有する場合には，受託者が受益者との間の合意に基づいて当該受益者から費用等の償還または費用の前払いを受けることを妨げない（法48条5項）。旧法では受託者に受託者からの費用支払請求を受ける義務を規定していたが，現行法では，受託者・受益者の合意により受益者に弁済義務を負わせている。

(3)　信託報酬

　信託の仕組みは，ユースに起源がある通り，受託者は原則無報酬となる。商人が行う信託引受，または信託行為の定めがある場合に限り，信託財産から信託報酬を受けることができるが（法54条1項），報酬を受ける受託者には信託業として免許または登録が必要となる。信託行為の別段の定めがなければ，信託終了まで信託報酬を受けることができないが，受益者が受託者との合意により，随時信託報酬を支払うこともできる（法54条4項，48条5項）。

(4)　損害賠償

　受託者は，信託事務処理により損害を被ったとき，信託財産から賠償を受けることができる（法53条1項）。受託者の過失は損害額から相殺される（同項1号）。第三者の故意・過失により受託者が損害を受けたときは，第三者への損害賠償請求権は信託財産に帰属する（同2号）。

5　受託者の変更

　信託の仕組みにおいて，受託者は委託者より財産の移転を受け，信託財産を管理処分することにより収益を得て，それを受益者に給付する重要な役割を担う。それゆえ，受託者に何らかの問題が生じた場合，信託の目的がはたせなくなるため，法は受託者の変更について，図12の通り，詳細な手続を規定している。

【図12】

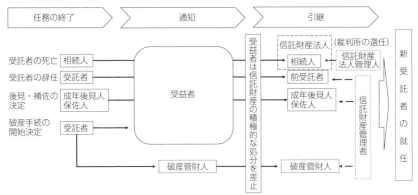

(1)　受託者の任務終了

　受託者の死亡（法56条１項１号），後見開始，保佐開始の審判を受けたこと（同項２号），破産手続開始の決定を受けたこと（同３号），法人である受託者が合併以外の理由で解散したこと（同４号），合併による受託者の辞任（同５号），受託者の解任（同６号），信託行為に定めた事由による受託者の任務終了（同７条）により，受託者の任務は終了する。受託者である法人の解散は，法人の存在がなくなるため，受託者としての任務が終了し，法人の合併の場合は，存続会社が受託者の任務を引き継ぐ。

(2)　受託者の辞任

　受託者は，委託者および受益者の同意を得て，辞任することができる（法57条１項）。委託者死亡の場合は，受託者は辞任できないため，信託行為の定めを置くか（同項ただし書），辞任にやむを得ない事由があることを申し立て，裁判所の許可を得ることにより辞任できる（法57条２項）。

(3)　受託者の解任

　委託者および受益者は，いつでも，その合意により，受託者を解任することができる（法58条１項）。受託者に不利な時期に受託者を解任した場合，委託者および受益者は受託者の損害を賠償しなければならないが，「やむを得ない事由」があったときはその賠償責任を負わない（同条２項）。

　やむを得ない事由とは，ここでは任務懈怠等（条解378頁）を指すが，会社法における取締役の解任にも同等の規定があり，「正当な事由」との文言となっている（会社339条２項）。会社法の正当な事由は，担当部門の廃業，取締役による法令・定款違

反行為，心身の故障等の健康問題，職務への不適任等，広い範囲が対象となっている（江頭会社414頁）。

受託者の辞任と同様，受託者の解任も委託者および受益者の合意が必要となるため，信託行為の定め（法58条3項），および受託者が任務に違反して信託財産に著しい損害を与えたとき委託者または受益者による裁判所への受託者解任の申立て（同条4項）により受託者を解任できる。

信託行為の定めの事例としては，受託者の任務期間を設定し，期間満了による任務を終了させる場合，受託者の財産管理能力が疑われる事態が発生した場合（固有財産への強制執行等）が想定される（道垣内295頁）。受託者の解任には，委託者および受益者の合意，または裁判所への解任申立てが要件とされることから，信託行為の定めによる解任事由は，契約自由の原則から柔軟に規定すべきであろう。

(4)　任務終了の手続

受託者の任務終了は，任務終了の事由ごとに設定された相続人等が受益者（破産の場合は破産管財人）に通知しなければならない（法59条，60条）。図12の通り，受託者死亡のときはその相続人，受託者辞任のときは前受託者，受託者の後見・保佐審判開始のときは成年後見人・保佐人，受託者の破産手続開始決定のときは前受託者が通知しなければならない。

受託者任務終了の通知がなされても，新受託者が就任するまで信託事務が継続される必要があるため，前受託者は新受託者に信託事務を引き継ぐまで信託財産の保管，事務引継のために必要な行為をしなければならない（法59条3項）。

しかし，受託者死亡で前受託者が存在しない場合，または，受託者が破産者，成年被後見人，被保佐人となった場合，前受託者が信託財産を引き継ぎ，保管等の事務を処理するのは不可能または不適切である。

このため，任務終了事由ごとに信託財産の保管および任務引継のために必要な行為を行う義務を負う者を規定している（法59条，60条）。図12の通り，受託者死亡のときはその相続人（信託財産は信託財産法人となる〔法74条1項〕）または利害関係人[30]が裁判所にその選任を申し立て認められたときは信託財産法人管理人（法74条2項），受託者辞任のときは前受託者，受託者の後見・保佐審判開始のときは成年後見人・保佐人，受託者の破産手続開始のときは破産管財人がそれぞれ信託財産の管理および任務引継のために必要な行為を行う義務を負う。

30　明文の規定はないが，委託者，受益者，前受託者，保管義務者，信託財産責任負担債務の債権者，前受託者の固有財産に係る債権者とされる（道垣内300頁）。

受託者辞任，受託者の後見・保佐審判開始，受託者の破産手続開始決定等の場合，利害関係人が裁判所にその選任を申立て（法63条１項），認められたときは「信託財産管理者」に信託財産の管理および処分する権利が専属する（法66条１項）。

なお，受益者は，前受託者，前受託者の相続人または成年後見人もしくは保佐人，破産管財人が信託財産に属する財産の処分をしようとするときは，これらの者に対し，当該財産の処分をやめることを請求することができる（法59条５項，60条３項・５項）。

(5)　新受託者の就任
①　新受託者の選任

受託者の任務終了により，信託財産は不安定な状態となるが，新受託者が就任し，信託事務を引き継ぐことで受託者の変更は完遂する。新受託者の選任は，信託行為に新受託者に関する定めがないとき，または信託行為の定めにより新受託者に指定された者が信託の引受けをしないか，できないとき，委託者および受益者の合意により，新受託者を選任することができる（法62条１項）。

信託行為の定めに新受託者の指定の定めがあるとき，利害関係人は相当の期間を定めて新受託者就任の可否を催告できる（同条２項）。信託行為の定めに新受託者の指定がないとき，または指定があっても催告期間を経てもなお指定者が引き受けなかったとき，新受託者選任について委託者と受益者の合意が必要となるが，その合意の協議の状況等に照らして必要があると認めるときは，裁判所は利害関係人の申立てにより新受託者を選任できる（同条４項）。

②　新受託者による権利義務の承継

新受託者が就任すると，新受託者は前受託者の任務終了時に信託に関する権利義務を前受託者から承継したものとみなされる（法75条１項）。なお，法人の受託者が合併により辞任した場合は，新受託者は新受託者の就任時に信託に関する権利義務を前受託者から承継したものとみなされる（同条２項）。

前受託者の費用等の償還，損害賠償，信託報酬等の債務は，前受託者は新受託者に支払請求できるが，新受託者は信託財産のみをもって履行する責任を負い（同６項），固有財産による履行は免れる。新受託者への権利義務の承継に債務が含まれるとき，前受託者がその債務を固有財産で履行する責任を負うが，信託財産のみをもって当該債務を履行する責任を負うときはこの限りでなく（法76条１項），新受託者が債務を承継した場合は，信託財産のみをもって履行する責任を負う（同条２項）。

新受託者が就任した場合には，前受託者は遅滞なく信託事務に関する計算を行い，受益者（複数の場合は全員）の承認を求め，新受託者が信託事務の処理に必要な信託

事務の引継ぎをしなければならない（法77条1項）。受益者がその計算を承認した場合，前受託者の引継ぎに関する責任が免除されたものとみなされるが，前受託者の職務執行に不正があったときはその責任は免れない（法77条2項）。

6 複数の受託者による信託の特例

(1) 概要

【図13】

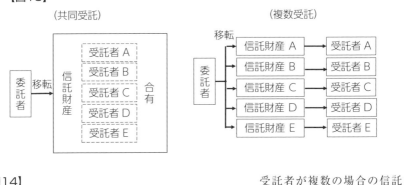

【図14】

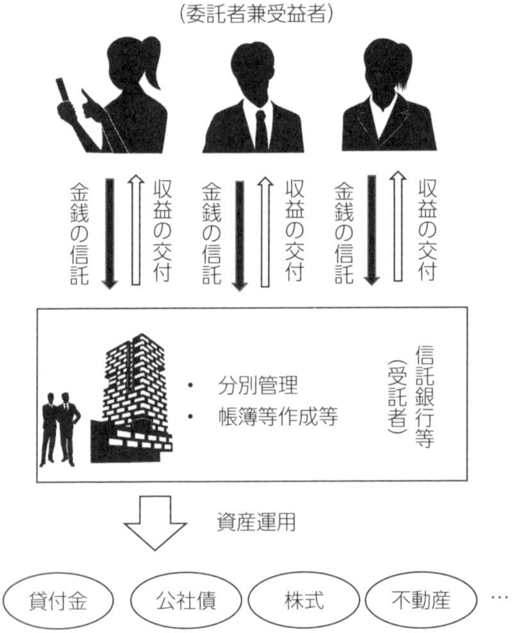

受託者が複数の場合の信託は，信託財産はそれら受託者の合有とされる（法79条）。図13の左図の通り，共同受託となる信託であって，複数受託や合同運用指定金銭信託とは異なる。図13の右図の通り，複数受託では，たとえば，年金基金が委託者となる場合，運用者となる受託者の技量や能力に応じて，委託者が財産を分割して国内株式，海外株式，海外不動産等のアセットクラスごとに受託者に信託する場合である。

事例では，信託財産Aは海外株式運用を得意とする受託者Aに信託され，受託者Aは信託の目的に従い，海外株式のみ

で運用する。また，海外インフラ投資を得意とする受託者Bに専らインフラ投資することを目的として信託財産Bを信託し，受託者Bはインフラ投資を行う。委託者とそれぞれの受託者は別個の信託契約を締結することから，受託者間における信託事務は無関係となる。

　合同運用指定金銭信託の場合，不特定多数の委託者兼受益者が金銭を信託し，受託者は約款に従い，有価証券や不動産等で信託された金銭を一束にして運用する（合同運用）。少額の資金では困難となる商業用不動産への投資等が合同運用されることで可能となり，投資信託で用いられる信託の仕組みとなっている。

　受託者は，委託者兼受益者が信託した金銭，投資した有価証券等の信託財産を持分として帳簿上分別管理し，それぞれに対し運用状況等の報告，運用収益の交付等を行う（図14）。

⑵　受託者の職務分掌
①　職務分掌
　共同受託において，複数の受託者による信託事務の意思決定は，旧法では共同受託者の全員一致が原則であった（合手的行動義務）。現行法では，原則，受託者の数の過半数で決定される（法80条1項）。このため，受託者が単独で信託事務を執行するためには，信託行為に受託者の職務分掌の定めが必要となる（同条4項）。

　信託行為に受託者の職務分掌の定めがない場合，財産の修理等の保存行為（同2項）以外の信託事務については，受託者の数の過半数で決定し，決定された職務分掌に従って各受託者は単独で信託事務を執行する（同3項）。職務分掌に従って執行された単独行為については，各受託者は他受託者を代理することになる（同5項）。

　信託行為の別段の定めで，共同受託者が連名で行為しなければならない旨の定めや特定の受託者の判断に委ねる旨の定めは有効となる（同6項）。
②　訴訟
　信託行為に職務分掌がない場合は全受託者が訴訟当事者となるが，職務分掌がある場合は自己の職務分掌の範囲で単独で原告または被告となる（法81条）。
③　第三者の意思表示
　受託者が複数の場合は，第三者による意思表示は，共同受託者のうちの1人に意思表示をすれば足りる（法80条7項）。全受託者に対する意思表示を必要とするなどの信託行為の定めを置くことはできない。

　ただし，受益者は信託行為の定めを認識できる地位にあることから（道垣内103頁），受益者の意思表示については信託行為の別段の定めがあるときは，それに従う（同項ただし書）。

④ 債務の負担

　職務分掌がない場合，各受託者が第三者に対して債務を負担したとき，各受託者が連帯して債務を負う（法83条1項）。職務分掌がある場合，信託財産に属する財産のみをもって履行するが（同条2項），第三者が共同受託について善意・無過失である場合は各受託者の連帯債務となる（同項ただし書）。

第2節　受益者

1　受益者

(1)　概要

　受益者とは受益権を有する者を言い（法2条6項），受益権とは，信託行為に基づいて受託者が受益者に対し負う債務であって信託財産に属する財産の引渡しその他の信託財産に係る給付をすべきものに係る債権（受益債権）およびこれを確保するために信託法の規定に基づいて受託者その他の者に対し一定の行為を求めることができる権利をいう（同条7項）。

　受益者は信託財産からの利益を享受する主体となり，受益者が存在しない信託（目的信託→55頁）であっても，受託者は報酬・費用等以外の利益を受けることはできず，「目的」の利益のために信託事務を行う。

　共有物の分割（法19条1項3号），利益相反行為の制限（同31条，32条），信託の変更（同149条2項2号），信託の分割（同155条2項2号），信託の終了（同165条1項）等，受益者の利益もしくは保護を基準とした受託者の行為に関する規定が現行法でも多く存在する。

　また，受益者が受益者自身の利益を守るため，受託者の信託事務の執行の適正性を監督でき，また，信託管理人，信託監督人，受益者代理人といった受益者を補助する制度も用意されている。

(2)　受益権の取得

　信託行為の定めにより受益者に指定された者は受益権を取得する（法88条1項）。受託者は，信託行為の定めにより受益権を取得したことを知らないときは，その者に対し，遅滞なく，その旨を通知しなければならない（同条2項）。特定の者以外にも信託行為の定めにより，一定事由の発生（相続），もしくは一定時期の到来（成人）を事由として，ある者が受益権を取得する（法88条1項ただし書）。受益者は受益権取得の意思表示が必要なく，また，受益者指定の事実を知らなくても受益権を取得する。

　一般法となる民法では第三者のためになす契約において，第三者が債務者に対して契約の利益を享受する意思を表示した時に発生するとされる点（民537条3項），信託法とは扱いが異なる。これも受益者の地位を保護することが目的となる。

(3)　受益者の指定権・変更権

　受益者を指定（受益者指定権）し，またはこれを変更（受益者変更権）する権利（受益者指定権等）を有する者の定めのある信託においては，受益者指定権等は，受託者に対する意思表示によって行使する（法89条1項）。受益者指定権等を行使できる者は，信託の設定時の委託者となるが，遺言による指定も可能である（同条2項）。

　この場合は，受益者の指定について受託者に通知しなければならない（同3項）。また，信託行為の定めにより，受益者指定権等を行使できる者として，受託者または第三者を定めることもできる。

　受託者の受益者指定権等の行使は信託事務の範囲内となるが，受託者が受益者指定権等を有する場合は，受益者となるべき者に通知しなければならない（同6項）。第三者が受益者指定権等を有するときは，委託者・第三者間には別途委任契約等が存在すると推定される（道垣内321頁）。第三者が受益者指定権等を行使するときは受託者に通知し，受託者は受益者へ通知しなければならない。

Topic 3　信託の仕組みを使った事業承継

　今日，造り酒屋や高品質の部品を製造する中小企業等，事業承継が社会的な問題となっている。創業者の思いは，事業の継続とそれまでの家族経営を持続させ，第三者の介入を極力避けたい傾向にある。

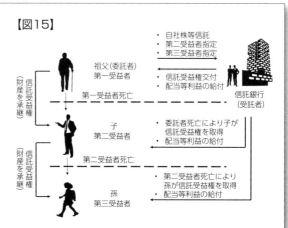

【図15】

・ 自社株等信託
・ 第二受益者指定
・ 第三受益者指定

祖父（委託者）
第一受益者

（財産を承継）信託受益権

第一受益者死亡

・ 信託受益権交付
・ 配当等利益の給付

信託銀行
（受託者）

子
第二受益者

・ 委託者死亡により子が信託受益権を取得
・ 配当等利益の給付

（財産を承継）信託受益権

第二受益者死亡

孫
第三受益者

・ 第二受益者死亡により孫が信託受益権を取得
・ 配当等利益の給付

　2021年11月の改正銀行法により，銀行は投資専門子会社を通じて地方創生にかかる非上場・中小企業を完全子（孫）会社とすることが可能となったが，銀行業に企業の経営一般に優れたノウハウを期待できるわけではない。

　信託行為の定めにより，委託者があらかじめ次世代の受益者を指定することで，

自社株は信託受益権に転換され，第二受益者，第三受益者へ世代を超えて円滑に事業が承継される。「跡継ぎ型受益者連続信託」と呼ばれる信託の仕組みとなるが（図15），信託の設計は自由であり，第二受益者に別の業務がある場合，信託受益権を譲渡しなくても事業自体を信託して受託者が適切な第三者を使い事業を継続させることも可能である。

　事業承継の信託は，第三受益者が成人や一定の年齢となるまでの期限として定め，再び第三受益者の下で経営が可能となる。信託の設定期間には30年間の上限があるが（法91条），期限前に信託の終了，新しい期間での信託を設定すればよい。

　ここにも信託の柔軟性がある。事業承継の場面においても，信託の原点となるユースの仕組み（家族愛）が活かされることになる。

2　受益権

(1)　譲渡・第三者への対抗要件

　受益権は譲渡することができるが，その性質が譲渡できない場合は譲渡できない（法93条1項）。受益権の性質が譲渡を許さない場合とは，委託者が家族を対象として後見制度支援信託（→216頁）や特定贈与信託（→217頁）等を設定するとき，受益権の内容が特定の受益者と不可分であるため（一身専属権），譲渡できない。

　株式と同様，受益権にも譲渡制限を付すことが可能であり，信託行為の定めに譲渡禁止または制限の定めを置くことができる（同条2項）。譲渡制限の受益権について悪意または重過失がある譲受人等の第三者に譲渡制限の定めは対抗できる。

　受益権の譲渡は，譲渡人が受託者に通知をし，または受託者が承諾をしなければ，受託者その他の第三者に対抗することができず（法94条1項），通知および承諾は，確定日付のある証書によらなければ受託者以外の第三者に対抗できない（同条2項）。受託者は通知・承諾までの譲渡人に生じた事由により譲受人に対抗することができる（法95条）。

(2)　相続

　相続により受益権が承継された場合において，法定相続分（民900条）および代襲相続分（同901条）により算定した相続分を超えて当該受益権を承継した共同相続人が当該受益権に係る遺言の内容を明らかにして受託者にその承継の通知をしたときは，共同相続人の全員が受託者に通知をしたものとみなされる（法95条の2）。相続による権利の承継は，遺産の分割によるものかどうかにかかわらず，それらの相続分を超える部分については，登記，登録その他の対抗要件を備えなければ，第三者に対抗す

ることができない（民899条の 2 ）。

(3)　質入

　受益権に質権を設定することができるが，その性質が質権設定できない場合は質権設定できない（法96条 1 項）。受益権の性質が質権設定ができない場合とは譲渡制限と同様である。受益権の質入とは，受益者が質権設定者となり債権者に受益権を担保差入れ（質権設定）し，受益者が債務不履行となったとき，質権を実行（競売）し，債権を回収することとなる。質権設定の禁止または制限について悪意または重過失がある質権者等の第三者に質入制限の定めは対抗できる（同 2 項）。

　受益権を目的とする質権は，①受益者が受託者から信託財産に係る給付として受けた金銭等，②受益権取得請求によって当該受益権を有する受益者が受ける金銭等，③信託の変更による受益権の併合または分割によって当該受益権を有する受益者が受ける金銭等，④信託の併合または分割によって当該受益権を有する受益者が受ける金銭等，⑤当該受益権を有する受益者が当該受益権に代わるものとして受ける金銭等となる。

　受益権の質権者はこれらの金銭等のうち金銭を他の債権者に優先して弁済にあてることができ（法98条 1 項），債権の弁済期が到来していないときは受益権の質権者は受託者に債権相当額を金銭で供託させることができる（同条 2 項）。

(4)　放棄

　受益者は受託者に対して受益権放棄の意思表示ができる（法99条 1 項）。受益権を放棄した場合，当初から受益権を有していなかったものとみなされる（遡及効：同条 2 項）。ただし，受益者の債権者が受益権を差し押さえている場合など，第三者の権利を害するときは遡及的放棄ができない（同項ただし書）。受益債権を放棄することにより，将来の受益権を消滅させることができる。

3　受益債権

　受益債権とは，信託行為に基づいて受託者が受益者に対し負う債務であって信託財産に属する財産の引渡しその他の信託財産に係る給付をすべきものに係る債権をいう（信託法 2 条 7 項）。信託行為に定めにより定まり，たとえば祖父を委託者とし，受益者となる孫のために授業料等として大学等に定時定額で金銭を給付する債権などが該当する。

　受益権は，「これ（受益債権）を確保するためにこの法律の規定に基づいて受託者その他の者に対し一定の行為を求めることができる権利」とされるため，単に受託者から付付を受ける権利（債権）だけではなく，受託者等に対する監督権等，受益債権

より広い権利となる。

　受益債権の範囲は，受託者が信託事務執行の内容として負う債務であり，受託者が信託財産に属する財産をもって履行する責任を負う債務（信託財産責任負担債務・法2条9項）となる。また，受益債権は信託事務執行の結果として生ずる債権者の債権に劣後する（法101条）。

　受益債権の消滅時効は，債権の消滅時効と同様となるが（法102条1項），受益債権の消滅時効は，受益者が受益者としての指定を受けたことを知るに至るまでの間は進行せず（同条2項），受託者が，消滅時効の期間の経過後，遅滞なく受益者に対し受益債権の存在およびその内容を相当の期間を定めて通知し，かつ，受益者からその期間内に履行の請求を受けなかったとき，消滅時効の期間の経過時において受益者の所在が不明であるとき，その他信託行為の定め，受益者の状況，関係資料の滅失その他の事情に照らして，受益者に対し通知をしないことについて正当な理由があるとき，時効の援用（時効の完成）を認める（同3項）。

　消滅時効の期日の経過のみをもって消滅時効を認めるのではなく，受託者から受益者に催告させることにより時効の援用を認める手続をとらせるのは，受託者の忠実義務の適正な履行となる。

4　複数の受益者の意思決定

(1)　概要

　受益者が複数いる信託の受益者の意思決定は，全員一致が原則となる（法105条1項）。もっとも，当事者自治の原則が認められるため，信託行為に別段の定めがあるとき，全員一致によらなくとも他の方法が認められる（同項ただし書）。

　多数決や単独行使が法令により認められる場合等があり得るが，信託の定めによる意思決定の方法は必ずしも自由ではない（法105条4項）。

　兼営法は，受託者が多数人を受益者とする定型的信託契約について約款の変更をしようとするときは，受益者のすべての同意を得る方法によるほか，1か月以上の催告期間を設けて受益者がその期間内に異議を述べなかった場合には，受益者は，契約の変更を承諾したものとみなす（兼営5条3項）とする「みなし賛成」があるが，一定数の受益者からの反対の意思表示がなければ提案通り決定するといったみなし賛成は認められる。

　しかし，90％以上の受益者の反対を必要とする，受益者代表を決めその意思に従うといった信託行為の別段の定めは許容されない（道垣内373頁）。

⑵　受益者集会

① 概要

受益者集会は，特に法令による定義はないが，複数の受益者が集まり，受託者の信託事務等について意思決定する会議体となる。具体的には，信託行為の定めに「受益者の意思決定は受益者集会における多数決による」等の定めを置く。

② 招集権者

受益者集会は，必要があるときにいつでも招集することができ（法106条１項），招集権者は受託者となる（同条２項）。また，受益者も受託者に対して受益者集会の目的である事項および招集の理由を示して，受益者集会の招集を請求することができる（法107条１項）。

招集権者は受託者となるが，信託財産に著しい損害を生ずるおそれがあるときは，受益者集会の請求の後遅滞なく招集の手続が行われない場合，その請求があった日から８週間以内の日を受益者集会の日とする受益者集会の招集の通知が発せられない場合，受益者が受益者集会を招集することができる（同条２項）。会社法上の少数株主権と異なり（会社297条），総受益権に対する受益権の割合や受益権の保有期間等の要件はない。

③ 招集手続

招集者は，開催の日時・場所，目的事項，電磁的方法による議決権行使の場合はその旨等の事項を定め（法108条），それらの事項を記載した通知を受益者集会の日の２週間前までに知れている受益者および受託者に通知しなければならない（法109条１項）。さらに，招集権者は，受益者集会参考資料および議決権行使に係る書面（議決権行使書面）を交付しなければならない（法110条１項）。

④ 議決権行使

受益者は，受益権の内容が均質であるときは受益権の個数，それ以外は招集決定時における受益権の価格に応じて議決権が定められる（法112条１項）。受託者が受益権取得請求権により受益権を取得した場合（信託財産に帰属する場合），議決権行使はできない（同条２項）。これは，会社法による発行会社が保有自己株式の議決権行使が制限されるのと同等となる（会社308条２項）。

受益者集会の議決要件は，通常は，議決権の過半数を有する受益者が出席し，出席した受益者の議決権の過半数の賛成により決議される（法113条１項）。軽過失の受託者の責任の一部免除，信託の変更等の合意などは，３分の２以上の賛成により決議される（同条２項・３項）。

さらに，信託の目的変更，受益債権の内容変更など受益者間の利益に変更を及ぼすものについては，４分の３以上の賛成を要する（同４項）。株式会社における取締役

の選解任等の普通決議（会社309条1項），会社の組織再編等の特別決議（同条2項），閉鎖会社への変更等の特殊決議（同条4項）と同等の要件となる。

(3)　受益権取得請求権

受益者集会において，重要な信託の変更に関する決議事項でこれにより損害を受けるおそれがある受益者は受託者に対して受益権を公正な価格で取得することを請求でき（法103条1項），これは単独受益者権となる。重要な信託の変更とは，信託の目的の変更，受益権の譲渡の制限，受託者の義務の全部または一部の減免，受益債権の内容の変更，信託行為において定めた事項，および信託の併合または分割がある（同条1項1号ないし5号・2項）。

ただし，信託の目的の変更または受益権の譲渡の制限を伴う信託の併合または分割については，「損害のおそれ」は必要とされない（法103条2項ただし書）。

法103条1項各号の事由が生じたとき20日以内に受託者は受益者に通知しなければならない（法103条4項）。反対受益者は，通知・公告から30日以内に受託者に受益権の取得を請求でき，受益権取得請求の日から30日以内に受益者と受託者間の合意がなければ，その期間満了日から30日以内に裁判所に対して価格決定の申立てをすることができる（法104条2項）。受託者は受益権の価格決定があるまでは，反対受益者に受益権の公正な価格と認める額を支払うことができる（同条9項）。

この受益権取得請求権は，会社法の定款変更や組織再編等の反対株主による株式買取請求と同等の内容となっている（会社116条1項1号ないし3号，469条1項等）。しかし，会社法では受託者の義務の減免に対応する役員等の義務の減免の規定がなく，そもそも義務の減免はできないと解され（セミナー3［藤田友敬発言］175頁），また，役員等の責任の減免については（会社424条，425条），反対株主による株式買取請求権の対象となっていない点，相違がある。

5　受益者を補助する制度

信託の仕組みにおいては，子どもであったり，障がいを有する人であったり，単独で信託に設定された受益権を適切に行使できない者が受益者となる場合が多い。また，合同運用指定金銭信託等，不特定多数の受益者がいる場合，受益者による受託者の適正な監督を期待することは難しい。このため，信託法は受益者保護の観点から，受益者に代わって受益者の権利を行使させる仕組みを規定している。

信託管理人は現存する受益者が1人もいないときに選任され，信託監督人・受益者代理人は受益者が現存することを前提とするため，競合はない。受益者代理人は特定の者，信託監督人は受益者全員の利益を図るため，同一人物が兼任できない。

(1)　信託管理人

① 選任

受益者が現に存しない場合，信託行為に信託管理人となるべき者を指定する定めを設けることができる（法123条 1 項）。信託行為に信託管理人指定の定めがある場合は，利害関係人がその指定された者に対し一定期間を設けて就任を催告することができ（同条 2 項），指定された者が就任を許諾しなかった場合，もしくは信託行為に信託管理人の指定の定めがない場合，裁判所は利害関係人の申立てにより信託管理人を選任できる（同 4 項）。なお，未成年者および当該信託の受託者は信託管理人に就任できない（法124条）。

信託管理人が選任される例としては，未出生の子への生活費等の給付を目的とする信託や将来ノーベル賞等を受賞した研究者への研究助成を目的とした信託などが考えられる。

② 権限・義務

信託管理人は受益者のために自己の名をもって受益者に関する一切の裁判上または裁判外の行為をする権限を有する（法125条 1 項）。自己の名をもって権限を行使するため，受益者の代理人とならない。信託管理人が就任するとき，受益者に対する報告はすべて信託管理人にしなければならない（同条 3 項）。

信託管理人は，権限行使にあたり善管注意義務を負い（法126条 1 項），受益者に対して公平・誠実義務を負う（同条 2 項）。

③ 費用・報酬等

信託管理人は，事務処理に必要な費用および利息を受託者に請求できる（法127条 1 項）。事務処理のために被った損害については，損害賠償を受託者から受ける権利を有する（同条 2 項）。商行為（商512条）以外の事務処理は，信託行為に報酬の定めが必要となる（法127条 3 項）。なお，受託者は，信託財産に属する財産によってのみこれらの債務を履行する責任を負う（同条 4 項）。

(2)　信託監督人

受益者が現に存する場合，信託行為に信託監督人となるべき者を指定する定めを設けることができる（法131条 1 項）。信託行為に信託監督人指定の定めがある場合は，利害関係人がその指定された者に対し一定期間を設けて就任を催告することができる（同条 2 項）。

受益者が受託者の監督を適切に行うことができない特別の事情がある場合において，指定された者が就任を許諾しなかった場合，もしくは信託行為に信託監督人の指定の定めがない場合，裁判所は利害関係人の申立てにより信託監督人を選任できる（同 4

項）。

　高齢者や未成年者が受益者の場合等，受益者が受託者を監督することが困難である場合には，受託者を監督する第三者を選任することは受益者保護の観点から，また，福祉型の信託の利用の促進を図ることから望ましく（新井245頁），非営業信託等でも活用されている。

　権限・義務や費用・報酬等についての規定や取扱いは，信託管理人と同等である（法132条，133条，137条）。

(3)　受益者代理人
①　選任

　信託行為においては，その代理する受益者を定めて，受益者代理人となるべき者を指定する定めを設けることができる（法138条1項）。信託行為に受益者代理人指定の定めがある場合は，利害関係人がその指定された者に対し一定期間を設けて就任を催告することができるが（同条2項），信託管理人および信託監督人と異なり，裁判所の関与による選任の規定はない。

　受益者代理人は，自らが代理する特定の受益者のために行為をする者となり，受益者本人が必ず現存する。つまり，信託管理人および信託監督人がすべての受益者のための制度であるのに対し，信託受益代理人はその代理する受益者のみの制度となる。また，信託行為の定めにより受益者代理人を指定するため，受益者代理人の就任は委託者の意思による。

　受益者代理人が選任される例は，不特定多数の受益者や受益者の異動が多い規約型確定給付企業年金（→154頁）等があるが，未成年の子等を受益者とした信託にも活用される（道垣内398頁）。

②　権限・義務等

　受益者代理人は自ら代理する受益者のために受益者に関する一切の裁判上または裁判外の行為をする権限を有する（法139条1項）。代理権限の行使となるため，顕名が必要となるが，受益者すべてを示さず，受益者の範囲を示せば足りる（同条2項）。代理権限行使にあたり，善管注意義務，公平誠実義務を負う（法140条）。なお，受益者代理人を置く場合，受益者は自ら受益者の権利を行使できない（法139条4項）。

　費用・報酬等については信託管理人・信託監督人と同様となる（法144条）。

6　受益権を利用する信託の類型

(1)　目的信託

① 概要

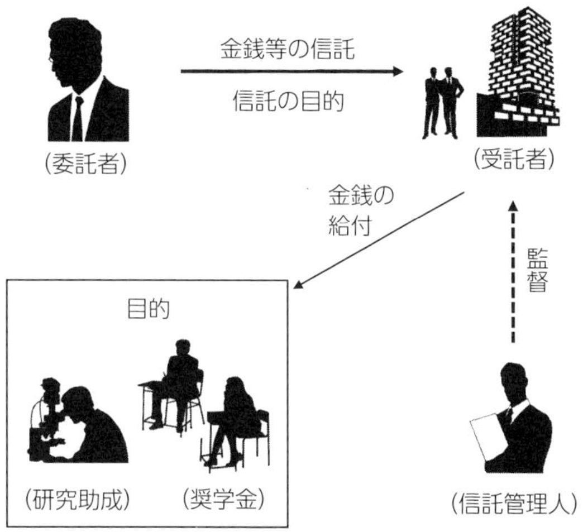

受益者の定めのない信託は，
契約信託または遺言信託によ
り設定することができる（法
258条1項）。受益者のない信
託は一般に目的信託と呼ばれ，
受益者の代わりに目的が定め
られる（図16）。このため，
信託行為の定めに目的が指定
されている信託を信託の変更
により受益者の定めを設ける
ことはできず（同条2項），
受益者の定めがある信託を信
託の変更により代わりに目的
を設ける（受益者指定を廃止
する）こともできない（同3項）。

【図16】

目的信託の設定にあっては，受益者が現に存しない信託の設置となり，信託管理人
を指定する定めを設けるか（同4項），遺言執行者が選任するか（同5項），利害関係
人の申立てにより裁判所が選任しなければならない（同6項）。

目的信託に自己信託が排除されている理由は，受託者がもっぱら自らの利益を図る
行為は信託ではなく，また，受益者が存在しない目的信託では，受託者の監督を委託
者に委ねることになり，受託者が委託者を兼ねる自己信託では，信託管理人の存在が
あるとしてもそれは受託者が指定できるため形式的なものにとどまり，監督者が不在
となるからである。

目的信託は，自分の死後に犬の世話をすること（いわゆるペットの信託〔→220
頁〕），遺言に基づいて大学の教育や研究の資金を給付すること等，様々な用途や領域
で活用されることが企図されている。現行法により目的信託が創設されたが，旧法下
からでも同等の信託の仕組みとして公益信託が存在している。

しかし，公益信託では，主務官庁の設立認可や監督，助成先の公益認定や運営委員
会の設立等，手続および運営が煩雑となり（図17），制度としては浸透しているが，

【図17】

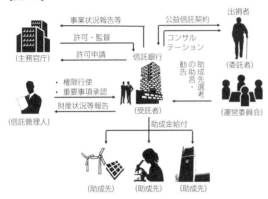

目的信託に比べ利用しづらいものである。ただし，目的信託の長期化による弊害もあるため，信託期間の上限を20年としている（法259条）。

目的信託では，公益信託が対象とする学術・技芸・慈善・祭祀・宗教その他公益を目的としない目的への金銭の給付を信託の目的とするが，教育や技術開発のために目的信託が設定されることも多く，その相違は資金出捐者に税制上の寄附金控除があるか否かである。

② 読替

【図18】

受益者の指定のある信託	目的信託
受益者	信託の目的の達成
受益者の利益を害さない	信託の目的の達成の支障とならない
受益者との	信託の目的に関して有する
各信託の受益者の協議	受益者の定めのない信託の信託管理人と他の信託の受益者との協議
受益者の共同の利益を害する	信託の目的の達成を妨げる
委託者及び受益者が	委託者（信託管理人が現に存する場合にあっては，委託者及び信託管理人）が

目的信託は，受益者の指定がなく，代わりに目的の指定があるため，基本的な仕組みは同じとなるが，そのままでは適さない場合があるため，読替規定が置かれている（法261条）。図18は，その読替の主なものを示しているが，受益者の関与が必要なもの（受託者の選任，解任等）にその関与を不要とし，信託管理人が受益者に代わり関与し，信託管理人を置かない場合，委託者と受益者が義務を負うもの（受託者の解任等），受益者が不在だと認められないもの（信託の変更等）については認められない（同条2項ないし5項）。

⑵　受益証券発行信託

① 概要

今日の信託業の主要な役割は，資産流動化等において信託された財産を受益権に転換し，その信託財産を管理することにあることはこれまで述べてきた通りである。委託者は受託者より交付された受益権を受益証券として不特定多数の投資者（受益者）に販売することができる。投資信託も同様の仕組みとなるが，これは投資信託法を根拠法とする。なお，受益証券は金商法上の有価証券となり（金商2条2項1号），販売勧誘につき行為規制および開示規制を受ける。

信託行為においては，1つまたは複数の受益権を表示する証券（受益証券）を発行する旨を定めることができ（法185条1項），この定めのある信託を受益証券発行信託として（同条3項），信託法は特例規定を置いている。受益証券発行信託の受託者は，受益権原簿を作成し，各受益権に係る受益債権の内容等，各受益権に係る受益証券の番号，発行日，受益証券が記名式・無記名式かの別等，各受益権に係る受益者の氏名等の受益権原簿記載事項を記載または記録しなければならない（法186条）。

受託者は，受益権原簿をその住所に備え置き（同190条1項），利害関係者は理由を明らかにして受益権原簿の閲覧等を請求できるが（同条2項），閲覧等拒絶事由に該当する場合，受託者はこれを拒絶できる（同3項）。閲覧等拒絶事由は，信託帳簿等の閲覧等拒絶事由と同じである（→30頁）。

② 受益証券

受益証券発行信託の受託者は，信託行為の定めに従い，遅滞なく，当該受益権に係る受益証券を発行しなければならない（法207条）。受益証券が発行されることにより，無記名受益権の受益者は受益証券を提示することでその権利を行使でき（法192条1項），譲受人に受益証券を交付することで譲渡ができる（法194条）。

記名式の受益証券発行信託の受益権の譲渡は，譲受人の氏名等を受益権原簿に記載しなければ受益証券発行信託の受託者に対抗できないが（法195条1項），受益証券の占有者は，受益証券に係る受益権の権利者に推定する（法196条1項）。

受益証券の交付を受けた悪意・重過失がない譲受人も受益権の権利を取得する（同条2項）。受益証券発行信託の受益権の質入には，受益証券の交付が必要になる（法199条）。

受益証券が発行されない場合は，前述の通り，受益権原簿の記載変更により第三者に対抗できるが，振替受益権の場合は，受益権原簿ではなく，振替機関の振替口座簿の記載・記録が対抗要件となる（振替127条の2第1項）。

上場会社においても，2004年に制定された「株式等の取引に係る決済の合理化を図るための社債等の振替に関する法律等の一部を改正する法律」により株券不発行会社

となり，株式振替制度が利用され，振替口座簿の記録によって権利取得の推定がなされている（黒沼363頁）。

③ 少数受益者の権利

株式会社の株主の少数株主権と同様，受益証券発行信託の受益者にも少数受益者の権利が認められている（法213条）。受益権の数を3％以上有する受益者は，受託者の権限違反行為の取消，受託者の利益相反行為の取消，信託帳簿等の閲覧等請求，信託事務処理等の調査に関する検査役選任申立の権利を行使することができ，また，受益権の数を10％以上有する受益者は，信託の変更および信託の終了を裁判所に申し立てることができる。

複数の受益者がいる受益証券発行信託においては，信託行為の別段の定めがないときは，多数決により受益者の意思を決定する旨の定めがあるとみなす（法214条）。受益者発行信託以外の信託では原則全員一致となり，信託の定めにより多数決も可となるが，受益証券発行信託は，通常不特定多数の投資者が受益者となることから，原則多数決となっている。

④ 受託者の義務

受益証券発行信託の受託者は，信託行為の定めで善管注意義務を軽減できず（法212条1項），また，信託事務が信託行為により指名された第三者に委託された場合でも，受託者の監督義務を軽減できない（同条2項）。

⑤ 委託者に代わる受益者の権利

受益証券発行信託においては，委託者の権利のうち，受託者に対する信託事務処理報告請求，保全処分に関する資料の閲覧等請求，受益権原簿の閲覧等請求，受託者・信託監督人等の解任申立，特別な事情の信託の変更・終了申立，公益確保の信託の終了申立，新受託者・新信託監督人等の選任申立，信託財産管理命令等の申立，信託監督人の選任申立，新受託者等の就任催告については，受益者が行使する（法215条）。

受益証券が発行されることで，受益者が設定された信託に対して経済的権利を有することになるため，受益者に権利を認めたものとなる（道垣内360頁）。

(3) 受益証券発行限定責任信託

① 限定責任信託

受託者は信託事務の処理につき負担した費用や債務は信託財産より弁済を受けるが，第三者への債務が信託財産の額を超えるとき，受託者の固有財産より負担しなければならないため，これでは，受託者が負担するリスクは無限となり，受託者の担い手がいなくなる。

そこで，信託財産を限度として責任を限定する特約（法21条2項4号）を債権者と

締結することも可能となるが
（図19），これでは債権者が納
得し，常時この仕組みが成立
するとは思えない。そこで，
現行法は限定責任信託という
新たな仕組みを導入した。

　限定責任信託とは，受託者
が当該信託のすべての信託財
産責任負担債務（法2条9
項・受託者が信託財産に属す

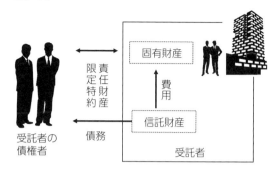

【図19】

る財産をもって履行する責任を負う債務）について信託財産に属する財産のみをもっ
てその履行の責任を負う信託を言う（法2条12項）。

　信託行為においてその旨の定め，限定責任信託の目的の定め，限定責任信託の名称，
委託者および受託者の氏名または名称および住所，主たる信託事務の処理を行うべき
場所，信託財産に属する財産の管理または処分の方法，信託事務年度等，法務省令で
定める事項を定め（法216条2項），登記しなければ（法232条），第三者に対抗するこ
とができない（法216条1項）。

　限定責任信託により，受託者の不法行為に基づくもの以外，信託財産責任負担債務
に係る債権に基づいて固有財産に属する財産に対し強制執行等はできない（法217条）。

　債権者にとって限定責任信
託は信託財産のみが弁済可能
となる財産となるため，債権
者保護のために様々な特例が
設けられている。図20の通り，
限定責任信託は，その名称中
に「限定責任信託」の文字を
使用しなければならず（218
条1項），また，限定責任信
託ではないものは誤認等を招

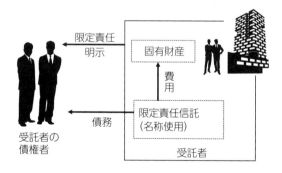

【図20】

く表記を商号等に使用してはならない（同条2項ないし3項）。

　さらに，限定責任信託の受託者は，取引に際し，限定責任信託である旨を取引の相
手方に明示しなければ，限定責任信託であることを取引の相手方に抗弁することがで
きない（法219条）。

　限定責任信託の受託者は通常の計算書類等の作成，保存等にかかわらず（法222条

2

1項，37条），会計帳簿等を作成し（法222条2項），その効力発生日時点の貸借対照表（同条3項），年1回の計算書類等に加え附属明細書を作成しなければならない（同条4項）。

通常の信託では会計帳簿ではなく信託財産に係る帳簿とされ（法37条1項），また付属資料までは求められていないため，限定責任信託ではより詳細な資料の作成・保存が求められていることになる（道垣内172頁）。なお，閲覧等請求および請求拒絶事由は通常の信託と変わらないが，請求対象となる書類の範囲は法定作成資料の数に応じ多くなっている（法222条9項）。

これらの資料作成・閲覧請求に加え，受託者が信託事務を行うについて悪意または重大な過失があったときは，受託者は，これによって第三者に生じた損害を賠償する責任を負う（法224条1項）。貸借対照表等の不実記載，虚偽の登記，虚偽の公告を行い第三者に損害を与えたときも賠償責任を負うが（同条2項），受託者が当該行為をすることについて注意を怠らなかったことを証明したときは，その責任を免れる（同項ただし書）。

限定責任信託は，債権者ばかりでなく，受益者に対する給付も制限され，信託財産の給付可能額を超えて受益者に給付できない（法225条）。これに違反して給付したときは，受託者が注意を怠らなかったことを証明しなければ填補する責任を負う（法226条1項）。

② 受益証券発行限定責任信託

限定責任信託を設定し，信託行為に受益証券の発行を定めると，受益証券発行限定責任信託となる。限定責任信託は前に述べた通り，債権者への弁済が信託財産に限定されるため債権者保護の観点から様々な追加的な手続が規定される。

さらに，受益証券発行信託は，受益権が不特定多数への販売が予定されるため，流通の利便性向上の観点から特例規定が設けられている。

受益証券発行限定責任信託には，限定責任信託という特殊性を受益証券に付加して市場に流通させるため，投資者保護の観点から，受託者を監督する制度として会計監査人を置くことが規定されている（図21）。

貸借対照表上の負債額が200億円を超える受益証券発行限定責任信託においては，会計監査人を置かなければならず（法248条2項），それ以下の負債額であっても信託行為の定めにより会計監査人を置くことができるが（同条1項），いずれの場合であっても，信託行為に会計監査人を指定する定めを設けなければならない（同条3項）。

会計監査人は，公認会計士または監査法人でなければならず（法249条1項），監査法人の場合は会計監査人に職務を行う者を選任し，受託者に通知しなければならない

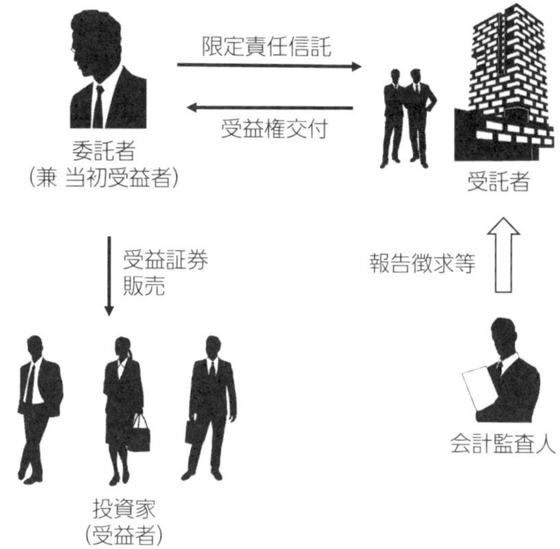

（同条２項）。社員の半数以上が欠格[31]である場合は，当該監査法人は会計監査人になれない（同条３項３号）。会計監査人は，会計監査書類を作成し（法252条１項），そのために受託者に関係書類の閲覧や報告を求めることができる（同条２項）。

また，受益者集会に出席し，意見を述べる権利があり，招集権者から出席を求められることがある（法257条，118条）。受託者が行う計算義務については，会計監査を受けなけれ

【図21】

ばならず，受益者への報告には会計監査を必要とする（法252条４項，222条４項・５項・８項）。

会計監査人はその職務に善管注意義務があり（法253条），その任務懈怠により信託財産に損害が生じた場合には，受益者は当該会計監査人に対して損害の填補を請求することができる（法254条１項）。また，会計監査人の第三者に対する責任については，その職務の執行および会計監査報告に悪意または重過失があったときは第三者への損害賠償責任を負うが（法255条１項・２項），会計監査報告については，その注意を怠らなかったことを証明したときは，その責任を免れる（同条２項ただし書）。

Topic 4　様々な受益証券発行信託

信託の仕組みを用いた資金調達手段や商品等を上場金融商品として扱うために，受益証券発行信託の仕組みが利用されている。資産や商品を受益権に転換することで譲渡が容易となり，流通性を有することになる[32]。

JDR（Japanese Depositary Receipt）は，受益証券発行信託（→57頁）

31　公認会計士法の規定により（会計士４条），限定責任信託の計算書類等ならびにこれらの附属明細書その他の法務省令で定める書類または電磁的記録について監査をすることができない者，受託者もしくはその利害関係人から公認会計士もしくは監査法人の業務以外の業務により継続的な報酬を受けている者またはその配偶者（法249条３項１号ないし２号）。

から派生したもので，米国で普及している ADR（米国預託証券 American Depositary Receipt）を参考に作られた仕組みである（三菱548頁）。外国企業等がわが国の証券取引所に上場する必要がなく，外国の株式等を信託財産とした受益証券を上場させることで代替できる。

　JDR が東京証券取引所に上場されると ETN-JDR 呼ばれる。ETN（Exchange Traded Note）は，上場投資証券や指標連動証券と呼ばれ，裏付けとなる現物資産を保有せず，発行体となる金融機関が対象指標との連動性を保証するが，ETN-JDR は受益証券となることから，信託財産に裏づけられている（受益証券発行信託の基本形は図20および図21参照）。

　また，外国企業がわが国で資金調達をする際，日本企業として上場する場合と，外国株式を信託財産とした JDR を証券取引所に上場させる場合があり，ここでも JDR の仕組みが利用されている。

　外国企業は JDR を利用することで外国籍のままわが国の証券取引所に上場することが可能となり，国内投資家も外国証券口座を開設しなくても実質的に外国株式の売買が可能となるメリットがある（三菱555頁）。

　受益証券発行信託は，JDR 以外にも金等の貴金属の上場にも利用されている。商社等の委託者が貴金属を信託財産として信託を設定し，信託銀行等の受託者が受益権に転換することで受益証券を発行し，証券取引所に上場させる上場信託となる。

　このように，受益証券発行信託を活用した上場信託は，当初信託財産の対象の制限がないことから，販売勧誘等（たとえば約款）について行政庁との調整が必要となるが，物理的に譲渡が容易でないインフラ等の資産や売買価格が高額となる暗号資産等を信託財産として受益証券を発行し，上場させることで不特定多数の投資家が投資対象にできるメリットがある。

32　信託の仕組みを利用した企業の資金調達の形態として，受益証券発行信託や資産の流動化（→168頁）に加え，信託社債がある（法2条3項）。受託者が信託財産のために発行する社債で，受託者の固有財産も責任財産となるが，通常は限定責任信託とする。受託者が信託社債を発行することで資金調達をし，その資金で委託者の指図に基づいて有価証券投資を行うなどに利用されている（三菱532頁）。

第３節　委託者

1　概要

委託者は，当初信託財産の拠出，信託の目的および信託行為の定めの設定，受益者または目的の設定等，信託の設定の場面では重要な役割をはたす（図22）。しかし，信託の設定後は，信託財産およびその利益が受益者に帰属するため，委託者が受託者の監督や指示を行うと受益者と競合し，受益者の権利が不安定となる。

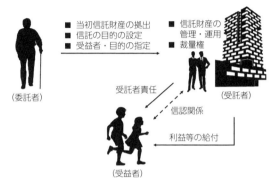

【図22】

また，信託の設定後は，受託者は受益者に法令上の義務を負い，信託事務，利益等の給付を受益者に行うため，委託者は不可欠の存在ではなくなる。また，遺言信託による信託の設定や事業または資産承継型の信託の設定では，受託者が信託事務を開始する時点で，委託者が存在しない場合も考えられる。

このため，委託者と受益者の権利を調整するため，①委託者が有する権利，②信託行為の定めにより認められる権利に区分し[33]，さらに，委託者が有する権利であっても信託行為の定めにより委託者の権利を制限することを認めている（法145条１項）。

2　委託者の要件

委託者の要件については，信託の設定に要する当初信託財産の拠出，信託の目的の設定の契約等の法律行為を行うことになるため，自然人は，成年被後見人の場合，委託者としての法律行為は取消の対象となり（民９条），未成年者および被保佐人の場合，委託者としての法律行為についてそれぞれ法定代理人（民５条１項）または保佐人（民13条）の同意を要する。法人の場合は，定款等の法人の目的の範囲に委託者として可能な法律行為が定められなければならない（民34条）。

33　委託者の権利の詳細な分類について，佐藤201-202頁。

3　委託者の権利

(1)　委託者が有する権利

　委託者が原則的に有する権利は，主に信託の監視・監督機能と信託の基礎的変更に関する権利とされる（セミナー3［道垣内弘人発言］259頁）。

　信託の監視・監督機能としては，まず，信託事務の処理状況についての報告（法36条）や帳簿等の閲覧等の請求（法38条6項）などの信託事務処理状況の報告請求権がある。さらに，裁判所に対する新受託者の選任申立（法62条4項），受益者との合意による受託者の解任（法58条1項），裁判所に対する受託者の解任申立（同条4項）などの受託者への監督権がある。

　しかし，委託者としての固有の権利は限られ，利害関係人共通の権利または受益者との合意により認められる権利がほとんどとなり，受託者の解任等の裁判所が判断する申立てについて単独での権利行使が認められる程度となる。

　信託の基礎的変更については，信託の設定者としての固有の権利が認められ（道垣内406頁），信託の変更（法149条1項），信託の併合（法151条1項），吸収信託分割（法155条1項），新規信託分割（法159条1項）は委託者の合意がなければ原則実施できない。信託の終了は，受益者の合意が必要となるが（法164条1項），裁判所に対する信託の終了の申立ては単独で請求できる（法165条1項）。

　信託の仕組みにおいて，受託者が様々な義務や責任を負う対象は受益者となるため，これに加えて委託者にもこれら受託者の責務を負わせると，受託者の負担が重く，また，信託の仕組みにおいても受益者と委託者の権利が競合するため，信託行為に委託者がその権利の全部または一部を有しないことを定め，委託者の権利を制限することができる（法145条1項）。

(2)　信託行為の定めにより認められる権利

　法145条2項は，信託行為に委託者も権利の全部または一部を有する旨を定めることができるとし，15項目の権利を列挙しているが（同項1号ないし15号），受益者または受託者に与えられた権利のうち，委託者にも信託行為の定めにより与えることが可能なものを列挙したもので，本項は委託者の権利を制限する目的はない。本項に列挙されたもの以外に委託者固有の権利等があることは前述の通りである。

　法145条2項各号の権利については，信託財産に対する強制執行等への異議申立（法145条2項1号，23条5項・6項），受託者の権限違反行為の取消（法145条2項2号，27条1項・2項），受託者の利益相反行為の取消（法145条2項3号，31条6項・7項），受託者による競合行為への介入権（法145条2項4号，32条4項），帳簿閲覧

等の請求（法145条2項5号，38条1項），他の受益者の開示請求（法145条2項6号，39条1項），受託者への損失の填補等の責任追及（法145条2項7号，40条），法人受託者の役員への責任追及（法145条2項8号，41条），受託者の法令・信託行為の定めの違反行為の差止請求（法145条2項9号，44条），裁判所に対する検査役選任申立（法145条2項10号，46条1項），前受託者による信託財産処分の差止請求（法145条2項11号，59条5項），前受託者の相続人等による信託財産処分の差止請求（法145条2項12号，60条3項・5項）がある。

　さらに，限定責任信託における受益者に対する給付に関する責任追及（法145条2項13号，226条1項），欠損が生じた場合の責任追及（法145条2項14号，228条1項），受益証券発行限定責任信託における会計監査人への損失填補等の責任追及（法145条2項15号，254条1項）が規定されている。

4　委託者の地位

(1)　地位の移転

　委託者の地位は，受託者および受益者の同意を得て，または信託行為において定めた方法に従い，第三者に移転することができる（法146条1項）。委託者が複数の場合，他委託者の同意を要する（同条2項）。資産流動化等の資金調達目的の信託の設定では，委託者が受益権を処分し資金回収した後に委託者の地位が受益者へ移転することが多い。

(2)　相続

　委託者の地位は，遺言信託によらなければ，原則相続人へ承継される。遺言信託によって信託が設定された場合には，委託者の相続人は，委託者の地位を相続により承継できない（法147条）。

第3章◆信託の設定

第1節　概要

1　信託行為

　信託とは，法3条各号の方法により，特定の者が一定の目的に従い財産の管理また
は処分およびその他の当該目的の達成のために必要な行為をすべきものとすることと
され（法2条1項），法3条各号の方法による信託を法律行為とし（同条2項），それ
ぞれ，契約信託（法3条1号，2条2項1号），遺言信託（法3条2号，2条2項2
号），自己信託または信託宣言（法3条3号，2条2項3号）と呼ばれる信託行為と
なる。

2　信託の目的

　一定の目的とは信託の目的をいう。受託者がすべき行為は「管理または処分および
その他の当該目的の達成のために必要な行為」とされる通り，信託の目的を達成する
ために必要な行為となる。信託の目的は，①受託者が信託事務を行う上での指針，②
信託の存続可能性を判断する際の基準の2つの機能に分けられるとされる（能見68
頁）。

　信託が存続可能かの判断も信託事務の遂行上は重要な要素となるため，信託事務指
針の範囲に当然含まれるべきである。なお，受託者が専ら利益を図る目的は除かれる。
信託の仕組みは受益者または受益者が存在しない目的信託の場合は目的の利益を図る
ことが目的となるためである。

3　当初信託財産

(1)　信託財産の範囲

　信託の設定には，財産の存在が必要となる。委託者が信託の設定時に拠出する財産
は当初信託財産という。受託者は信託の目的に従い，財産の譲渡，担保権の設定その
他の財産の処分を行うが，ここでは当初信託財産に帰属する財産の種類が問題となる。

　信託の設定では，委託者から受託者へ財産の移転が必要となるため，その譲渡性が

必要となり，金銭に換算できる積極財産であれば，金銭，不動産，有価証券，特許権等の知的財産権などの多様な財産が対象となり，また，財産の処分として担保権の設定も含まれていることから（法3条1号・2号），担保権も当初信託財産となる。

　一方，人格権など移転できない権利は財産となりえないとされる（道垣内35頁）。営業信託においては，2004年信託業法改正前は，当初信託財産が，金銭，有価証券，金銭債権，動産，土地およびその定着物，地上権・土地の賃借権に限定され，動産（船舶，鉄道車両等）については，その種類を特定し許可が必要であった。2004年改正信託業法により，これらの制限が撤廃され，特許権や著作権等の知的財産権が信託可能な財産となり，信託の担い手が信託銀行以外にも拡大されている。

　債務については消極財産とされ，旧信託法下では移転できない財産とされてきたが（道垣内33頁），現行法では信託前に生じた委託者に対する債権であって当該債権に係る債務を信託財産責任負担債務とする旨の信託行為の定めがあるものを規定したことから（法21条1項3号），委託者が負担する債務（消極財産）も受託者が信託債務として引き受けることになり，事業信託が可能となった（新井160頁）。

(2)　事業信託

　事業信託は，特定の事業[34]そのものを信託の対象とするものとなり，事業会社等が自己信託により特定の事業部門を自らが受託者となることで投資家に受益権を販売する場合，または当該事業部門を信託業に事業信託する場合がある。

　事業信託の事業は，「有機的一体として機能する財産」を満たさなければならず，単に信託された賃借権が設定された土地に太陽光発電設備を設置し運用管理したり，信託された土地に商業ビルを建設してテナントに賃貸したりすることは事業信託には該当しない。

　事業信託が成立し，受託者が信託銀行である場合，事業を受託し管理処分することになるため，他業を実質経営することになる。これまで，信託銀行は銀行業であるため，銀行法上の子会社対象会社（銀行16条の2，52条の23）以外の事業会社への出資は5％までに制限され，実質他業が禁止されていたことから，信託銀行が事業信託を引き受けても信託財産の管理処分の行為が他業となり，第三者へ再委託する必要があった。

　2021年改正銀行法により，銀行業は投資専門子会社を通じ，非上場・中小企業に業種に関係なく出資できることになったことから，信託銀行は信託兼営金融機関（銀

34　2006年に制定された会社法では，「営業」が「事業」に読み替えられ（会社21条），営業とは「一定の営業目的のため組織化され，有機的一体として機能する財産（得意先関係等の経済的価値のある事実関係を含む）」と判示されている（最大判昭和40年9月22日民集19巻6号1600頁）。

行）として他業の経営が可能となっている[35]。信託銀行は信託業と銀行業の法人格が
同じ事業体であるが，事業信託を引き受けた信託部門が事業経営を信託銀行の完全子
会社となる投資専門子会社に委託することにより信託銀行グループ内で事業経営が可
能となる。

　銀行法には集団投資スキーム等を想定した議決権に関する規定はあるが（銀行2条
11項，銀行規則1条の3），信託銀行による事業信託の引受けについては，明確な規
定がない。信託銀行が事業信託を引き受けた時点で，その信託財産の対象となる事業
は，会社法上は他の会社に財務および事業の方針の決定が支配されている会社（会社
2条3号，会社規則3条1項）となり，実質議決権（支配権）を取得したとみなすべ
きであろう。

Topic 5　2021年銀行法改正と事業信託

　2021年銀行法改正により，信託銀行は受託者として，また銀行業として事
業信託を引き受けやすくなり，これまで普及してこなかった信託銀行を活用した
事業信託の設定が促進されるようにみえる（図23）。地方の酒蔵や老舗旅館，
独創的な部品を製造する町工場など，今日，次世代への事業承継が社会的な課題
となり，事業信託の社会的需要は確実に存在する。

【図23】

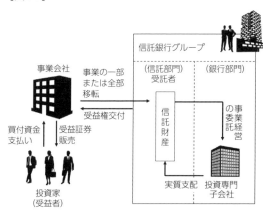

　　　　　　　　　　　　　しかし，信託銀行が事
業信託の担い手となるた
めには，投資専門子会社
による事業会社への出資
期間が10年間に制限さ
れていること，出資規制
により上場会社の事業信
託の受託ができないこと，
信託銀行による事業会社
経営の能力が適正な水準
であること，信託部門と
銀行部門（子会社）間の
利益相反管理体制が適正
に構築されていること等，まだまだ課題は多い。
　とりわけ，受託した事業信託の事業経営の部分を，法人格を分離した第三者と

35　坂東洋行「金融事業者のガバナンスと金融規制」信託研究奨励金論集43号（2022年）62頁。

はいえ完全子会社の投資専門子会社に委託することは，信託銀行グループが一体となって事業信託を引き受けたことが外形的に認められ，受託者としてその事業経営に善管注意義務を負うことになる。

　信託銀行のみならず銀行業一般に言えることであるが，企業融資や経営コンサルティング等とは異なり，企業経営には業種や規模に応じた専門的な知見や経験が欠かせないため，銀行業はたやすく参入できるものではない。銀行業による安易な他業への参入は，企業および銀行の経営リスクとなり，銀行規制の目的をおびやかしかねない。

(3)　セキュリティ・トラスト

　担保権を被担保債権（貸出債権）と切り離し当初信託財産とし，担保権設定者を委託者，担保権者を受託者，被担保債権となる貸出債権の債権者を受益者とする担保権信託はセキュリティ・トラストと呼ばれ，受託者による担保権の管理等を目的とした営業信託で普及している。

　セキュリティ・トラストでは，図24の通り，委託者であ

【図24】

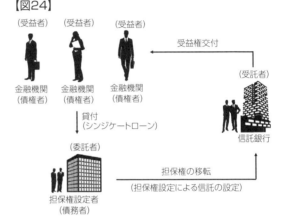

る債務者が担保権の設定を行い，自らが担保権設定者となるのではなく，担保権だけを分離して，その担保権を信託銀行へ移転させる。通常，債権の譲渡を行うと，担保権も譲渡先へと移転するため，複数の債権者が存在する場合は，抵当権の移転登記などに関する手続が煩雑でコストも高くなる。

　セキュリティ・トラストを利用することで，債権の譲渡が発生しても，担保権は受託者が管理するため，債権や担保権の譲渡などに関する煩雑な手続が不要となり，債権の流通性向上が期待できる。受託者が一貫して担保権を所有し管理するため，個別の債権者が抜け駆けして担保権を実行することを防ぐことができるため，シンジケートローン等での利用に適している（新井152頁）。

4 設定が制限される信託

(1) 脱法信託

　法令により特定の財産権を共有できない者を受益者とし，その財産権と同一の利益を共有する信託の設定はできない（法9条）。これは，本来，特定の財産権が所有できない者に信託の仕組みを用い，実質所有させる脱法行為を防止することが目的となり，外国人の権利能力を制限する法令に違反する信託の設定を禁じている（条解58頁）。

　たとえば，放送法は日本国籍を有しない人，外国政府またはその代表者，もしくは外国の法人または団体，およびこれらの者が特定役員または議決権の20％以上を占める法人または団体は基幹放送事業者に認定されないことを定めているが（放送93条1項7号イないしニ），これらの外国人等を受益者として，既に存在する基幹放送事業者の議決権取得を目的とした信託を設定することにより基幹放送事業者の認定手続を脱法することが可能である。

　また，外為法においても，財務大臣または事業所管大臣が，外国投資家による国内の上場会社の議決権取得について事前届出を求め（外為27条1項），安全保障，公序等または経済への悪影響があると認められるときは議決権の取得を審査し，中止等の勧告を行うことができる（同条3項1号）。

　これらの法令は，外国人の権利権限を制限し，安全保障や公益の保護を目的としているが，放送法は直接的な議決権保有者ばかりではなく，日本法人を通じた間接保有も対象とし（放送93条1項7号ホ（2）），外為法は集団投資スキーム等のファンドを通じた実質保有も議決権に算入している（直投令2条9項）。

　脱法信託の禁止は信託の仕組みを濫用した議決権保有等を抑止するものであるが，他の法令により業規制として既に規律されているため，業法を補完している。

(2) 訴訟信託

　訴訟を主たる目的とした信託の設定はできない（法10条）。しかし，受託者が信託事務の処理において当事者となって必要に応じて訴訟をすることまでを禁じるものではなく，訴訟行為が主たる目的となる信託の設定が対象となる。

　具体例としては取立てのための債権・手形の譲渡があげられる（条解63頁）。訴訟信託により受託者が訴訟行為を行うことが非弁行為に該当すること（弁護士法72条，73条），手続法上も弁護士でない者が訴訟代理人となることが禁じられていることからも（民訴54条1項），訴訟行為を主たる目的とした信託の設定はできない。

第２節　契約信託

1　要物契約

　旧信託法では，信託の定義を「本法に於て信託と称するは財産権の移転其の他の処分を為し他人をして一定の目的に従ひ財産の管理又は処分を為さしむるを謂ふ」としていたことから（旧法１条），信託契約は要物契約と解されていた（四宮96頁）。

　要物契約（代表例として消費貸借）では，物の引渡しまたは交付により契約が成立するが（民587条，593条など），信託財産の引渡し以前に信託契約が成立していなければならず，投資ファンドを設定し申込金の移転前に信託財産の運用を始めるなどの実務には損益の帰属や受託者の忠実義務等の発生の時期等の支障があった。

2　諾成契約

(1)　信託の諾成契約性

　契約の内容を示してその締結を申し入れる意思表示（申込み）に対して相手方が承諾をしたときに成立する契約を諾成契約という（民522条１項）。この点，現行法では，「財産の処分をする旨……の契約を締結する方法」とされ（法３条１号），要物契約から諾成契約への解釈の変更がなされている（セミナー１［道垣内弘人発言］３頁）。

　また，2017年民法債権法改正にも，要物契約の典型例となる金銭消費貸借において，要物契約では貸主に資金の貸出義務がないという欠点があったが，諾成契約へ変更がなされている（民587条の２）。信託契約の締結だけで信託は有効に成立し，当事者の意思表示のみで契約は成立する（法４条１項）。

(2)　委託者の拠出義務

　信託の成立に諾成契約性を認めると，委託者は信託財産を受託者へ移転する義務を負わなくなる。このため，委託者は信託契約の成立後，信託財産を第三者に譲渡することが可能となる（二重譲渡）。この場合，受益者は信託行為に別段の定めがない限り，当然に受益権を取得するため（法88条１項），信託の契約成立時に受託者は受益者に対して信託法上の義務を負うことになり，受託者は信託の目的に従い，委託者に対し信託財産の移転を求める義務を負う（道垣内61頁）。

　たとえば，信託の目的が信託財産の管理である場合，受託者は信託事務として委託者から信託財産が移転することに対し善管注意義務を負うため，委託者が信託財産を移転しないことによる損害の発生について受託者に任務懈怠があった場合は受託者が

損害賠償責任を負うことになる。

第3節　遺言信託

1　信託の設定

　特定の者に対し財産の譲渡，担保権の設定その他の財産の処分をする旨，ならびに当該特定の者が一定の目的に従い財産の管理または処分およびその他の当該目的の達成のために必要な行為をすべき旨を遺言することにより設定し（法3条2号），当該遺言の効力の発生により効力を生ずる信託を遺言信託[36]という（法4条2項）。

　遺言信託に類似する制度として，遺贈と死因贈与があるが，まず，遺贈は遺言による受遺者への財産分与となり，信託と同じく遺言時の受遺者の同意は不要となり，遺言者の死亡後に受遺者は遺贈を放棄（民986条1項），または遺贈義務者等からの承認または放棄の催告に応じなければ承認したものとみなされる（民987条）。

　死因贈与の場合は，贈与者の死亡により効力を生ずる贈与契約となり（民554条），贈与者の贈与の意思表示に対し受贈者が受諾することにより契約が成立する（民549条）。遺贈または死因贈与では，遺贈者または贈与者の財産が受遺者または受贈者に移転することになるが，遺言信託では第三者（受益者）のために信託財産が信託の目的に従って受託者に移転し，受託者が信託財産を管理・処分する点で異なる。

2　所有権の対抗要件

　遺言により委託者が所有した不動産が受託者に移転する場合，受託者は所有権移転（信託）の登記を行わなければ第三者に対抗できないが（法14条），信託財産は相続財産から分離されるため，委託者の債権者は信託財産に対して強制執行等をすることができない（法23条1項）。

　遺贈の場合，相続人は受遺者へ財産を移転させる義務を負うが（民998条），受遺者が所有権移転を登記しなければ，相続人の債権者等の第三者に対抗できないことは遺言信託の場合と同じである。

　遺言信託により移転する信託財産が金銭の場合，たとえば1億円を当初信託財産として遺言信託を成立させるためには，受託者は遺言に従い，相続人に対し1億円の金銭引渡を請求する。相続財産に1億円の金銭がない場合は，相続人は金銭以外の財産

36　営業信託で扱われる「遺言信託」は，兼営法に認められた遺言執行（兼営1条1項4号）を中心としたサービスの提供であり，本節の遺言信託とは異なる（→206頁）。

を処分し，受託者へ1億円を交付する義務を負う（道垣内64頁）。

　遺贈の場合は，遺言執行者等は相続財産の中から遺言に指定された金額の支払債務を履行するが，相続財産を超えてまで相続人は支払義務を負うことはない（民922条）。

3　遺留分侵害額請求（遺留分減殺請求）

　相続が発生すると，遺言がある場合は遺言の内容に従い遺産分割が行われるが（民902条1項），遺言がない場合は共同相続人による協議で遺産の全部または一部の分割をする（民907条1項）。遺産の分割について協議が調わないとき，各相続人はその分割を家庭裁判所に請求することができる（同条2項）。

　遺言がある場合であっても，複数の相続人があるときは，子，配偶者，直系尊属，兄弟姉妹等の属性に応じた相続分が法定され（民900条），兄弟姉妹以外の相続人は法定相続分に法定割合を乗じた金額を遺留分として受け取ることができる（民1042条）。遺留分権利者およびその承継者は，他相続人，受遺者または受贈者に対し，遺留分侵害額[37]を請求することができる。遺留分は相続人の相続財産を最低限保証することを目的としているため，遺留分を超える（下回る）遺言や遺産分割の内容に対し，遺留分権利者の請求権を認めている。

　したがって，遺留分を侵害する遺贈，死因贈与はもちろんのこと，遺言信託であっても遺留分を侵害する信託の設定は遺留分侵害額請求の対象となる。営業信託の場合は，受託審査等を実施するため，遺留分を侵害する信託が設定されることは考えにくい。

　非営業信託では，資産承継等のニーズから民事信託の名の下で安易に信託が設定されやすく，近時の裁判例では遺留分の侵害を目的とした信託の設定（事例は遺言信託ではなく信託契約に基づくものであるが）を公序違反として一部無効とした事例もある（東京地判平成30年9月12日金法2104号78頁）。信託の仕組みの濫用への警鐘であり，本書では民事信託を非営業信託と呼ぶことで共通する理由でもある。

4　信託引受の催告等

　遺言信託によって信託が設定された場合，当該遺言に受託者となるべき者を指定する定めがあるときは，利害関係人は，受託者となるべき者として指定された者に対し，相当の期間を定めて，その期間内に信託の引受けをするかどうかを確答すべき旨を催告することができ（法5条1項），受託者となるべき者として指定された者は，催告

37　相続財産から寄与分（民904条の2）および特別寄与分（民1050条）等を控除した額に法定相続分および遺留分割合を乗じたもの。

期間内に委託者の相続人に対し確答をしないときは，信託の引受けをしなかったものとみなされる（同条2項）。

　また，遺言に受託者の指定に関する定めがないとき，または受託者となるべき者として指定された者が信託の引受けをせず，もしくはこれをすることができないときは，裁判所は，利害関係人の申立てにより，受託者を選任することができる（法6条1項）。

5　遺言代用信託

　委託者の死亡の時に受益者となるべき者として指定された者が受益権を取得する旨の定めのある信託，または委託者の死亡の時以後に受益者が信託財産に係る給付を受ける旨の定めのある信託において，委託者は受益者を変更する権利を有し（法90条1項），委託者の死亡の時以後に受益者が信託財産に係る給付を受ける旨の定めのある信託の場合は，委託者が死亡するまでは，指定された受益者は，受益者としての権利を有しない（同条2項）。

　遺言では，遺言者が遺言をいつでも撤回できるようになっているが（民1022条），委託者死亡を事由として受益者が指定される信託においても，信託行為の別の定めがない限り，委託者はいつでも受益者を変更することができる。この信託は遺言を代用する仕組みがあるため，遺言代用信託と呼ばれるが，遺言信託ではなく，信託契約により設定される。

　この遺言代用信託においては，図25の左図の通り，委託者が生存中は受益者を兼ね，信託契約により金銭の信託を行い，委託者死亡時の受益者を指定する。受託者は，委託者が生存中は，信託財産から金銭を年金のような定時定額払いで給付するか，全く給付せず委託者死亡時に指定された受益者に受益権を移転するか，これらの組み合わせも可能となる。図25の右図の通り，委託者の死亡時は，受託者は指定された者を受

【図25】

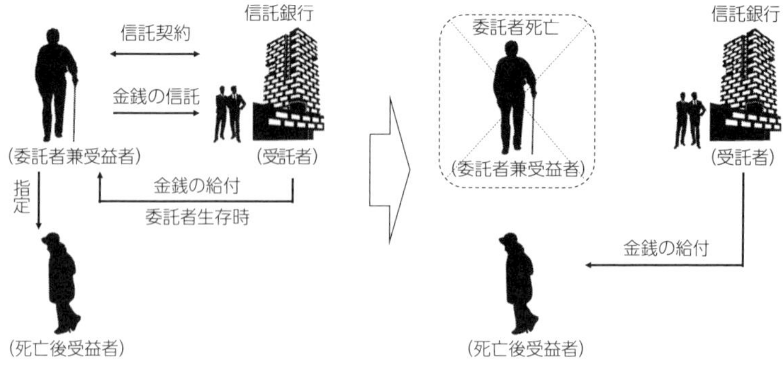

益者に変更し，信託財産からの金銭の給付を行う。

　営業信託では，信託の設計の自由度から，様々な遺言代用信託が存在し，委託者死亡時に生命保険のように委託者が設定した金銭の給付をするものやペットのケアサービスを付随させるものなどがある（→215頁）。通常，信託財産は金銭に限定されないが，営業信託における遺言代用信託では，主として金銭の信託に限られるようである。今後，さらに利用者の利便性を追求した柔軟な商品設計が期待される。

第4節　自己信託

1　概要

　特定の者が一定の目的に従い自己の有する一定の財産の管理または処分およびその他の当該目的の達成のために必要な行為を自らすべき旨の意思表示を公正証書その他の書面または電磁的記録で当該目的，当該財産の特定に必要な

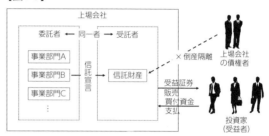

【図26】

事項その他の法務省令で定める事項を記載しまたは記録したものによってする方法（法3条3号）による信託を自己信託という。

　つまり，委託者が受託者となり，自己の資産（固有財産）の一部を信託財産として分別し，他人のために管理・処分することを宣言し，信託を設定することから，信託宣言とも呼ばれている（図26）。

　旧信託法では，信託の定義を「他人をして一定の目的に従ひ財産の管理又は処分を為さしむるを謂ふ」とし（旧法1条），受託者の他人性を必要としていたため，自己信託は禁じられていると考えるのが通説であったが（新井136頁），現行法に3条3号および2条2項3号が新設されたことで自己信託が認められることになった。

　上場会社が先進的な事業部門を子会社化・上場までは踏み切れないが技術開発の資金調達を必要とする場合，その事業部門を自己信託により受益権に転換し，投資家にその受益権（受益証券）を売却することで資金調達が可能となる（図26）。子会社自体を上場させず，特定の事業部門の業績に連動する種類株式を上場させるトラッキング・ストック（江頭会社146頁）と同様の資金調達が自己信託により可能となる。

　反面，債務超過にある会社が優良部門のみを分離して信託宣言したり，巨額の損害

賠償の訴訟等を抱え将来にリスクがある部門を残し収益性が高く知財等の無形資産を有する優良部門を信託宣言することにより会社から分離したりするなど，信託の倒産隔離機能を濫用することも可能となる。

　会社法では，これらの濫用行為は，法人格否認の法理（江頭会社41頁）による無効や濫用的会社分割（会社759条4項ないし7項ほか）として承継会社・設立会社へ債権者は残存債務履行の請求が可能とされる（江頭会社949頁）。信託法においても濫用的な自己信託を防止する観点から，様々な規定を設けている。

　なお，自己信託に類似する信託として二重信託があるが，信託銀行等の受託者が複数の委託者から信託された信託財産を1つの信託財産に一括して（信託して）運用する場合があり，外形的に委託者と受託者が同一で信託宣言の形態となるが，この場合，委託者となるのは他人の信託財産の管理者となり，信託宣言に該当しない（道垣内72頁）。

2　濫用的な自己信託の防止

(1)　自己信託設定日付の記録

　事業会社等が債権者による強制執行等から免れる目的で信託宣言をし，あたかも以前から自己信託が存在したことを抗弁させないため，自己信託の設定にあたっては，公正証書その他の書面または電磁的記録で当該目的，当該財産の特定に必要な事項その他の法務省令で定める事項を記載しまたは記録することが必要となる（法3条3号）。

　さらに，日付が公証される公正証書以外の「その他の書面または電磁的記録」については，受益者となるべき者として指定された第三者に対する確定日付のある証書による当該信託がされた旨およびその内容の通知が必要とされ（法4条3項2号），自己信託の効力の発生は確定日付ではなく，通知の到達時となる（条解49頁）。

(2)　債権者詐害的な自己信託の防止

　委託者が債権者を害することを知って設定した信託については，受託者の善意または悪意にかかわらず，債権者は受託者を被告として，詐害行為取消請求（民424条3項）をすることができる（法11条1項）。また，自己信託の場合，委託者がその債権者を害することを知って当該信託をしたときは，信託財産責任負担債務に係る債権を有する債権者および自己信託設定前の債権を有する債権者は，詐害行為取消請求を要さずに信託財産を強制執行等することができる（法23条2項）。

　さらに，受益者の定めのない目的信託の場合は，受託者を監督する受益者が存在せず，また，目的信託では受託者および受益者の債権者が差押可能な財産が存在しなく

なるため（道垣内76頁），自己信託による設定は認められていない（法258条1項）。

⑶　受託者による受益権全部取得の制限

　受託者が受益権の全部を固有財産で有する状態が1年間継続した場合は，信託の終了の事由となる（法163条2号）。自己信託においても，信託宣言後も事業会社等の受託者が受益権を保有する場合，その保有期間が1年以内であれば受託者が受益権を全部保有できると考えられ，特に特例等の規定はない。

　ただし，解釈上，自己信託の設定は，前述の通り，公正証書以外の書面または電磁的記録による場合は，受益者となるべき者として指定された第三者に対する確定日付のある証書による当該信託がされた旨およびその内容の通知がなければ効力を持たないため，受託者のみが受益者であれば，受託者による当該通知が成立しないため，自己信託の設定時において受託者が受益権のすべてを取得する自己信託は成立しないとされる（道垣内77頁）。

　しかし，自己信託の設定が公正証書による場合は，この解釈は取り得ないため，濫用的な自己信託を防止するための立法措置が必要であろう。

第４章◆信託財産

第１節　信託財産の変動

１　概要

　委託者が拠出した財産は受託者に移転し，当初信託財産となる（→66頁）。信託財産は信託の目的に従い，受託者が管理・処分することから，価額の増減ばかりでなく，たとえば，金銭から不動産へ形を変えていくことになる。この信託財産の変動は，①信託行為において信託財産に属すべきものと定められた財産（法16条柱書），②受託者の管理・処分による変動（同条１号），③信託財産の滅失・損傷等の事由により受託者が取得した財産（同号），④信託財産に属する財産との添付が生じた財産（法17条ないし20条），⑤受益者または会計監査人による受託者への金銭の給付（法226条１項２号，228条１項２号，254条１項），⑥受託者による損失の填補等の信託財産への給付（法40条１項），の６つの要因に分けられる。

２　信託行為において定められた財産

　信託行為の定めにより様々な財産が信託財産に帰属できるという趣旨ではなく，基本的には当初信託財産を指し，信託行為の別段の定めによる添付もこれに含まれる（道垣内117頁）。

３　受託者の管理・処分による変動

　受託者の管理・処分により受託者が得た財産は信託財産に帰属するが，信託の目的の達成に必要か否か，または信託行為の定めの権限内か否か，によりその扱いは異なってくる。

　まず，受託者が信託財産のためにした行為で，その行為が信託行為の定めの権限内である場合は，何ら問題はない。次に受託者が信託財産のためにした行為で，その行為が信託行為の定めの権限外である場合，受益者が権限外の行為として取り消さなければ（法27条），その行為により受託者が取得した財産は信託財産に帰属する。

　たとえば，年金基金を受託した信託銀行が，信託行為で日本株式で運用することが

定められているとき，年金基金の運用益を向上させるため（信託財産のため），海外株式で運用するなど権限外の行為をした事例などが考えられる。受託者の権限外の行為が即無効となるわけではなく，受益者はその運用結果を見て取消の判断ができる裁量を有することになる。

　最後に，受託者が信託財産ではなく他の財産のためにした行為で，その行為が信託行為の定めの権限内である場合，受益者が介入権（法32条4項）を行使しなければ，受託者が取得した財産は受託者の固有財産に帰属する。

　たとえば，信託行為の定めによりある企業の株式を買い付ける際，信託財産による買付ではなく受託者の固有財産での買付を優先させ受託者が自己の計算で利益を得る事例（フロントランニング行為）などがある。受益者は介入権を行使し，その受託者が得た利益を信託財産に帰属させることができる。

4　信託財産の滅失・損傷等より受託者が取得した財産

　信託財産に属する財産の滅失，損傷その他の事由により受託者が得た財産は信託財産に帰属する（法16条1号）。たとえば，不動産の管理信託において，テナントの失火で信託財産となるオフィスビルが一部焼失した場合，受託者はテナント（第三者）に修繕費等の損害賠償を請求する。第三者は受託者に賠償金を支払うが，この賠償金が受託者の固有財産に帰属すると，受託者の不当利得となるため，第三者が支払った賠償金は当然に信託財産に帰属する。

5　信託財産に属する財産との添付等が生じた財産

(1)　概要

　信託財産と固有財産もしくは他の信託の信託財産に属する財産との添付（付合，混和，加工）があった場合，民法の添付の規定を適用し，各信託の信託財産および固有財産に属する財産は各別の所有者に属するものとみなす（法17条）。また，信託財産に属する財産と固有財産に属する財産とを識別することができなくなった場合（添付とは別の識別不能とされる），各財産の共有持分が信託財産と固有財産とに属するものとみなす（法18条1項）。

　添付により財産の帰属が決定し，物の所有権が消滅したときは，その物について存する他の権利も消滅する（民247条1項）。物の所有者が，添付物の単独所有者となったときは，その物について有する他の権利は以後その合成物，混和物または加工物（添付物）について有し，物の所有者が添付物の共有者となったときは，その物について存する他の権利は以後その持分について有することになる（同条2項）。

　添付により損失を受けた者は，不当利得の返還としてその損害を請求することがで

きる（民248条）。

(2)　付合

不動産の所有者は，土地に置かれ移動が困難となる庭石等，その不動産に従として付合した物の所有権を取得する（民242条）。また，所有者が異なる建物に備え付けられた梁や欄間等の複数の動産が，付合により，損傷しなければ分離することができなくなったときは，その合成物の所有権は，主たる動産の所有者に帰属し，分離するのに別途費用を要するときも，主たる動産の所有者に帰属する（民243条）。付合した動産について主従の区別をすることができないときは，各動産の所有者は，その付合の時における価格の割合に応じてその合成物を共有することになる（民244条）。

(3)　混和

液体と穀物が混合する等（条解89頁），所有者を異にする物が混和して識別することができなくなった場合について動産の付合を準用し（民245条），各動産の所有者は，その混和の時における価格の割合に応じてその合成物を共有することになる。

(4)　加工

他人の動産に工作を加えた場合（加工者），その加工物の所有権は，材料の所有者に帰属する。ただし，工作によって生じた価格が材料の価格を著しく超えるときは，加工者がその加工物の所有権を取得する（民246条1項）。加工者が材料の一部を提供したときは，その価格に工作によって生じた価格を加えたものが他人の材料の価格を超えるときに限り，加工者がその加工物の所有権を取得できる（同条2項）。

(5)　識別不能

信託財産に属する財産と固有財産に属する財産とを識別することができなくなった場合（加工物を除く），各財産の共有持分が信託財産と固有財産とに属するものとみなし，その共有持分の割合は，その識別することができなくなった当時における各財産の価格の割合に応ずる（法18条1項）。この識別不能の場合，共有持分は均等割合とみなされる（同条2項）。

混和と識別不能は類似しているが，識別不能は，複数の物がそれぞれ物理的に識別可能であるが，その帰属先が不明な場合を指す。たとえば，羊飼いが固有財産の羊と信託財産の羊を物理的に柵で区分し飼育していたところ，柵が壊れて羊が混合してしまい，羊の帰属先が不明となった状態などが考えられる（条解89頁）。また，混和は異種の財産の混在，識別不能は同種の財産の混在の相違と区別できる（道垣内109頁）。

(6) 混同

　同一物について所有権および他の物権が同一人に帰属したときは，当該他の物権は消滅するが（民179条 1 項），信託財産と固有財産または他の信託財産とにそれぞれ帰属した場合には，当該他の物権は消滅しない（法20条 1 項）。所有権以外の物権およびこれを目的とする他の権利（債権を含む）が信託財産と固有財産または他の信託財産とにそれぞれ帰属した場合も同様に消滅しない（同条 2 項）。

　信託財産と固有財産または他の信託財産は，それぞれ利益の帰属主体を異にしているため，これらの財産の間で混同による権利の消滅を生じさせないためである（条解96頁）。

6　受益者または会計監査人による受託者への金銭の給付

(1)　限定責任信託

　限定責任信託においては，受益者に対する信託財産に係る給付は，その給付可能額を超えてすることはできず（法225条），受託者が給付可能額を超えて受益者に対する信託財産に係る給付をした場合には，当該給付を受けた受益者は，受託者に対し給付額に相当する金銭の支払いの義務を負う（法226条 1 項 2 号）。

　また，受託者が受益者に対する信託財産に係る給付により信託財産に欠損額が生じたときは，当該給付を受けた受益者は，受託者に対し欠損額に相当する金銭の支払いの義務を負う（法228条 1 項 2 号）。

　これらの受益者が受託者に給付した金銭は，当然に信託財産に帰属する（法226条 3 項，228条 3 項）。

(2)　受益証券発行限定責任信託

　受益証券発行限定責任信託において，会計監査人がその任務を怠ったことによって信託財産に損失が生じた場合には，受益者は，当該会計監査人に対し，当該損失の填補を請求することができ（法254条 1 項），損失の填補として会計監査人が受益者に対し交付した金銭その他の財産は，信託財産に帰属する（同条 2 項）。

7　受託者による損失の填補等の信託財産への給付

　受託者の任務懈怠によって，信託財産に損失または変更が生じた場合，受益者は，当該受託者に対し，損失の填補責任等を請求することができる（法40条 1 項）。受益者が請求する損失の填補または原状回復は信託財産の損失または変更を事由とするものであるから，受託者が給付する物は当然に信託財産に帰属する。

第２節   信託財産の独立性

1   概要

　受託者は，信託財産と固有財産および他の信託財産を分別して管理しなければならない（法34条１項）。これは，受託者の忠実義務を具体化する分別管理義務であり，信託財産は，固有財産または他の信託財産と分別されることにより独立性を有する。

　親が障がいを有する子の将来の生活費等を拠出するため，篤志家が研究開発や教育助成のための資金を出捐するため，企業が事業部門を分離し自己信託により資金調達をするため等，委託者の財産から当初信託財産を分離し，委託者や受託者の債権者に影響を受けず，受託者が信託の目的に従い信託財産を管理・処分するためには，信託財産の独立性が欠かせない。

　信託の仕組みの重要な機能の１つが，信託財産の独立性により実現できる倒産隔離となるが，反面，この倒産隔離機能が濫用されやすいのも事実である。たとえば，債務超過に陥った企業が優良資産のみを当初信託財産として詐害的に自己信託等を設定し，計画倒産することが可能となる。このため，信託法には債権者等保護の観点から信託の濫用，詐害的な信託の設定（詐害信託）を防止する規律が存在する（→84頁）。

2   信託財産責任負担債務

⑴   信託財産責任負担債務の範囲

　受託者は信託事務により負う債務を，信託財産または固有財産から弁済するが，固有財産から弁済した債務については信託財産に償還請求ができる（法48条１項）。このため，信託事務にかかる債務の債権者は，信託には法人格がないため，信託財産に対して強制執行等（強制執行，仮差押え，仮処分もしくは担保権の実行もしくは競売または国税滞納処分）ができる。この受託者が信託財産に属する財産をもって履行する責任を負う債務を信託財産責任負担債務という（法２条９項）。

　信託財産責任負担債務は，①受益債権，②信託財産に属する財産について信託前の原因によって生じた権利，③信託前に生じた委託者に対する債権で当該債権に係る債務を信託財産責任負担債務とする旨の信託行為の定めがあるもの，④受益権取得請求権，⑤信託財産のためにした行為で受託者の権限に属するものによって生じた権利，⑥受託者の権限外の行為で取り消すことができない行為および取り消すことができる行為であって取り消されていないもの，⑦受託者の利益相反行為のうち取り消すことができない行為またはこれらの規定により取り消すことができる行為であって取り消

されていないものによって生じた権利，⑧受託者の信託事務における不法行為によって生じた権利，⑨⑤～⑧以外の信託事務の処理について生じた権利の9項目が範囲とされる（法21条1項1号ないし9号）。

　これらは，信託財産に帰属する前の当該財産について生じた権利（②③），受託者の信託事務に伴って生じた債務（⑤⑥⑦⑧⑨），受益権に関する権利（①④）に分けられる（道垣内122-129頁）。

⑵　債権者による強制執行等

　信託財産の独立性の原則により，通常は委託者および受託者の債権者は信託財産の強制執行等はできないが，信託財産責任負担債務の債権者は信託財産の強制執行等が可能である（法23条1項）。

3　受託者等の債権者

　法23条1項は，信託財産責任負担債務とそれ以外の債務に区分し，信託財産責任負担債務以外の信託財産に帰属する財産に対しては強制執行等ができない旨を規定している。それ以外の債務とは，受託者の固有財産または他の信託財産にかかる債務となる。受託者の債権者は受託者の固有財産のみが強制執行等可能であり，また，その他の信託

【図27】

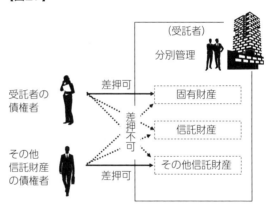

財産の債権者はその他の信託財産のみが強制執行等可能となる（図27）。

　信託財産責任負担債務以外の信託財産に対し，法23条1項に違反して債権者が強制執行等を実行した場合は，受託者または受益者は異議を申し立てることができ（法23条5項），債権者に対しその強制執行等の不許可を求めるために第三者異議の訴えを提起し（民事執行法38条1項），同訴えは係争物等の所在地の地方裁判所が管轄する（民事保全法45条）。

　国税滞納処分に対しても受託者または受益者は異議を申し立てることができるが，解決策としては国税不服審判の手続による（法23条6項）。これらの手続において，信託財産を保全することは受託者の善管注意義務の範囲となる。

　なお，受益者が強制執行等または国税滞納処分について異議を裁判所に申し立てた際，受益者勝訴の場合は実際の費用額を上限に信託財産から支払わせ（法24条1項），受益者敗訴の場合は受益者が善意であれば信託財産に生じた損害を賠償する必要はない（同条2項）。受託者による異議申立については，信託事務の範囲内となり，信託財産へ費用償還請求が可能である。

第3節　詐害信託

1　概要

　債権者は，債務者が債権者を害することを知ってした行為の取消を裁判所に請求することができる（民424条1項）。また，会社法においても，譲渡会社が譲受会社に承継されない債務の債権者を害することを知って事業を譲渡した場合には，残存債権者は，その譲受会社に対して，承継した財産の価額を限度として，当該債務の履行を請求することができる（会社23条の2，濫用的会社分割も同じ〔会社759条4項ほか〕）。これらは，「詐害」行為と呼ばれ，一般法では取消事由とされ，特別法である会社法では債務履行の請求を認めている。

　この点，信託法の規律では，委託者がその債権者を害することを知って信託をした場合には，受託者の悪意・善意にかかわらず，債権者は，裁判所に詐害行為取消請求をすることができ（法11条1項），民法の詐害行為取消請求権と同等となっている。信託において債権者を害することを目的とした信託の設定を詐害信託という。

【図28】

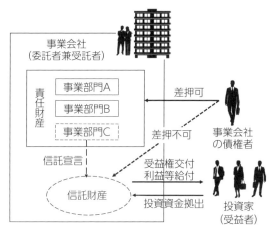

　詐害行為取消請求では，債務者の詐害行為により利益を受けた者が善意であった場合は取消が認められないが（民424条1項ただし書），詐害信託の取消請求では，受託者が利益を受けるわけではないので受託者の善意または悪意は問題とならない。

　信託銀行等の営業信託による場合，法令上，信託業として受託審査等を実施する体制が求められているため（業法

5 条 1 項 1 号，8 条 3 項 4 号），詐害信託の引受けはまず考えにくいが，図28の通り，事業会社が優良事業部門を責任財産から分離し信託宣言をする自己信託を設定した場合，事業会社（委託者）の債権者は，相手方が責任財産および信託財産が同じ事業体内と認められるとしても，信託財産に受益者が存在する以上，受益者に悪意がない限り信託財産の強制執行等ができないことになる。

このような非営業信託による自己信託の濫用事例をいかに規律するかが法政策上重要である[38]。

2　取消とその効果

(1)　取消要件

① 債権者

債権者の権利は，詐害行為前の原因により生じたものであることが必要となる（民424条 3 項）。

② 債務者

債務者（委託者）が債権者を害することが要件となり，かつ委託者がその債権者を害することに悪意が必要となる（法11条 1 項）。

③ 受益者

詐害信託取消は，受益者が現に存する場合においては，当該受益者の全部が，受益者としての指定を受けたことを知った時において債権者を害することを知っていたときに限り請求できる（法11条ただし書）。

しかし，これでは善意の受益者が 1 人でも存在すればよいため，詐害信託取消請求を不当に免れる目的で，善意の第三者を無償で受益者として指定し，または善意者に対し無償で受益権を譲り渡す場合，それらの者は善意の受益者とはされない（同条 7 項・ 8 項）。

また，受益者が受益者として指定を受けたとき，または受益権を譲り受けたとき，悪意であった場合は，債権者は受益者に詐害信託の取消を請求できる（11条 4 項）。

(2)　取消対象・効果

① 取消対象

詐害行為取消においては，債務者がした行為の取消とともに，その行為によって受益者に移転した財産の返還を請求することができる（民424条の 6 第 1 項）。したがっ

---

[38]　営業信託ではない事業会社による自己信託を神田説では商事信託と区分することになるが，業法の規制対象となる営業信託と非対象となる非営業信託では規律づけが異なるため，商事信託として同列に扱うことは難しい。

て，詐害信託において取消対象となるのは，詐害信託が設定される前の債権者の権利であることから，詐害信託の当初信託財産からの返還が対象となり，信託契約そのものが取消対象となるわけではない。

② 取消の効果

　債権者は，詐害行為取消請求をする場合において，債務者がした行為の目的が可分であるときは，自己の債権の額の限度においてのみ，その行為の取消を請求することができる（民424条の 8 ）。

　不動産等の不可分のものについては，一部取消ができず，全部を取り消すことができる（道垣内135頁）。また，受託者がその財産の返還をすることが困難であるときはその価額の償還の責任を負う（民424条の 6 第 1 項）。

3　信託財産責任負担債務の債権者保護

　詐害信託が取り消されたとき，信託財産責任負担債務に係る債権を有する債権者（委託者を除く）が善意である場合，債権者は委託者にその履行を請求できるが（法11条 2 項），受託者から委託者に移転する財産の価額が限度となる（同項）。

　なお，詐害信託取消請求により委託者に移転した財産の価額については，受託者が費用償還請求権を有することになり（法49条 1 項），金銭債権とみなされる（法11条 3 項）。

4　自己信託の特例

　自己信託が設定された場合，委託者（兼受託者）がその債権者を害することを知って当該信託をしたときは，信託財産責任負担債務に係る債権を有する債権者のほか，当該委託者に対する債権で信託前に生じたものを有する者は，信託財産に属する財産に対し強制執行等をすることができる（法23条 2 項）。

　これは，自己信託が現行法で認められた際，債権者詐害的な信託の設定が想定されたため，その対策として導入された特則となる（道垣内139-140頁）。詐害信託取消については，受託者または受益者を被告として裁判所に取消請求をすることになるが，詐害的な自己信託の設定については，取消請求を必要とせず，信託財産に強制執行等が可能となる。

　なお，委託者の悪意または受益者が存在する場合のすべての受益者の悪意等の立証責任負担が債権者には重く，この特則については実効性が欠けるとの批判もある（セミナー 1 ［沖野眞已発言］151頁）。

第4節　第三者への対抗

1　公示

　登記または登録をしなければ権利の得喪および変更を第三者に対抗することができない財産については，信託の登記または登録（公示）をしなければ，当該財産が信託財産に属することを第三者に対抗することができない（法14条）。信託財産が，委託者または受託者の債権者の強制執行等の対象とならないためには，その扱いを公示しなければならない。法14条は，すべての財産に公示を求めるわけではなく，公示しなければ権利の得喪，変更を第三者に対抗できないものとしている。

2　公示の対象

⑴　概要

　公示できる対象物は，法令上，登記または登録できるものとなるが（法14条），法14条は特にその物の対象を明確にしていない。信託財産を第三者に対抗するためには，受託者がそれぞれの物を固有財産，信託財産またはその他の信託財産ごとに分別管理する必要があり，この点，法はその区分を定めている（法34条1項）。

　受託者が分別管理義務をはたすことにより利益相反行為を抑止できるとともに，信託財産に帰属する財産を第三者に対抗することができ（否定的な見解として新井285頁），さらに34条1項に規定された公示できない物もその趣旨において第三者に対抗できることになる。

⑵　公示が必要な物
①　登記

　登記できる物は，所有権，地上権，永小作権，地役権，先取特権，質権，抵当権，賃借権，配偶者居住権，採石権となり（登記3条），これらの物については，原則，信託の登記をしなければ第三者に対抗できない。配偶者居住権については，2020年改正民法により新設された制度となるが（民1028条），一身専属権となるため当初信託財産とはならない。

　信託は，通常の登記事項（登記59条）に加え，委託者，受託者および受益者の氏名または名称および住所，受益者の指定の条件または受益者を定める方法の定め，信託管理人の氏名または名称および住所，受益者代理人の氏名または名称および住所，受益証券発行信託であるときはその旨，受益者の定めのない信託であるときはその旨，

公益信託であるときはその旨，信託の目的，信託財産の管理方法，信託の終了の事由，その他の信託の条項が登記事項とされる（登記97条1項）。

　登記できる物は，不動産ばかりではなく，建設機械も所有権保存の登記をすることにより（建設3条1項），第三者に対抗することができる（同7条）。動産についても他の法律による登記制度により，第三者に対抗できる。

　このほか，動産や金銭債権についても，「動産及び債権の譲渡の対抗要件に関する民法の特例等に関する法律」による登記制度があるが，これは民法上の対抗要件の代わりに登記を可能にするだけであり，「登記又は登録をしなければ権利の得喪及び変更を第三者に対抗することができない財産」には該当しないことになる（道垣内148頁）。

② 登録

　動産のうち，登記できない物であっても他の法律による登録制度があり，登録により第三者に対抗できる物がある。著作権は，著作権の移転もしくは信託による変更または処分の制限は登録しなければ第三者に対抗することができない（著作77条1号）。著作権は著作者が当然に取得するため（著作17条），受託者が信託事務執行の過程で著作権を取得した場合，当該著作権が信託財産に帰属することは登録なく第三者に対抗することができるとされるが（道垣内148頁），受託者が著作者となることは考えにくく，著作権が著作者または第三者から移転されるため，登録が必要であることは言うまでもない。

　特許権については，登録しなければ第三者に対抗することができない（特許98条1項），また，商標権の通常使用権については，登録をしなければ第三者に対抗できない（商標31条5項）。

　そのほか，船舶，車両についても，船舶は船舶原簿に登録することにより（船舶5条1項），第三者に対抗することができる（船舶6条の2）。自動車等の車両も登録しなければ運行の用に供することができず（車両4条），また第三者に対抗することができない（車両5条1項）。

　有価証券については，広範な登録（記載・記録）制度がある。株式については，株券発行会社においては，株式取得者は株式の交付により第三者に対抗できるが（会社128条1項），株主名簿の名義書換をしなければ会社に対抗することができない（会社130条1項）。

　株券不発行会社においては，振替株式（振替128条1項）の株式取得者は振替機関（振替2条2項）または口座管理機関（振替45条）の振替口座簿に信託財産に帰属する旨の記載または記録がなければ第三者に対抗することができず（振替142条），振替株式でない場合は，株主名簿の名義書換をしなければ会社その他の第三者に対抗する

ことができない（会社130条１項）。

　同様に有価証券を発行しない振替新株予約権（振替163条），振替社債（同66条１項），振替国債（同88条），振替受益権（同127条の２）等があるが，それぞれ信託財産に帰属する旨を振替口座簿に記載または記録しなければ第三者に対抗できない（同207条１項，75条１項，100条，127条の18）。

⑶　公示が不要な物

　信託財産に帰属する財産が公示できない物である場合，第三者に対抗できないことになれば，信託の仕組み自体が成り立たなくなる。たとえば，信託財産に帰属する財産が金銭である場合，公示できないことのみを事由として第三者に対抗できないことになれば，金銭は常に受託者の破産財団に組み入れられることになり，信託の重要な機能の１つとなる倒産隔離がおびやかされることになる。

　この点，法14条は「登記又は登録をしなければ権利の得喪及び変更を第三者に対抗することができない財産」については，公示しなければ第三者に対抗できない旨を定めているため，公示できない物については，法14条の適用がなく公示が不要となる。

　公示が不要な物を第三者に対抗させるためには，その財産が信託財産に帰属することを証明できればよいとされる（新井374頁）。公示できない金銭以外の動産は，信託財産に属する財産と固有財産またはその他の信託財産に属する財産に外形上区別できる状態で保管する方法（法34条１項２号イ），動産以外の金銭その他の財産は，その計算を明らかにする方法（同号ロ）で分別されていれば，第三者に対抗することができる。

　鉄道車両等の動産であれば信託財産と判別できるプレートを貼付したり，金銭であれば信託財産用の銀行口座を開設したりするなどで十分であろう。

第5節　相殺

1　債権者（第三者）からの相殺

　受託者が負う債務（固有財産または他の信託財産に属するもの）の債権者は，受託者の有する信託財産の債務と相殺することができない（法22条１項）。これは受託者の有する二面性と信託財産の独立性を具体化するものである。

　受託者は，信託財産の管理・処分を行う者と自己資産（固有財産）の管理を行う法人または個人の二面性を有する。また，受託者は信託財産を固有財産と分別して管理しなければならないため，信託財産と固有財産は別物となる。

【図29】

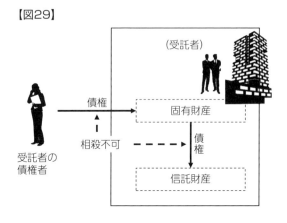

したがって，図29の通り，受託者の債権者が有する固有財産への債権（受託者個人への債権）と受託者が信託財産に有する債権は当事者が異なることから，相殺できないことになる（四宮186頁）。

しかし，債権者によっては，受託者の取引または契約時に受託者への債権が信託財産か固有財産のいずれかに帰属するかが判然としない場合もあるため，債権者保護の観点から，信託財産の債権が固有財産に帰属すること（法22条１項１号），または固有財産の債権が信託財産責任負担債務でないこと（同項２号）につき債権者が善意・無過失の場合は相殺することができる（法22条１項ただし書）。

信託財産責任負担債務の債権者は，その債権が信託財産に帰属する財産のみが責任財産となるため，受託者の固有財産に属する債権と相殺することはできない（法22条３項）。この場合も，当該債権が信託財産に属さないことに善意・無過失の債権者は相殺することができる（同項ただし書）。

いずれの場合も，受託者に利益相反行為が許される場合において（法31条２項１号ないし４号），相殺を承認したときは相殺できる（法22条２項・４項）。

2　受託者からの相殺

信託法は，受託者からの相殺請求について規定していない。これは，受託者の信託

【図30】

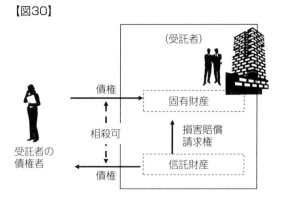

事務の範囲において利益相反行為の規律に従い，例外的に認められる場合において（法31条２項１号ないし４号）適正に相殺が行われることが予定され，禁止される行為ではない。状況によっては相殺しないことが善管注意義務違反となる場合もある。

たとえば，受託者が信託銀

行であり，固有財産に属する預金債権を有する受託者の債権者が，信託財産との取引
において信託財産に損害を与えた事件では（図30），受託者（信託銀行）が債権者の
預金債権と信託財産が債権者に対して有する損害賠償請求権を相殺し信託財産の損害
を一部回収したが，裁判所はこの相殺を認容した事例がある（東京地判平成28年11月
25日判時2350号124頁）。

第5章◆信託の変更・併合・分割

第1節　信託の変更

1　概要

　信託の変更は，変更後の信託行為の内容を明らかにし，委託者，受託者および受益者の合意によってすることができる（法149条1項）。信託の仕組みは，その目的を問わず長期間にわたり利用される場合が多く，途中の社会情勢や経済環境等による影響を受け，その内容の見直しが必要となる場合がある。

　信託の仕組みは柔軟な設計や変更が可能となるが，その変更により受益者等の利益が害される可能性もあり，信託法は信託の変更の手続の規定を詳細に設けている。

　法149条1項は，原則として，信託の当事者となる委託者，受託者および受益者全員の合意により信託の変更を認めているが，受益権が不特定多数に保有されている合同運用指定金銭信託等で，受益者全員の合意を得ることは現実的ではない。

【図31】

	決定権者			法149条
	委託者	受託者	受益者	
信託の目的に反しないことが明らかであるとき	-	○	○	2項1号
信託の目的に反しないこと，および受益者の利益に適合することが明らかであるとき	-	○	-	2項2号
受託者の利益を害しないことが明らかであるとき	○	-	○	3項1号
信託の目的に反しないこと，および受託者の利益を害しないことが明らかであるとき	-	-	○	3項2号

　そこで，各当事者の利益に配慮したうえで，信託行為の定めや裁判所の命令以外に，図31の通り，①受託者および受益者，②受託者のみ，③委託者および受益者，④受益者のみ，の合意を要件として信託の変更の手続に合理的な例外を認めている。

　なお，信託の目的の変更，受益権の譲渡制限，受託者の義務の減免，受益権の内容変更，信託行為の定めによる信託の変更，信託の併合および信託の分割は，重要な信託の変更となり，これらの信託の変更に反対する受益者は，受託者に対して受益権を

公正な価格で取得することを請求できるのは前述の通りである（受益権取得請求権→
52頁）。

2　全員合意の例外

(1)　受託者および受益者の合意

　信託の目的に反しないことが明らかであるとき（法149条2項1号），委託者の利益
に配慮する必要がないため，受託者および受益者の合意により信託の変更が可能であ
る。この場合，受託者は遅滞なく委託者に変更後の信託行為の内容を通知しなければ
ならない（法149条2項柱書）。

　ここでの信託の目的とは，受託者が信託事務を行う上での指針となり，委託者の意
思が反映された重要なものとなるが，単に信託財産の運用方針等の変更は信託の目的
に抵触しない。

(2)　受託者のみの合意

　信託の目的に反しないことおよび受益者の利益に適合することが明らかであるとき
（法149条2項2号），委託者，受益者の利益に配慮する必要がないため，受託者のみ
の合意により信託の変更が可能である。

　しかし，受託者のみの合意で信託の変更が実施されると変更が判然としないため，
書面または電磁的記録による受託者の意思表示が必要となり，変更後の信託行為の内
容を委託者および受益者に遅滞なく通知しなければならない（法149条2項柱書）。

　信託についての法令改正に対応させるため，その変更が必要となる場合が考えられ，
受益者の利益に適合させることは，受益者の利益を害しないことばかりではなく，よ
り積極的に受益者の利益を増進させることが明らかであることが必要となる（条解
637頁）。

(3)　委託者および受益者の合意

　受託者の利益を害しないことが明らかであるとき（法149条3項1号），受託者の合
意を必要としないため，委託者および受益者の合意により信託の変更が可能である。

　たとえば，受益者の意思決定方法について定めがない信託で，その方法を新たに受
益者間で（決定）変更するような場合にまで受託者の承認は必要がない。

　信託の変更は受託者に対して意思表示すれば効力を発生する（法149条3項柱書）。
委託者が現に存しない場合は，この方法による変更はできない（法149条5項）。

⑷　受益者のみの合意

　信託の目的に反しないことおよび受託者の利益を害しないことが明らかであるとき（法149条3項2号），受託者および委託者の利益を配慮する必要がないため，受益者のみの合意により信託の変更が可能である。

　たとえば，複数の受益者がいる信託で，信託行為で受益者の過半数で意思決定する定めがある場合，受益者間でその意思決定方法を3分の2以上に加重するような信託の変更は受益者の利益を保護し，信託の目的にも反しないため，委託者および受託者の合意は必要としない。

　信託の変更は受託者に対して意思表示すれば効力を発生するが（法149条3項柱書），意思表示が到達した場合，受託者は遅滞なく委託者に変更後の信託行為の内容を通知しなければならない（同柱書）。委託者が信託の変更が信託の目的に反しないか確認できる余地を残していることになる。

3　信託行為の定め

　当事者の意思による信託の変更は，信託行為に別段の定めをすることで可能である（法149条4項）。これまでの信託の変更の例外の手続で決定権者とされた委託者，受託者，受益者を信託行為の別段の定めでそれぞれ外すことが可能となるが，信託の目的に反すること，および受益者の利益を害することを内容とした信託の変更を受託者が単独で決定するようことは許されない。

　また，研究助成を目的とした信託で研究者への助成金給付の増額を変更する際，信託行為の別段の定めにより第三者となる専門家にその決定を委託すること等も可能である（条解638頁）。

4　裁判所による命令

　信託行為の当時予見することのできなかった特別の事情により，信託事務に係る信託行為の定めが信託の目的および信託財産の状況その他の事情に照らして受益者の利益に適合しなくなるに至ったときは，裁判所は，委託者，受託者または受益者の申立てにより，信託の変更を命ずることができる（法150条1項）。

　ここでの特別の事情とは，たとえば信託行為で受託者の自己執行義務を定めている場合，予期せぬ技術の変化により受託者が自己執行義務に則り財産を管理することが必ずしも効率的でなくなったときに，第三者に委託できる定めに変更すること等が想定される（条解643頁）。

5　他の法律による信託の変更

(1)　信託業法・兼営法

　信託業または信託兼営金融機関が受託する信託において重要な信託の変更をしようとする場合，信託の目的に反しないことおよび受益者の利益に適合することが明らかである場合を除き，公告または各受益者への個別の催告をしたうえで，異議ある受益者が受益権総数の半数を超えるときは当該信託の変更を行うことはできない（業法29条の2第1項，兼営2条1項）。

　合同運用指定金銭信託等の「定型的信託契約」においては，委託者および受益者全員の同意を得るほか，金融庁長官の認可を受け，当該信託の変更の公告を行うことができる（兼営5条1項）。

(2)　公益信託法

　公益信託に関する信託の変更は受益者の定めのない信託と同じとなり，決定権者に受益者に代わり信託管理人等が加えられるが（法261条），主務官庁の許可が必要となる（公益5条1項）。なお，裁判所の命令による信託の変更は認められない（同条2項）。

(3)　投資信託法

　投資信託は不特定多数の投資家を受益者とする信託となるため，投資家保護の観点から，投資信託約款の変更を行う場合は金融庁長官にあらかじめ内容を届け出なければならない（投信16条）。さらに，投資信託約款の内容の変更が重要なものとして内閣府令で定めるものについては，書面による決議を行い受益者の3分の2以上の賛成を必要とする（投信17条6項）。

(4)　資産流動化法

　特定目的信託契約の変更は，①受託信託会社等が権利者集会に提案してその承諾を受ける場合，②特定目的信託の変更が裁判所により命じられた場合，③変更の内容が内閣府令で定める軽微な内容である場合，④その他投資者の保護に反しないことが明らかな場合として内閣府令で定める場合以外に行うことができない（資産269条1項1号ないし4号）。

　また，資産流動化計画に信託の変更ができない旨の定めがある場合，権利者集会に提案してその承諾を受けたとしてもその定めを変更できない（資産269条2項3号）。

第2節　信託の併合

1　概要

　信託の併合とは，受託者を同一とする複数の信託の信託財産の全部を1つの新たな信託の信託財産とすることを言う（法2条10項）。たとえば，会社の合併等の理由によりそれぞれの会社の年金信託を統合する場合，信託の併合が行われる。

【図32】

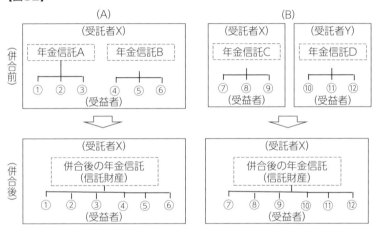

　図32の（A）の信託の併合の事例では，受託者を同一とする複数の信託の全部の財産を1つの新たな信託の信託財産とする場合となり，企業Aの年金信託Aと企業Bの年金信託Bの年金信託を受託する受託者Xが企業Aと企業Bの合併により，管理運用する年金信託Aと年金信託Bを統合し，新たな1つの信託財産として運用管理することになり，年金信託Aの受益者①ないし③および年金信託Bの受益者④ないし⑥は信託の併合により，新たな信託財産の受益者となる。

　複数の受託者が信託事務を行う複数の信託財産を，1つの受託者が事務執行する1つの信託財産に統合する場合，受託者の辞任・解任および新受託者の選任等の手続を経て受託者を同一とすれば信託の併合と同様の効果となる。

　図32の（B）の事例では，企業Cの年金信託Cを受託者X，企業Dの年金信託Dを受託者Yがそれぞれ運用管理していたところ，企業Cと企業Dが合併したため年金信託を統合する必要があることから，受託者Yを解任し，受託者Xが年金信託Dの新受託者となり，年金信託Cと年金信託Dを新たな1つの信託財産として受託者

Ｘが管理運用することにより信託の併合が可能となる。年金信託Ｃの受益者⑦ない
し⑨および年金信託Ｄの受益者⑩ないし⑫は，信託の併合により新たな信託財産の
受益者となる。

2　手続

(1)　決定権者

信託の併合は，原則，従前の各信託の委託者，受託者および受益者の合意が必要と
なる（法151条 1 項）。しかし，信託の変更と同様に例外が認められ，信託の目的に反
しないことが明らかであるときは受託者および受益者の合意により信託の併合が可能
となり（法151条 2 項 1 号），受託者は遅滞なく委託者に対し信託の併合後の信託行為
の内容等を通知しなければならない（法151条 2 項柱書）。

信託の目的に反しないことおよび受益者の利益に適合することが明らかであるとき
は受託者の書面または電磁的記録による意思表示で信託の併合が可能となり（法151
条 2 項 2 号），受託者は委託者および受益者に遅滞なく信託の併合後の信託行為の内
容等を通知しなければならない。

信託行為の別段の定めにより委託者，受託者，受益者のいずれかを決定権者から外
すことができるが（法151条 3 項），信託の目的に反しないこと，受益者を害さないこ
と等に抵触する可能性があり，信託の変更と同様にその定めは限定的となる。裁判所
の命令による信託の併合については準用を含め明文の規定がないため，厳格に解釈す
れば信託の併合に裁判所の関与を認めないことになるが，信託の併合・分割を信託の
変更の一種とし，法150条の適用を認める解釈もある（道垣内422頁）。

(2)　信託の併合後の信託行為の内容等の開示

信託の併合の合意に際しては，①信託の併合後の信託行為の内容，②信託行為にお
いて定める受益権の内容に変更があるときはその内容および変更の理由，③信託の併
合に際して受益者に対し金銭その他の財産を交付するときは当該財産の内容およびそ
の価額，④信託の併合がその効力を生ずる日，⑤その他法務省令で定める事項を明示
しなければならない（法151条 1 項）。

法務省令には，信託の併合をする各信託において直前に作成された財産状況開示資
料等の内容や重要な信託財産に属する財産の処分等の開示が求められている（規則12
条）。信託の併合により最も影響を受けるのは受益者となり，信託の併合の可否を判
断するための重要な情報開示となる。

(3)　債権者の異議

　信託の併合により債権者も不利益を受ける場合がある。弁済できる財産が信託財産に限定される信託財産責任負担債務の債権者は，信託の併合後に1つの新しい信託財産になることで，併合前の別の信託財産の信託財産責任負担債務の債権者と競合することになり，併合により弁済可能額が併合前より減少する可能性がある。

　そこで，信託の併合が債権者を害することが明らかな場合，従前の信託の信託財産責任負担債務に係る債権を有する債権者は，受託者に対し，信託の併合について異議を述べることができる（法152条1項）。

　受託者は，①信託の併合をする旨，②債権者が一定の期間内に異議を述べることができる旨，③その他法務省令で定める事項を官報に公告し，かつ，存在が把握できている債権者には，個別に1か月超の期間を設けて催告しなければならない（法152条2項）。受託者が法人である場合は，官報に代えて日刊新聞への掲載または電子公告をもって個別の催告とすることができる（法152条3項）。

　催告期間内に異議がなければ信託の併合を承認したものとみなされる（法152条4項）。このみなし規定は，会社合併等の組織再編における債権者の異議手続（会社779条4項ほか）を参照にしたものである（条解655頁）。

　債権者が異議を述べた場合は，異議を申し立てた債権者に対し弁済，担保提供または信託銀行に相当の財産を信託しなければならないが（法152条5項），信託の併合が債権者を害するおそれがないときは必要とされない（同項ただし書）。

(4)　併合後の信託財産責任負担債務の範囲

　信託の併合後，従前の信託の信託財産責任負担債務であった債務は，信託の併合後の信託の信託財産責任負担債務となる（法153条）。従前の信託の信託財産責任負担債務のうち受託者が信託財産に属する財産のみをもって履行する責任を負う信託財産責任負担債務（信託財産限定責任負担債務）であるものは，信託の併合後の信託の信託財産限定責任負担債務となる（法154条）。

　受託者は，信託の併合後の新しい信託財産の財産価額を限度としてその債務の責任を負うことになる。

Topic 6　信託の併合による受益者のキャッシュアウト

　信託の併合は，重要な信託の変更となるため，反対する受益者は受益権取得を受託者に請求し公正な価格で買い取ってもらうことができ（法103条2項），また債権者が異議を述べた場合に弁済等がなされ（法152条5項），受益者および

債権者の利益を保護する
手続が設けられている。

一方，信託の併合には，
関係当事者が合意し，「信
託の併合に際して受益者
に対し金銭その他の財産
を交付するときは，当該
財産の内容及びその価
額」を明示することが求
められていることから
（法151条1項3号），図
33の通り，従前の複数
の信託財産を信託の併合
時に1つの新しい信託財
産に統合し，従前の他の
信託の受益者に金銭を支
払い，受益者としての地
位を奪うこと（キャッ
シュアウト）が可能とな

【図33】

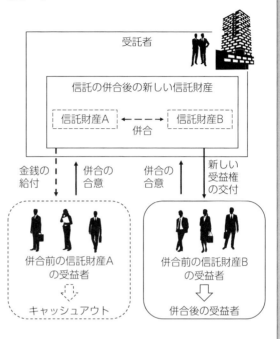

るかの議論がある（条解648頁）。

　会社合併においても，同様に反対株主の株式買取請求権および債権者の異議手
続があり，また，吸収合併においては消滅会社の株主の合併対価として金銭の給
付が認められている[39]（会社749条1項2号）。

　吸収合併時の消滅会社の株主への金銭の給付については，「株式又は持分に代
わる金銭等を交付するとき」の算定方法等の事項を吸収合併契約に定める必要が
あるとされ（会社749条1項柱書），株式に代え金銭を交付することにより消滅
会社の株主をキャッシュアウトすることが可能となっている。

　前述の通り，信託の併合においては，「受益者に対し金銭その他の財産を交付
するときは当該財産の内容およびその価額」を明示することが求められ，会社法
の「株式に代えて」のように「受益権に代えて」といった文言がないため，明示
的には受益者に金銭のみを交付するキャッシュアウトが信託法では予定されていな
いと解釈される（セミナー4［道垣内弘人発言］27頁）。

　しかし，信託の設定には柔軟性があり，信託行為に「信託の併合時には金銭の

39　なお，新設合併には必ず新設会社の株式を交付しなければならない（江頭会社882頁）。

み交付する」と定めることもでき，現行法の解釈ではキャッシュアウトは可能であるとされる（セミナー４［藤田友敬発言］28頁）。

　会社の吸収合併には存続会社および消滅会社の株主総会特別決議による合併契約の承認を要するため（会社783条1項，795条1項，309条2項12号），会社実務においてキャッシュアウトが使われることはない。

　通常は，①市場による株式買集めおよび公開買付けにより議決権の3分の2以上を保有し，株主総会特別決議で定款を変更し，発行済株式をすべて全部取得条項付種類株式（会社108条1項7号）に転換することで残存株主を締め出すこと（江頭会社160頁），②議決権保有が90％を超える特別支配株主が対象会社を通じて少数株主への通知（会社179条の4第1項）または公告（同条2項）の手続（株式等売渡請求）を実施することで残りの少数株主に強制的に株式を売却させ（会社179条1項），残存株主を締め出すこと（江頭会社279頁）等によりキャッシュアウトが実施されている。

　信託の仕組みが事業目的で利用される場合，受益権が不特定多数の受益者に保有されることも想定される。同種同類の信託の目的を持つ信託が併合される場合，受託者の信託財産の運用管理の巧拙によりそれぞれの信託財産の収益力や財務力に差があれば，受益者間の利害にも乖離が生ずることから，当然にキャッシュアウトが実施されることが考えられる。

　一方で，類似した会社の吸収合併の手続でキャッシュアウトが利用されにくいことも考えると，信託の併合が先行してキャッシュアウトに利用されることを法解釈として認めることには違和感がある。信託の併合における金銭の給付は，会社法と同様に少数受益者の強制的な追い出しが目的ではなく（上村126頁），少数者の保護を目的とした金銭補償と考えるべきであろう。

第３節　信託の分割

１　概要

　信託財産の収益性の悪化を改善させたい場合，受託者の解任，新受託者の選任等を実施しなくとも，信託財産の一部を分割し，他受託者の運用管理下に移転させることができる。

　図34の事例では，X信託が引き受けた年金信託Xの運用収益が悪化した場合の信託の分割による方法を示している。

　委託者兼受益者は，企業年金をX信託銀行（年金信託X）およびY信託銀行（年

金信託Y）の２社に信託して
いるが，年金信託Yの運用
収益が年金信託Xの実績を
大幅に上回る期間が続いたこ
とから，年金信託Xの信託
財産の一部を分割し，他の信
託財産である年金信託Yに
移転することを決定した。こ
の手続は①吸収信託分割とな

【図34】

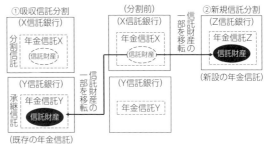

り，信託財産の移転元である年金信託Xが分割信託，信託財産の移転先である年金
信託Yが承継信託と呼ばれる（名称につき法155条１項６号）。

　同じ図34の事例で，年金信託の委託者兼受益者は，国内債券を中心に運用していた
年金信託Xの運用収益が長期的に悪化したため，運用収益の改善が見込める海外株
式に関心を持ち，海外株式の運用で実績がある信託銀行Zに年金信託Xの信託財産
の一部を分割して新たな信託を設定する（年金信託Z）。

　この手続は②新規信託分割となり，特に定義規定はないが，便宜的に信託財産の移
転元である年金信託Xを従前の信託，信託財産の移転先である年金信託Zを新たな
信託と言う（名称につき法159条１項６号）。

　信託の分割は，決定権者や手続等について信託の併合とほぼ同一となるが，債権者
の異議については，その扱いが異なる。

2　吸収信託分割

(1)　決定権者

　吸収信託分割は，原則，委託者，受託者および受益者の合意によってすることがで
きる（法159条１項）。委託者または受益者への通知・公告手続（同条２項柱書），決
定権者の例外（同項１号・２号），信託行為の別段の定めによる決定権者の指定（法
159条３項），裁判所の命令の可否の解釈については，信託の併合と同様となっている。

(2)　吸収信託分割後の信託行為の内容等の開示

　吸収信託分割の合意に際しては，①吸収信託分割後の信託行為の内容，②信託行為
において定める受益権の内容に変更があるときはその内容および変更の理由，③吸収
信託分割に際して受益者に対し金銭その他の財産を交付するときは当該財産の内容お
よびその価額，④吸収信託分割がその効力を生ずる日，⑤移転する財産の内容，⑥吸
収信託分割によりその信託財産の一部が分割信託の信託財産責任負担債務でなくなり，

分割信託からその信託財産の一部の移転を受ける承継信託の信託財産責任負担債務となる債務があるときは当該債務に係る事項，⑦その他法務省令で定める事項（規則14条）を開示しなければならない（法155条1項1号ないし7号）。

(3)　債権者の異議

　信託の併合と異なり，吸収信託分割は分割信託（移転元）から信託財産の一部が承継信託（移転先）へ移転されるため，分割信託の信託財産責任負担債務の債権者が不利益を被ることが考えられる。

　そこで，吸収信託分割が債権者を害することが明らかな場合，分割信託または承継信託の信託財産責任負担債務に係る債権を有する債権者は受託者に対して吸収信託分割に異議を述べることができる（法156条1項）。吸収信託分割について，受託者が債権者に催告期間をもって官報等により公告する手続は信託の併合と同様になる。

　さらに，受託者は，分割信託の信託財産責任負担債務および吸収信託分割により承継信託の信託財産責任負担債務の履行の見込みに関する事項，および承継信託の信託財産責任負担債務の履行の見込みに関する事項を明らかにしたうえで，債権者に催告しなければならない（規則15条4号・5号）。

　分割信託の信託財産責任負担債務に係る債務を有していた債権者は，承継信託が分割信託から受けた信託財産の価額を上限として承継信託の信託財産から当該債務の履行（158条1号），また，承継信託の信託財産責任負担債務に係る債務を有していた債権者は，分割信託の信託財産の価額を上限として債務の履行（同条2号）を吸収信託分割の効力が発生した日を基準とし，受託者に請求できる。

　いずれも，債権者を害するための分割信託と承継信託間での信託財産の移動に対し，債権者の救済を図るものである。

(4)　吸収信託分割後の信託財産責任負担債務の範囲等

　吸収信託分割によりその信託財産の一部が分割信託の信託財産責任負担債務でなくなり，分割信託からその信託財産の一部の移転を受ける承継信託の信託財産責任負担債務となる債務があるとき，吸収信託分割後の分割信託の信託財産責任負担債務でなくなり，吸収信託分割後の承継信託の信託財産責任負担債務となる。

　この場合において，分割信託の信託財産限定責任負担債務であった債務は，承継信託の信託財産限定責任負担債務となる（法157条）。前述の通り，信託財産責任負担債務が分割信託または承継信託のいずれかに属するかを債権者に対して明確にする目的がある。

3　新規信託分割

　新規信託分割についての，決定権者，債権者の異議，新規信託分割後の従前の信託
および新たな信託の信託財産責任負担債務の範囲等に関する手続は，吸収信託分割と
同様である。新規信託分割の場合も，従前の信託の信託財産責任債務に係る債権者な
のか，または新たな信託の信託財産責任債務に係る債権者なのかを明確にし（法159
条 1 項 6 号），従前の信託または新たな信託に当該債務の履行を受託者に対して債権
者が履行を請求できる（法162条 1 号・ 2 号）。

第6章◆信託の終了

第1節　信託の終了

1　概要

【図35】

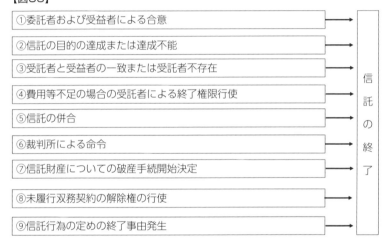

①委託者および受益者による合意

②信託の目的の達成または達成不能

③受託者と受益者の一致または受託者不存在

④費用等不足の場合の受託者による終了権限行使

⑤信託の併合

⑥裁判所による命令

⑦信託財産についての破産手続開始決定

⑧未履行双務契約の解除権の行使

⑨信託行為の定めの終了事由発生

信託の終了

　信託の終了とは，実際の終了ではない。信託の終了により清算の手続が開始され，清算の終了により信託は終了する。したがって，信託の終了時点ではまだ信託が存続している（法176条）。終了の類型は，図35の通りとなる。

2　委託者および受益者による合意

　委託者および受益者は，いつでも，その合意により，信託を終了することができる（法164条1項）。委託者および受益者がやむを得ない事由がないのに受託者の不利な時期に信託を終了したときは，受託者の損害を賠償しなければならないが（同条2項），信託行為に信託の終了や損害賠償等の定めがある場合は，それに従うことになる（同3項）。委託者および受益者の合意が原則となるため，委託者が現に存しない場合は終了ができない（同4項）。

3　信託の目的の達成・不達成

　信託の目的を達成したとき，または信託の目的を達成することができなくなったとき，信託は終了する（法163条1号）。信託の目的の達成の例では，委託者が孫を受益者とし，大学卒業までの教育資金の給付を目的とした信託を設定した場合，孫が大学を卒業すれば信託の目的が達成されるため，信託は終了する。

　信託の目的の不達成の例では，商業ビル不動産の管理信託が設定された場合，目的物となる商業ビルが火災で焼失すると信託の目的が達成できなくなるため，信託は終了する。もっとも，この事例では，商業ビルの建設，営業再開といった信託の変更により信託の目的を達成可能なものとして継続できる。

4　受託者と受益者の一致，受託者の不在

⑴　受託者と受益者の一致

　受託者が受益権の全部を固有財産で有する状態が1年間継続したとき，信託は終了する（法163条2号）。受託者が受益者を兼ねる自己信託では，受託者と受益者が同一となり，受益者に法定された受託者に対する監督権の行使が期待できないため，自己信託設定時の当初1年間を経過措置とし，なお受益権全部を保有している場合は信託が終了する。詐害信託の設定を抑止する目的がある。

　また，資産の流動化において，委託者が商業ビルを受託者に信託し受益権に転換しても，受益権の販売利益を期待して受託者が受益権を委託者から全部取得する場合もある。この場合も，受託者と受益者が同一となるため，当初1年間を経過措置とし，この期間に第三者に受益権を譲渡させ，1個の受益権でも販売できないときは信託が終了する。

⑵　受託者の不在

　受託者が欠けた場合であって，新受託者が就任しない状態が1年間継続したとき，信託は終了する（法163条3号）。受託者の辞任・解任，自然人であれば病気，死亡や破産等，法人であれば破産等により受託者の任務が終了するが，受託者の任務終了の後，1年以内に新受託者が就任しない場合，信託は終了する。

　信託財産管理者等が信託財産を管理する場合もあるが（→43頁），暫定的なもので受託者による信託事務とはならないため，新受託者が就任しないまま1年が経過すると信託は終了する。

5　費用等不足の場合の受託者による終了権限行使

　受託者は，信託財産から費用償還等（→39頁）を受けるのに信託財産が不足している場合において，委託者および受益者に対し通知し，相当の期間を経過しても委託者または受益者から費用償還等を受けなかったときは，信託を終了させることができる（法52条1項，163条4号）。また，費用償還等を受けるのに信託財産が不足している場合で，かつ委託者および受益者が現に存しない場合も受託者は信託を終了できる（法52条4項）。

6　信託の併合

　信託の併合がされたとき，信託は終了する（法163条5号）。信託の併合により新たな信託が設定されるため（→96頁），信託は終了する。ただし，信託の併合による終了は清算手続が必要とされない（法175条→108頁）。

7　裁判所による命令

⑴　特別な事情による裁判所の終了命令

　信託行為の当初予見することのできなかった特別の事情により，信託を終了することが信託の目的および信託財産の状況その他の事情に照らして受益者の利益に適合するに至ったことが明らかであるときは，裁判所は，委託者，受託者または受益者の申立てにより，信託の終了を命ずることができる（法165条1項）。その命令により信託は終了する（法163条6号）。

　予見できなかった特別な事情とは，信託事務の処理に際し，設定時から事情変更が生じたことを指し，他益信託において委託者死亡により合意による信託の終了ができない場合，複数の受益者が存する信託で一部の受益者の反対で合意による信託の終了ができない場合等が考えられる（条解717頁）。信託の目的の不達成となるような事情変更は，法163条1号で解決されるべきであり，含まないと考えるべきであろう。

⑵　公益の確保のための裁判所の終了命令

　裁判所は，①不法な目的に基づいて信託がされたとき，②受託者が法令もしくは信託行為で定めるその権限を逸脱しもしくは濫用する行為または刑罰法令に触れる行為をした場合において，法務大臣から書面による警告を受けたにもかかわらず，なお継続反覆して当該行為をしたとき，公益を確保するため信託の存立を許すことができないと認めるときは，法務大臣または委託者，受益者，信託債権者その他の利害関係人の申立てにより，信託の終了を命ずることができ（法166条1項），その命令により信

託は終了する（法163条 6 号）。

　裁判所その他の官庁，検察官または吏員は，その職務上法令等違反行為の警告をすべき事由があることを知ったときは，法務大臣にその旨を通知しなければならない（法167条）。

　裁判所は公益を確保するための信託の終了の申立てがあった場合，法務大臣もしくは委託者，受益者，信託債権者その他の利害関係人の申立てによりまたは職権で，信託の終了の決定があるまでの間，信託財産に関し，管理人による管理命令その他の必要な保全処分を命ずることができる（法169条 1 項）。

　裁判所が信託の終了を命じた場合は，法務大臣もしくは委託者，受益者，信託債権者その他の利害関係人の申立てによりまたは職権で，当該信託の清算のために新受託者を選任しなければならない（法173条 1 項）。

　受託者の責任追及等については，行為取消（法27条→26頁），損失の填補等請求（法40条，41条→36頁），解任（法58条 1 項→41頁）があり，当事者間で解決されるべきものとなり，裁判所による命令はこれらの手段を補完するものとなる。

8　信託財産についての破産手続開始決定

　信託財産についての破産手続開始の決定があったとき，信託は終了する（法163条 7 号）。信託財産の破産により破産手続が開始することから信託は終了するが，信託には法人格がないため，信託財産に対する破産手続開始の適用については，支払不能または受託者が信託財産責任負担債務につき信託財産に属する財産をもって完済することができない状態（債務超過）を信託財産の破産とし，破産手続を開始する特則が設けられている（破産法244条の 3 ）。

　ただし，再生手続や更生手続といった再建型の倒産処理は信託には認められていない（道垣内431頁）。

9　未履行双務契約の解除権の行使

　委託者が破産手続開始の決定，再生手続開始の決定または更生手続開始の決定を受けた場合において，双方未履行双務契約により信託契約が解除されたとき，信託は終了する（法163条 8 項）。

　信託の重要な機能の 1 つとなる倒産隔離機能により，委託者から受託者へ移転した信託財産は委託者の債権者は強制執行等ができない（法23条 1 項→83頁）。このため，委託者に破産手続が開始されても，信託財産には影響しない。

　しかし，信託契約が締結された後に信託財産に帰属すべき財産が正当な対抗要件を有しないまま受託者に移転したか，引き渡されていなかった場合に委託者に破産手続

が開始されると，破産管財人等は，信託契約における双務契約の不履行を主張し，双務契約の解除権を有する。この解除権が行使されると信託は終了する。

10　信託行為の定めの終了事由発生

　信託行為において定めた事由が生じたとき，信託は終了する（法163条9号）。信託の終了事由として信託行為に定めに期間（終了期日の指定等）や一定の事由（子が成人になるまで等）を設定することが一般的である。このほか，目的信託や公益信託のような助成・寄付型の信託財産の価額が一定金額を下回った場合なども考えられるが，信託の目的の不達成の事由で信託の終了が可能であるため，信託行為の定めでその終了事由をより明確にする目的がある。

第2節　信託の清算

1　概要

【図36】

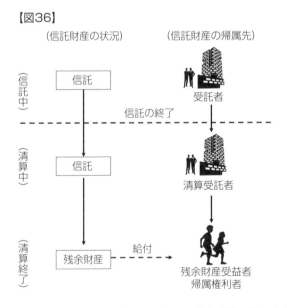

（信託財産の状況）　　（信託財産の帰属先）

信託中

信託 → 受託者

信託の終了

清算中

信託 → 清算受託者

清算終了

残余財産 --給付--> 残余財産受益者 帰属権利者

　信託は，当該信託が終了した場合には，信託の併合による終了または破産手続の開始による終了であって破産手続が終了していないものを除き，清算をしなければならない（法175条）。

　信託は清算が終了するまで存続し（法176条），信託の終了から清算終了までの流れは，図36の通り，信託の終了により受託者は清算受託者となり（法177条），信託の清算のための一切の権限を有する（法178条1項）。清算中の信託において債務超過が発覚した場合は，破産手続開始の申立てを行い，破産手続が清算手続に優先する（法179条1項）。

　信託債権に係る債務の弁済および受益債権に係る債務の弁済を行った後，残余財産がある場合（法177条4号），清算受託者は信託行為に定められた残余財産を残余財産

受益者または帰属権利者に給付したうえで（法182条 1 項），信託事務の最終計算を行い，信託の関係者のすべてに対し承認を受けることで（法184条 1 項），清算受託者の任務の終了，つまり信託の清算は終了する。

2　清算受託者

(1)　職務

公益を確保するために裁判所が信託の終了を命令したとき以外は（法173条 1 項→106頁），信託の終了前の受託者が清算受託者となり，清算手続を行う。清算受託者は，①現務（清算）の結了，②信託財産に属する債権の取立ておよび信託債権に係る債務の弁済，③残余財産の給付を内容とするものを除く受益債権に係る債務の弁済，④残余財産の給付を職務とする（法177条）。

(2)　権限

清算受託者は，信託の清算のために必要な一切の行為をする権限を有するが，信託行為に信託財産を換金して金銭で帰属権利者等に給付する等の別段の定めを設けることができる（法178条 1 項）。清算受託者がその任務を終了するためには，債権の取立て，債務の弁済を終え，残余財産を残余財産受益者または帰属権利者に給付し，信託事務の最終計算を信託の終了時における受益者，信託管理人および帰属権利者のすべてに対し，その承認を求めなければならない（法184条 1 項）。

清算受託者の職務の執行に不正の行為がない限り，受益者または信託管理人，および帰属権利者（受益者等）が信託事務の最終計算を承認した場合には，受益者等に対する清算受託者の責任は免除されたものとみなされる（同条 2 項）。また，受益者等が清算受託者から最終計算の承認を求められた時から 1 か月以内に異議を述べなかった場合には，受益者等は，同項の計算を承認したものとみなされる（同 3 項）。

(3)　競売

清算受託者は，①受益者または帰属権利者が信託財産に属する財産を受領することを拒みまたはこれを受領することができない場合において，その受領の催告をしたとき，②受益者等の所在が不明である場合，信託財産に属する財産を競売することができる（法178条 2 項）。信託財産に属する財産を競売に付したときは，清算受託者は，受益者または帰属権利者に対しその旨の通知を遅滞なく発しなければならないが（同条 3 項），損傷その他の事由による価額の低落のおそれがある物は，催告せず競売することができる（同 4 項）。

3　残余財産

(1)　残余財産

　清算受託者は，信託債権に係る債務および受益債権に係る債務（法177条2号・3号）を弁済した後でなければ，信託財産に属する財産を残余財産受益者等に給付することができない。ただし，当該債務についてその弁済をするために必要と認められる財産を留保した場合はこの限りでない（法181条）。

(2)　残余財産受益者

　信託行為において残余財産の給付を内容とする受益債権に係る受益者となるべき者として指定された者を残余財産受益者と言う（法182条1項1号）。したがって，信託終了前に受益者であっても，信託行為の定めで残余財産受益者と指定されなければ，残余財産は給付されない。

　信託行為の定めに残余財産受益者または後述の帰属権利者の指定がなければ，現に存していれば委託者，委託者が存しなければ委託者の相続人が残余財産の給付を受けることになり（法182条2項），さらに委託者または相続人に残余財産の帰属が定まらなければ，残余財産は清算受託者に帰属する（同条3項）。

　なお，受益者が信託行為の定めにより残余財産を取得する者に指定されたときは残余財産受益者となり，帰属権利者には該当しない。また，目的信託が清算された場合，受益者の定めのない信託となるため，残余財産受益者は存在せず，帰属権利者のみが残余財産の給付を受ける。

(3)　帰属権利者

　信託行為において残余財産の帰属すべき者となるべき者として指定された者を帰属権利者と言い（法182条1項2号），委託者，受託者または特定の者を帰属権利者に指定することができる。

　この場合，帰属権利者は，受益債権ではなく残余財産給付債権を取得する（法183条1項）。受益権の取得（→46頁）と同様，清算受託者は帰属権利者となるべき者として指定された者が残余財産給付債権を取得したことを知らないときは，遅滞なく通知しなければならない（同条2項，88条2項）。

　信託行為の定めにより帰属権利者となった者は，清算受託者に対し権利放棄の意思表示をすることができるが（法183条3項），信託行為の定めにより帰属権利者となった者が委託者（信託行為の当事者）である場合は権利放棄ができない（同項ただし書）。

　信託行為の定めにより帰属権利者となった者は権利放棄の意思表示をしたときは当初から帰属権利者の権利を取得していなかったものとみなされるが（法183条4項），強制執行等を妨げる等の第三者の権利を害することはできない（同項ただし書）。

　残余財産給付債権は，受益債権の性質を有することから（条解795条），履行責任が残余財産の価額に限定され（法100条），消滅時効の期間の制限も受益債権の特例（法102条→50頁）が準用される（法183条5項）。

　なお，信託の清算中，帰属権利者は受益者とみなされ（法183条6項），清算受託者に対する監督権の行使や責任追及等が可能である。

4　限定責任信託の特例

　限定責任信託の清算の手続には特例が認められている。限定責任信託の清算受託者は，就任後遅滞なく信託債権者に一定期間内（2か月以上）にその債権を申し出るよう官報による公告で催告しなければならない（法229条）。催告期間内は裁判所の許可がなければ弁済できない（法230条2項）。催告期間内に申し出なかった債権者は除斥される（法231条1項）。

　除斥された債権者は，残余財産があれば弁済されるが，既に給付を受けた残余財産受益者等には劣後することから（同条2項），既に給付した残余財産と同一の割合の財産を残余財産から控除した上で，その残りについて除斥された債権者への弁済に充当することになる（同条3項）。

第 2 部

信託の社会的役割

第1章◆様々な信託の仕組み

第1節　信託の拡大

1　受託財産の推移

【図37】

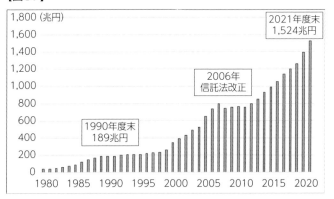

　　わが国のバブル経済最盛期であった1990年度末は，基幹産業への貸出原資となる貸付信託の残高が空前の50兆円超えとなり，これに土地信託や証券信託の信託財産を含めた信託銀行の受託残高（信託業が受託した信託財産）は，図37の通り189兆円の水準であった（信託協会調べ，以下同じ）。当時は，『信託の時代』のタイトルで書籍が出版されるほど[40]，信託銀行が金融市場および不動産市場でメインプレーヤーであった時代でもあった（→7頁）。

　　バブル経済崩壊以降，日本経済は長期間の低迷期に入るが，受託財産は減少せずに横ばいを続け，2000年以降の景気回復期に入り，再び拡大を始めた。2006年の信託法および信託業法改正を契機に受託財産は急拡大に転じ，2021年度末時点では1,524兆円と過去最大を更新する水準となっている。

40　林宏編『信託の時代‐信託の機能と信託銀行の責務』（金融財政事情研究会・1991年）。

　有価証券および不動産が当初信託財産であれば，経済の拡大による資産価格の上昇
や受託増加で受託残高が拡大することに不思議はないが，過去30年間で受託残高が8
倍以上に増加していることは単に景気回復だけでは説明できない構造的な変化があっ
たと評価せざるを得ない。

　この点，2004年の信託業法改正および2006年の信託法・信託業法改正は，信託の仕
組みの多様性を法改正によりサポートするとともに，信託の担い手をそれまでの信託
銀行等以外の信託業に拡大し，取り扱い業務によっては登録や届出としたことにより
参入要件が緩和されたこと等が受託残高を格段に増加させた要因となっている。

2　営業信託の構造的変化

　図38は2021年度末時点の信
託銀行等の受託財産の内訳を
示している[41]。同時点で，受
託財産の残高は1,524兆円と
なるが，そのうち36%に当
たる552兆円は「再信託」，つ
まり，信託銀行が委託者から
受託した金銭や有価証券を第
三者となる資産管理専門信託
銀行へ再委託したものである。
　したがって，原資産の委託
者からの受託金額と再信託の
信託財産が重複するため，受
託残高から再信託の金額を控

【図38】

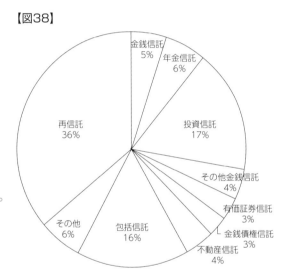

除した金額が，信託業の実質的な受託残高となり，972兆円となる。
　これでもバブル経済期より5倍の受託財産額となるが，ここでは，受託金額の多寡
が問題ではなく，信託の担い手として受託財産の40%近くを専門に管理する巨大な
受託者が登場したことに注意すべきである。
　また，金銭債権信託および不動産信託が2022年度時点で103兆円と受託財産の7%
を占めるまでに成長していることも着目である。これらの信託は，債権流動化や不動
産証券化等の資産流動化の際に委託者から原資産を受託し，信託業が受益権を交付す
るものとなり，受託残高も拡大を続け，年金信託を上回る水準となっている。

41　信託協会「信託の受託概況（2022年3月末現在）」より作成。

　これらの再信託と資産流動化にかかる信託が営業信託の構造的な変化をもたらし，受託財産の拡大に貢献していることになる。

第2節　営業信託の類型と担い手

1　商事信託からの発展

(1)　概要

　商事信託とは，神田説に基づくものであって通説や多数説といった固定観念で議論するものではなく，信託の仕組みの分類についてのその時代に即した一考である。受託者の属性による区分ではなく（→15頁），財産の移転に際し，それが有償であるか無償であるかに着目し，さらに委託者が受益者を兼ねる自益信託を基本形とする（神田＝折原6頁）。

　そのうえで，商事信託は，①運用型，②転換型，③預金型，④事業型の4つに分類されるとするが[42]，これらは20世紀の時代の経済環境や金融市場の実勢に即した分類といえる。しかし，以下の通り，これら4つの分類のうち2つは既に信託としての役割を終えている。信託に期待される役割が現代では大きく変わり，その分類も変容している。

(2)　運用型商事信託

　商事信託の基本形とされ，運用・投資目的で行われる信託であり，受益者は投資家として投下資本の範囲内でリスクを負う（神田＝折原6頁）。運用型の主力となる金銭信託，年金信託等の2021年度末時点の受託残高はわずか124兆円にとどまり，信託業全体の受託残高の10%に満たない。

　運用型商事信託は，いまや営業信託の主力ではなくなり，受託者が裁量権を有し信託財産を管理処分する形式の信託は基本形とはならなくなっているのが現代の信託である。

(3)　転換型商事信託

　信託の仕組みの重要な機能の1つとなる転換機能を利用して委託者の財産を流動化・証券化する目的で行われる信託である。受益者は投資家であり，投下資本の範囲内でリスクを負う（神田＝折原6頁）。

42　神田秀樹「商事信託の法理について」信託法研究22号（1998年）49頁。

　委託者の保有債権・資産を効率的に活用し，資金調達の用途に用いるため，それらを受益権に転換し，受益証券として不特定多数の投資家（受益者）に販売することに用いられ，2021年度末時点では受託残高が103兆円となり，他受託財産と比べても伸び率が高く，信託業の中核的なビジネスとなっている。

(4)　預金型商事信託

　貯蓄目的で行われる信託で，委託者兼受託者は実質的に預金者と同じであり（神田＝折原6頁），受託者の信託財産は元本補填契約により元本保証され，預金保険機構のペイオフの対象となる。代表的な貸付信託は，高度経済成長期に企業への長期資金融通のために設計された貯蓄型の合同運用指定金銭信託であるが（三菱316頁），わが国の長期的な経済の停滞や金融の自由化によりその役目を終え，2008年には貸付信託の残高はゼロとなっている。

　現代の合同運用指定金銭信託は，財形貯蓄の受け皿となるぐらいで預金型商事信託といった趣はなくなり，証券会社の預け金の信託口やエスクロー信託（三菱642頁）など分別管理の目的に使われるか，または実績配当の投資商品（三菱348頁）として扱われているため，貯蓄型の信託としての機能は失われている。

(5)　事業型商事信託

　事業を行うことを目的として行う信託である（神田＝折原7頁）。受益者は受託者の信託財産の管理処分の行為について事業リスク（場合によっては投下資本以上の損失を被るリスク）を負う。

　1985年から始まったバブル経済醸成期に，信託業は事業型と言える信託の仕組みを活用した土地信託の受託を拡大したが，資金調達のほとんどを銀行借入で行うため，金利およびメンテンス等の支出に見合ったテナント収入がなく，事業計画が破綻した結果，委託者と受託者間の訴訟がバブル経済崩壊後に頻発した（→190頁）。

　このほか，2006年の信託法改正により，事業信託が可能となったが，信託業が委託者から事業の全部または一部の移転を受け一般事業を受託者として経営することは銀行法上の問題があり，普及してこなかった（→67頁）。

　事業型商事信託は「商事信託」に分類されているが，過去における失敗や業法上の課題があり，実質機能していない。土地信託等は受託者が裁量権を有して管理処分を行うため，事業型ではなく運用型に区分したほうがわかりやすいであろう。

2　営業信託の類型

(1)　概要

【図39】

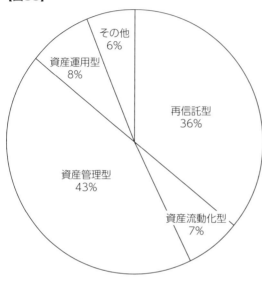

現代の信託業による営業信託は，概ね①資産運用型，②資産管理型，③資産流動化型，④再信託型の４つの機能に応じて分類されるべきであろう。図38の信託の種類別の内訳をこれら４つの機能別に組み替えたものが図39となる。信託業の役割が運用から管理へと変化し，それらの信託財産が再信託されていることがよくわかる。

　また，資産運用型と資産流動化型の受託財産の割合が均衡し，資産管理型とあいまって，信託業がバイプレーヤーへと変貌してきたことが垣間見える（→ 9 頁）。

(2)　資産運用型信託

　受託者が裁量権を有し，信託財産を運用・処分する信託となる。運用や投資の目的で設定される信託となり，年金信託やファントラ等の証券信託および土地信託が該当する。

(3)　資産管理型信託

　受託者が委託者またはその指図権者の指図に基づいて資産を管理する信託となり，受託者の役割は金銭等の財産の管理，有価証券等の売買執行・決済，委託者へのレポート作成等となる。図39の通り，受託財産に占める資産管理型信託の割合は43％と最大となり，信託の社会的な役割が運用（信託財産の管理・処分）から管理へと変容したことを明確に示している。

　もっとも，資産管理型信託の委託者は法人顧客ばかりではなく，個人の委託者が資産承継を目的とする信託にも利用される。企業による大規模な資金移動でデータとし

ては目立たないが，制度としては，教育資金贈与信託（→209頁）の受託金額が1.9兆円，結婚・子育て支援信託（→209頁）が同224億円と過去最高を更新している[43]。

委託者が拠出した教育や結婚・子育てを目的とした資金は，合同運用指定金銭信託で合同運用されるが，運用が目的ではなく，それぞれの資金使途に応じた金銭を給付するための管理口座として扱われる。

資産運用型信託と同様に金銭や有価証券等の複数の資産が移転する包括信託も資産管理型信託に含まれる（→146頁）。

(4)　資産流動化型信託

金融機関や一般企業の財務の改善や資金調達の方法として利用され，信託業が受託する主な財産として，金銭債権は金融機関の貸付債権や一般企業の売掛債権等が該当し，これらの債権を受益権に転換することで，不特定多数の投資家に販売することが可能となる。

また，企業の保有不動産を証券化し効率的に活用したり，商業用ビルを受益証券に転換して小口化して不特定多数の投資家に販売したりするためにも利用されている。

特定目的会社や特定目的信託のスキームを利用して（→171-172頁），商業用ビルのオーナーが投下資本を回収したり，投資物件として小口かつ証券化することにより機関投資家に投資機会を与えたりするなど，信託の仕組みにおける成長領域となる。

2000年の資産流動化法制定，2006年の信託法および信託業法の改正により，これらの資産流動化の手続が緩和ないし明確になったことで，資産流動化において信託業は中心的な役割を担うようになっている（→168頁）。

(5)　再信託型信託

信託行為に信託事務を第三者に委託する旨を定めることにより，受託者は第三者に信託財産の管理を委託することができる（→33頁）。とりわけ，有価証券の管理は，売買による決済ばかりではなく，有価証券運用信託（セキュリティ・レンディング→147頁）や議決権行使等の様々な信託事務を内包するため，受託者には多大なシステム投資等が必要とされる。

このため，2000年以降，信託銀行，保険業等が出資して資産管理専門信託銀行が設立された。信託業や保険業が運用財産または信託財産を資産管理専門信託銀行に移転させ，資産管理専門信託銀行は有価証券と金銭の管理に特化した信託事務を行い，運

43　信託協会・前掲注（41）。

【図40】

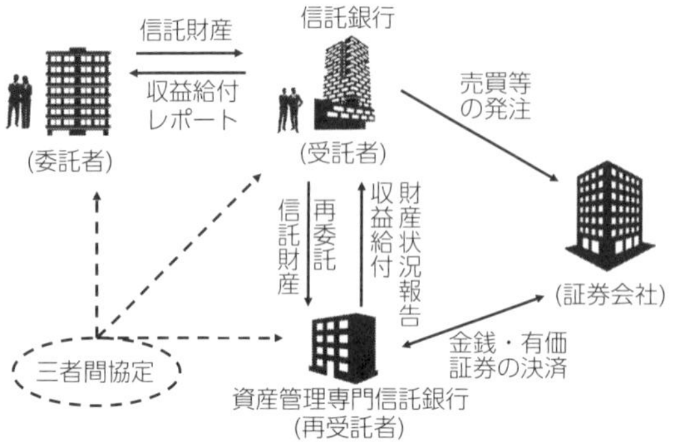

用や議決権行使等に裁量権を有しない[44]。

図40の通り、再信託では、委託者（原委託者）、受託者（原受託者）、再受託者の間で三者間協定を締結し、再受託者の信託事務の範囲を決定する。原委託者が原受託者に移転させた信託財産は、契約に基づき再受託者に移転され、再受託者が管理することになる。

再受託者は原受託者の指図に従い、約定された有価証券および金銭の決済を実施し、その財産状況について原受託者に報告する。原委託者に信託財産の状況を報告するのは原受託者となり、信託財産の収益の給付の流れも同様となる。

現状、資産管理専門信託銀行は、日本マスタートラスト信託銀行および日本カストディ銀行の２社が存在する。資産管理による信託報酬の料率が低い反面、信託財産の管理は装置産業であることから多大なシステム投資が必要となるため、選択と集中によるある程度の寡占化は避けられない。

信託業に期待される役割が運用と管理に二分され、さらにその管理も、不動産や金銭債権等の手続が煩雑となる信託財産は原受託者が管理するが、定型化されシステム的に処理できる信託財産は資産管理専門信託銀行に再委託されるため、ここでも二分化されている。今後のシステム対応によっては、資産管理型信託がすべて再信託されることも十分想定されるため、現状の寡占状態がなお適正であるかも検証されるべきであろう。

3　営業信託の担い手

(1)　概要

2004年の信託業法改正により、新たな信託業の参入要件が取扱業務の区分ごとに緩和され（→8頁）、さらに2006年の信託法改正により自己信託が認められたことから（→75頁）、様々な信託業と自己信託により信託の担い手が拡大された。

44　旧信託法における資産管理専門信託銀行への再委託の解釈について、道垣内弘人「保管受託者（custodian trustee）を用いた信託とその法的諸問題」金融研究21巻２号（2002年）251-286頁。

　2004年の信託業法改正前は，兼営法による信託兼営金融機関（専業信託銀行）のみが信託業であったが，それ以外に運用型信託会社，管理型信託会社，特定大学技術移転事業承認事業者，グループ企業内信託，そして2006年信託法改正による自己信託が信託の担い手として登場した。

(2)　信託兼営金融機関

　銀行法により銀行業の免許を受けた者が，兼営法により信託業兼営の認可を受け信託兼営金融機関となる。2021年度末時点で56社が存在する。専業信託と呼ばれた信託銀行は，わが国の金融危機以降，金融グループ間の合従連衡により4社（三菱UFJ信託銀行，三井住友信託銀行，みずほ信託銀行，りそな銀行）に減少し，都市銀行や地方銀行等が信託業の兼営認可を受け信託業務を営業する銀行が増加している。

(3)　運用型信託会社

　運用型信託会社は，信託業法による免許を受け，信託財産の管理・処分につき裁量権を有する信託業である。銀行法および兼営法に基づく信託兼営金融機関との相違は，預金受入等の銀行業および兼営法に基づく併営業務が取り扱いできない点である。2004年の信託業法の改正により，信託財産の対象となる財産の制限が撤廃され，知的財産権等の信託の担い手として期待された（→8頁）。2021年度末時点では，12社が免許業者となっている。

(4)　管理型信託会社

　委託者または指図権者の指図により信託財産の管理または処分が行われる信託，または信託財産につき保存行為または財産の性質を変えない範囲内の利用行為もしくは改良行為のみが行われる信託を引受け（業法2条3項），金融庁の登録を受けた者を管理型信託会社と言う（業法2条4項）。

　信託財産の管理につき，一切の裁量権がない信託業となる。2021年度末時点では，19社が登録業者となっている。

(5)　特定大学技術移転事業承認事業者

　大学等における技術に関する研究成果の民間事業者への移転の促進に関する法律（大学等技術移転促進法）により文部科学大臣および経済産業大臣の承認を受けた技術移転機関（承認TLO[45]）は，登録により信託の引受けができ（業法52条1項），株

45　Technology Licensing Organization

式会社の組織形態要件等の登録拒否事由も緩和されている。

　承認 TLO は，大学内の特許権等を企業へ技術移転することで収益を得，それを大学に還元させることで研究資金を生み出すことを目的とする。

　承認 TLO に大学内外の特許権等を管理・処分させるために信託の仕組みを活用することが期待されているが，2021年度末時点の承認 TLO（32機関）のうち，登録業者にまで至った事例は行政庁の開示資料からは確認できない。

(6)　グループ企業内信託

　グループ企業各社が保有する知的財産権を親会社などが集中管理し，それらを効率的に運営する目的として信託の仕組みを活用する場合，グループ企業内の信託であり，受益者がすべてグループ内となる場合には，免許・登録を必要とせず，届出のみで信託業が営業できる（業法51条 1 項）。

　グループ企業以外に受益者が存在せず，また，企業集団のガバナンスも期待できることから特定信託業者とされ，参入要件や行為規制等を免れるが，それらの免除要件となる同一グループ性（業法51条 1 項 1 号ないし 5 号）を特に確認する必要があるときは，報告徴求および立入検査の対象となる（業法51条 6 項）。

　届出事項であるため，届出業者に関する行政庁の開示はない。

(7)　自己信託

　自己信託については，第 1 部で述べた通りである（→75頁）。受益権を50名以上が取得できる場合は，登録を受けなければならない（業法50条の 2 ，業法令15条の 2 第 1 項）。2021年度末時点では，金融機関 4 社が登録業者となっている。

　企業が自己信託を資金調達のために設定するのであれば，受益権を不特定多数に販売する必要があるため登録業者となり，行政庁の監督対象となる。しかし，詐害的な自己信託の設定は少数の受益者が想定され，登録を免れ，かつ，非営業信託で行われるため，受託審査等の受託者による適法性の確認プロセスが入らないことになる。

(8)　信託契約代理業

　信託契約の発行者の締結の代理または媒介を行う営業を行う者を信託契約代理業と言い（業法 2 条 8 項），登録を受けることで信託契約代理店として営業することができる（業法 2 条 9 項，67条 1 項）。

　信託契約代理業は，旧専業信託銀行の店舗数の少なさを地方銀行や系統金融機関が代理店となり補うことで，信託のサービスを全国に行き渡らせる目的がある（三菱213頁）。2021年度末時点で357社が登録業者となっている。

第3節　非営業信託

1　概要

　信託の起源がユースに求められる通り（→3頁），信託の基本形は，法人等の金融事業者が受託者となる営業信託ではなく，信頼できる第三者が無償で受託者となる非営業信託である。わが国においては，委託者の家族が受託者となり，信託財産の管理を行う家族信託®が非営業信託の代表例とされている。

2　家族信託®

　家族信託®は，一般社団法人家族信託普及協会が家族間の信託の設定に際し，その仕組みの設計のサポートや弁護士等の助言者を紹介するサービスを提供するために取得した商標となるが，家族間の信託としてわかりやすい言葉であり，一般的に利用されている。その内容も，非営業信託の一般的な設定となる。信託

【図41】

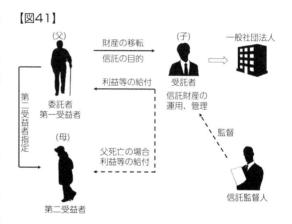

の仕組み自体は設計度が自由であり，家族間の合意があれば，簡単に設定することができる。

　図41の通り，父の財産の一部または全部を子が受託者となり，父が存命中は父が第一受益者となる。子は受託者として信託財産を管理・運用し，利益等を父に給付する。父が死亡したときは，あらかじめ指定されていた母が第二受益者となり，子から利益等の給付を受けることになる。

　受託者については，一般社団法人を設立して受託者とすることも可能となり，子が理事等を務めるか，第三者が理事等に就任する場合もあるが，信託業法上は自然人であれ，法人であれ非営利性が求められることになる。

　父または父死亡後の母は受益者として受託者としての子を監督することになるが，財産の管理自体を子に任せる状態からも適正な監督は期待できない。そのため，弁護士等の第三者が信託監督人に就任し，子の信託事務を監督することもできるが，信託

監督人の設置は任意である。

　近時，民事信託の名の下，濫用的な信託の設定に関する訴訟も生じている（→73頁）。一般的に家族関係の濃淡にかかわらず金銭が絡むトラブルは多く，一般社団法人を受託者としても，また信託監督人を設置したとしても，それらが金銭的な利益を受ける子や家族の手の届く範囲であれば（アームズレングス），あまり効果がない。

　信託の設定に際し，助言を委任された弁護士が信託契約書を適正に作成し，委託者に提供しなかったとして損害賠償責任が認められた事例が下級審に存在する（東京地判令和 3 年 9 月17日金判1604号40頁）。営業信託の場合は，相続人等の利害関係人等を調査し，受託審査等を行ったうえで家族間の信託を引き受ける。非営業信託であっても，助言する弁護士等の専門職は，ゲートキーパーとして信託の設定に関する契約書の作成等の適正な手続を説明する努力が信託設定の普及のために必要となる。

第 4 節　社会と生活に寄り添う信託

1　個人のライフイベントをサポートする信託

【図42】

　営業信託では，個人の人生におけるライフイベントに寄り添った信託のサービスを図42の通り提供している。個人のための信託の仕組みは，①資産承継・相続，②資産形成・資産運用，③財産・資産管理のために活用されている。

　とりわけ，人生100年と言われる時代には，現役時代に老齢期に備えた資産を形成すること，老いや認知症から財産を守ることが重要となり，個人が老後も安心して暮らしていくための商品・サービスを設計し，提供していく信託業への期待は大きい。個人のライフイベントに寄り添った信託の仕組みは，後述する（→208頁～）。

2　企業の成長をサポートする信託

　企業にも起業から始まるライフイベントがあり，企業の成長をサポートする様々な信託の仕組みがある。企業は，上場がそのゴールではなく，継続的な成長が求められている。信託業は，図43の通り，①資産運用，②財産管理，③資産流動化，さらに信託兼営金融機関（信託銀行）による④上場，⑤不動産に関し，企業をサポートしている。

　とりわけ，上場や資産・債権の流動化は，安定的な企業の資金調達を促し，バランスシートの改善や将来のための再投資等，企業の成長が持続可能となるためには欠かせない信託の仕組みとなっている。

【図43】

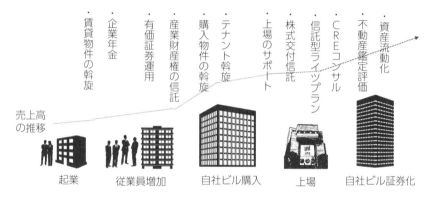

・賃貸物件の斡旋　・企業年金　・有価証券運用　・産業財産権の信託　・購入物件の斡旋　・テナント斡旋　・上場のサポート　・株式交付信託　・信託型ライツプラン　・CREコンサル　・不動産鑑定評価　・資産流動化

売上高の推移

起業　　従業員増加　　自社ビル購入　　上場　　自社ビル証券化

Topic 7　上場と信託

　起業家が，株式会社を設立する目的は税制優遇等のメリットを享受することもあるが，将来的に上場を目指すことがねらいであろう。株式上場のメリットは，上場による投下資本の回収，資金調達の利便性，株価変動による企業評価の把握，企業の信用力等がある（黒沼346頁）。

　株式を上場するには，発行者が証券取引所（金融商品取引所）に上場を申請し，証券取引所が有価証券上場規程に規定された株式数や売買代金等の上場基準を満たすかどうかを審査する。申請した会社が上場基準に適合していると証券取引所が認めると，上場を内閣総理大臣に届け出る（金商121条）。

　信託兼営金融機関の併営業務の１つとして，信託銀行は株主名簿管理人の業務を行っている。会社法では株式会社は，株主名簿管理人を置く旨を定款で定めることができることを規定しているが（会社123条），法定義務ではなく，証券取

引所の有価証券上場規程で株式事務代行機関の設置が義務づけられている（同規程205条8号）。

　証券代行の中心的業務は，株主名簿管理にあるが，株主管理から派生して株主総会運営のコンサルティング，委託元企業の株主構成や機関投資家の実質株主の調査等による効果的な投資家等へのリレーション強化[46]，さらに報酬コンサルティング等の広範な経営サポートを実施している。

　株式会社が証券取引所に上場する際，通常は，発行会社は証券会社と元引受契約を締結し，公募において売残りリスクを生じさせないため（黒沼56頁），元引受証券会社は，総額引受または残額引受を行う（金商21条4項1号・2号）。

　有価証券の引受業務は登録金融機関の業務としては認められていないため（金商33条1項），信託銀行等は，株式会社の上場に際して発行株式の引受けを行うことができない。

　しかし，信託銀行は上場会社との株主名簿管理業務（証券代行業務）を通じた様々なコンサルティング業務による知見を有し，上場に至るまでの資本政策の実務や定款作成等の上場準備を監査法人や証券会社と協働しながら，上場前の企業のサポートを行っている。

46　IR（Investor Relationship）および SR（Shareholder Relationship）と呼ばれるもの。

第2章◆金融市場と信託

第1節　金融市場

1　概要

(1)　市場

　金融市場と信託は，互いに欠かせない存在である。投資信託，年金信託，証券信託等，信託業は資産運用のために主として機関投資家として市場に参加する。機関投資家の背後にいる受益者は投資された有価証券等の信託財産の実質的所有者（アセットオーナー）である。

　金商法1条の目的規定にある通り，市場の機能が十全に発揮され，金融商品等が公正に価格形成されることにより，アセットオーナーの委託を受けた機関投資家は，信託財産である有価証券等を市場で自由に売買することができ，また，信託財産に属する有価証券等を適正に時価評価し，受益者に信託財産の状況を報告することができる。

　したがって，市場の仕組みを理解することは，信託の機能が適正に発揮されるために必要なことである。

(2)　適正な資金配分

【図44】

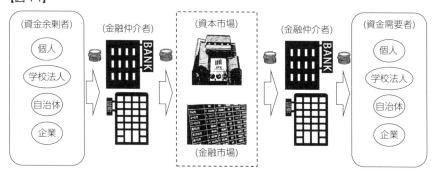

　市場とは，投資すべき余剰資金を有する資金余剰者と，設備投資等の資金を必要と

する資金需要者を結びつける（適正に資金配分する）場所となる。図44の矢印が示すように，お金の流れは，資金余剰者から市場を通じて資金需要者に向かう。

　もちろん，銀行間等のプロ市場では直接資金取引が行われるが，通常は，機関投資家であっても，金融仲介者となる銀行や証券会社（金融商品取引業者等）を通じて市場に参加し，有価証券等の売買や為替等の資金取引が行われている。

　海外では特に明確に区分せず，単に金融市場（Financial Markets）と呼ぶが，わが国では，資金調達の手段および金融仲介者の属性から資本市場と金融市場に分けられている。

(3)　企業の資金調達構造

【図45】

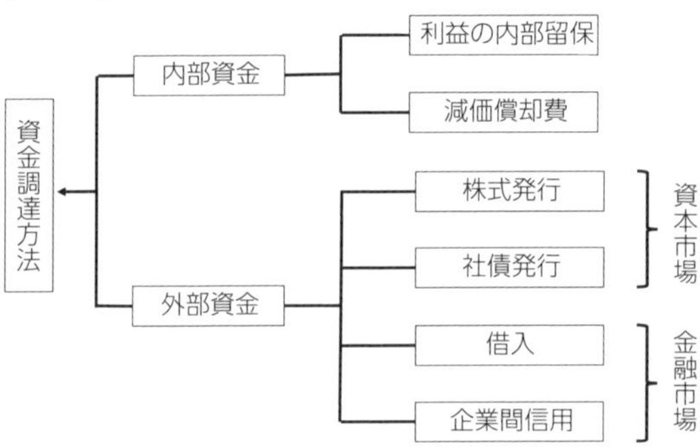

```
                    ┌──────────────┐
          ┌─内部資金─┤  利益の内部留保  │
          │         ├──────────────┤
          │         │   減価償却費   │
┌─────┐  │         └──────────────┘
│資金 │  │         ┌──────────────┐  ┐
│調達 ├──┤         │   株式発行    │  ├ 資本市場
│方法 │  │         ├──────────────┤  │
└─────┘  │         │   社債発行    │  ┘
          └─外部資金─┤──────────────┤
                    │    借入      │  ┐
                    ├──────────────┤  ├ 金融市場
                    │  企業間信用   │  ┘
                    └──────────────┘
```

　企業が持続可能であるためには，その商品・サービスを販売・提供し，利益をあげることがまず必要となる。収益性が高い会社は投資家には魅力的にうつり，企業は投資資金を集めることができる。図45の通り，企業の資金調達の方法は，まず内部資金と外部資金に分けられる。

　内部資金には，利益剰余金が再投資や株主ほかステークホルダーへの利益配分に使われず内部留保されるものと，設備等の減価償却により損金算入される金額がある。内部留保は，2021年度末時点で516兆円と過去最高を10年連続更新している（財務省法人企業統計調査）。

　同調査によれば，2021年度中の企業の資金調達のうち，90％が内部資金により調達されている（内部留保54％，減価償却36％）。つまり，わが国の企業は恒常的な資金余剰の状態にあり，潜在的に資金運用の需要が高いこともわかる。

　外部資金は，資本市場と金融市場で調達されるものに分けられる。企業は，資本市場で株式または社債を発行することにより投資家から資金調達ができる。株式は自己資本に組み入れられ，返済義務のない資金となり，社債は債務であるため償還期日に返済義務がある。

　金融市場では，企業は銀行等の金融機関から資金を借り入れることで資金調達する。また，買掛金や支払手形による企業間信用も資金調達の重要な手段となっている。

2　金融市場と資本市場

(1)　金融市場と資本市場の相違

① 金融市場

　金融市場での資金調達が間接金融と呼ばれる理由は，企業が直接資金供給者（余剰者）に接し資金調達するわけではなく，図46の通り，金融仲介者となる銀行を通じて間接的に資金調達することにある。

【図46】

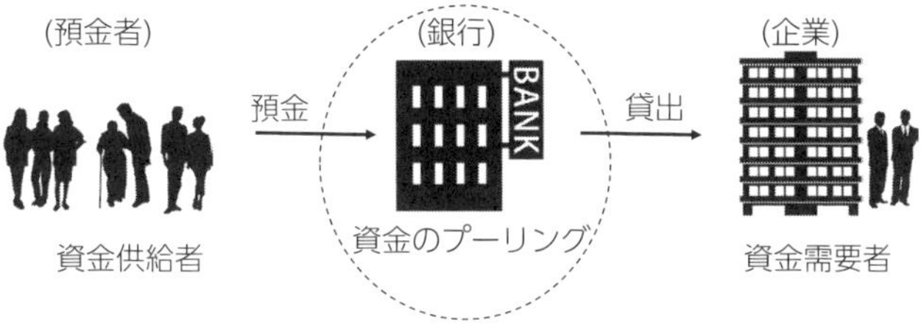

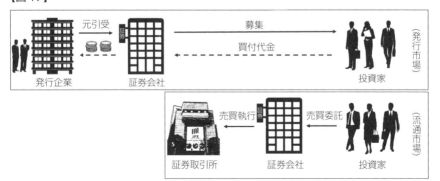

（預金者）　　　　　　　　　（銀行）　　　　　　（企業）

預金　　　　　　　　貸出

資金供給者　　　　資金のプーリング　　　　資金需要者

　銀行は不特定多数の預金者から預金を受け入れ，預金者の代わりに資金需要者となる企業の信用力（返済能力）を審査し，資金を貸し出す資金配分の最適化を行う。これを資金のプーリングという。

　行政庁は，銀行法等の法令に基づき，預金者保護の観点から銀行の審査体制等の業務管理体制や貸出引当等のリスク管理体制を報告徴求（銀行24条1項）や立入検査（同25条1項），業務改善命令（同26条1項）等の権限を行使し，監督する。

　また，公正取引委員会は，銀行が貸出等の条件を濫用し，貸出先企業への優越的地位の濫用（独禁2条9項5号，19条）等の公正な取引を妨げる行為をしないよう監視している。

【図47】

② 資本市場

　資本市場が直接金融と呼ばれる理由は，資金需要者となる企業（発行会社）が，資本市場において株式等の有価証券を発行し，投資家から直接資金調達をすることにある。ただし，実際に発行企業が証券取引所に現れ，自社株式を販売勧誘するわけではなく，図47の上図の通り，金融仲介者となる証券会社が介在し，証券会社が売残りリスクを軽減するため，発行企業が発行する有価証券を買い取り（元引受），投資家に販売勧誘する（黒沼56頁）。

　公募増資においては，大規模な資金調達が必要となるため，証券会社があらかじめ機関投資家の投資需要を調査するプレヒアリングが一定の条件のもと認められている（黒沼111頁）。銀行貸出が銀行と企業の二者間で条件が決定されることに対し，資本市場では市場原理に基づき，発行可能額や発行価格等の条件が決定される。

　資本市場は，上述の有価証券の発行時に利用される発行市場と，図47の下図の通り，既に発行された有価証券が取引される流通市場がある。流通市場においても，投資家が証券取引所に現れて売買をするのではなく，証券会社がその売買を仲介することになる。

　資本市場は，金商法により規律されている。同法の目的規定に「資本市場の機能の十全な発揮による金融商品等の公正な価格形成等を図り」とある通り（金商1条），有価証券等の金融商品の価格が公正に形成されることを目的として，資本市場における開示規制や業者規制および監督の枠組みが設計されている（上村183頁）。

　信託についても，受益権の開示規制や投資勧誘および投資に関する行為規制について金商法が準用ないし適用される。

第2節　市場における信託の役割

1　集団投資スキームとしての信託

　たとえば，個人が将来の資産形成のために株式を購入するためにはどうしたらよいであろうか。証券取引所で取引される企業株式の株価は1株あたりの価格となり，多数の上場会社が，10株や1,000株単位で1議決権とし，取引単位とする単元株制度を採用しているため，実際の購入金額は株価の10倍や1,000倍の価格となる。

　投資資金の元手が少ない個人が1社の株式を購入するのに数十万円が必要となると，ほとんどの資産がその株式に投資されることになり，投資リスクが大きくなる。株式は企業の財務情報等の個別事情のみならず，経済指標や為替等の経済状況（ファンダメンタルズ）にも大きな影響を受ける。

　こういった個別事情やファンダメンタルズの影響による資産の損失の蓋然性を最小限にするため，資産を株式や債券，その投資対象国も国内だけではなく海外にまで投資することを分散投資と言い，当然，分散するためには相応の投資金額が必要になる。

　富裕層でもない個人に無尽蔵に投資用の資金があるわけではなく，様々な資産へ分散投資することは難しいが，貯蓄のように少額の資金を積み立てたり，ボーナス等の一時金がある時に少しずつ投資したりすることは可能である。

　この点，投資信託（→138頁）は，少額から投資することが可能となり，他の投資家の資金と合同運用されることにより，多様な資産へ分散投資することが可能となる。小口の投資資金は受託者となる信託業や投資運用業が機関投資家として受益者となる投資家に代わり投資や運用資産の管理を行うことから，市場では集団投資スキームとして機能している。

　投資信託ばかりではなく，つみたて NISA（→137頁）や iDeCo（→158頁）等の投資信託や年金の仕組みを活用した投資商品も税制優遇策として導入され，投資残高がこの10年間で急速に増加している。

2　証券化のビークルとしての信託

　信託の重要な機能の一つは，受託者が信託財産を受益権に転換することである（→15頁）。商業用ビル等の不動産に投資し，その所有を第三者に対抗するためには登記が必要となるが，これでは，商業ビルに投資しようとすると，1棟買いが基本となり，かつ買付後はビルのメンテナンス等の管理も必要となることから，テナントや周辺環境の変化等，投資リスクが大きい。

　この点，商業用ビルを受益権に転換すると，原資産の保有者となる委託者は受益権を小口化した受益証券を発行することが可能となり（→169頁），不特定多数の投資家に受益証券を販売することで投下資本を回収したり，バランスシート（資産負債の規模）を調整したりすることができる。

　一方で，機関投資家は，分散投資の一環としての不動産投資で商業用ビルの1棟買いではなく，様々な地域の受益証券を少しずつ買い付けることで地域分散やリスク分散が可能となる。

　また，不動産投資だけではなく，受益権の対象がカードローンや住宅ローン等の金銭債権や航空機や船舶等の動産（→168頁）である場合，これらの資産を対象とした受益証券を買い付けることも可能となり，様々な資産を対象にした投資ができる。

　不動産，動産を問わず，信託の受益権の転換機能を活用することで証券化が可能となり，また，受託者が投資対象資産の管理を行うため，機関投資家は面倒な資産管理を行わず，多様な資産へ投資することができる。

第3章◆資産運用と信託

第1節 人生100年と資産形成

1 概要

2019年6月，金融庁所管の金融審議会市場ワーキング・グループは，報告書「高齢社会における資産形成・管理」（以下，「同報告書」とする）を公表した[47]。図48の通り（金融庁同報告書より抜粋），国立社会保障・人口問題研究所によれば，2015年時点で60歳の人のうち25%以上が95歳まで生きるという試算となり，一般的に勤め先

【図48】

	2015年推計	1995年推計
80歳	78.1%	67.7%
85歳	64.9%	50.0%
90歳	46.4%	30.6%
95歳	25.3%	14.1%
100歳	8.8%	―

を退職する年代となる60-65歳の人が夫婦で30年間生活するには，年金受給だけでは2,000万円不足するという指摘が同報告書でなされた。

同報告書は，タイトルにある通り，長生きリスクに対応するため，現役世代がいかに将来に向けて資産形成を考えていくかを目的にしたものであり，年金問題や生活不安をあおるために作成されたものではない。

2 老後2,000万円問題

(1) 政争の愚

この金融庁の報告書に飛びついたのが当時の野党議員である。金融庁を掌理する金融担当国務大臣に対し，同報告書が「5分で読めるものを担当大臣が読んでいない」と批判し，老後2,000万円問題として，政争の材料とした。同報告書の数か月後に参院選が予定されていたことから，野党としては国民に訴求できる絶好の機会であったようである。

---

47 金融庁金融審議会市場ワーキング・グループ報告書「高齢社会における資産形成・管理」（2019年6月3日）。

　しかし，同報告書は，学者，識者，関係省庁が参加し，国民の資産形成への提言として緻密にまとめられたものであり，実際，５分で読み解くことはできない。５分で読めるということは，読んでいないことに等しい。

　金融審議会市場ワーキング・グループが提出した同報告書は，政争を避けるために，当時の金融担当国務大臣が受理しないと発表したが，金融庁のウェブサイトでは公表され，削除されていない。

(2)　検証

　図49は同報告書から抜粋したもので，厚生労働省が家計調査から作成し，金融審議会市場ワーキング・グループに提出したものである。夫65歳以上，妻60歳以上の夫婦のみの無職世帯を対象とした家計調査が基となっている。毎月の実収入が209,198円，実支出が263,718円となり，毎月約5.5万円の家計赤字となる。

　前述の通り，夫65歳が95歳まで30年間生きると，毎月の赤字額5.5万円が30年間（360か月）続くことになり，1,963万円，約2,000万円の不足額となり，老後2,000万円問題はこの家計調査に基づく試算が発端となる。

【図49】

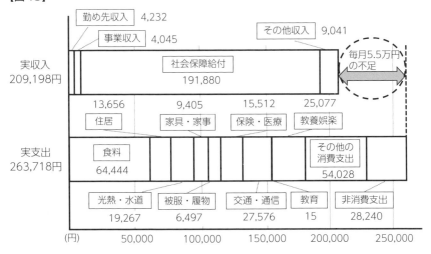

　繰り返しになるが，金融審議会市場ワーキング・グループの同報告書は，2,000万円の不足額を提示して老後の不安をあおることを目的としているのではない。この2,000万円不足の試算には，各世帯の貯蓄額や退職金，65歳以上の就労賃金について考慮されていない。

　しかし，高齢夫婦世帯の平均純貯蓄額は2,484万円であり，この原資となる退職金

は大卒で（2018年時点），中小企業平均で1,203万円[48]，大企業平均で2,255万円[49]となる。さらに60歳以上の就労者を対象にした調査では，80％が65歳以降も所得を伴う勤労意欲があると回答している[50]。

　図49が示す通り，前提となる家計収入は年金のみとなるが，国民年金制度は「豊かさ」を保証するものではない。国民年金は健全な国民生活の維持および向上にあるため（国民1条），最低限の生活保障であり，貯蓄や就労による自助努力が当然に必要となる。

　この点，同報告書には，人生100年時代に入る中，一般的な高齢者の家計では年金のみでは支出が賄いきれないリスクがあることを示し，若年層を含め現役時代からの資産形成といった備えが必要となることを広く啓発する目的がある。

　野党議員の同報告書への理解の程度やその批判のねらいは定かではないが，政争の材料となったことで，かえって人生100年時代と老後2,000万円問題が広く認識され，同報告書の作成・公表が意義深いことになったと言えよう。

第2節　投資信託

1　貯蓄から投資へ

　2001年6月，「今後の経済財政運営及び経済社会の構造改革に関する基本方針」が閣議決定された。その中で，「個人投資家の市場参加が戦略的に重要であるとの観点から，その拡大を図るために，貯蓄優遇から投資優遇への金融のあり方の切り替えなどを踏まえ，税制を含めた関連する諸制度における対応について検討を行う」と個人の証券投資拡大に向けた諸制度が導入されるようになった。

　この個人の証券投資拡大が議論された背景には，図50の通り[51]，主要国に比べ，家計の金融資産に占める現金・預金の割合が54％と極めて高い一方で投資性資産（投資信託・株式）の割合が10％程度と低いことから，投資性資産への指向を強め，将来の資産形成を促す「貯蓄から投資へ」への動きを実現させるため，政府が抜本的な改革を実施する必要があった。

48　東京都産業労働局「中小企業の賃金・退職金事情（平成30年版）」（2019年12月）。
49　日本経済団体連合会「2019年9月度退職金・年金に関する実態調査結果」（2019年4月24日）。
50　内閣府「平成26年度高齢者の日常生活に関する意識調査結果」（2015年）。
51　日本銀行調査統計局「資金循環の日米欧比較」（1999年12月）より同資金循環統計より補正。

【図50】

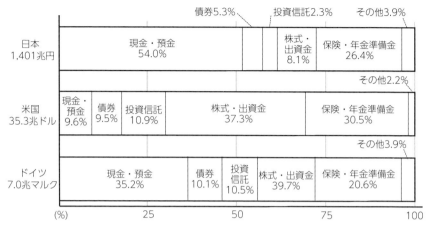

2　制度改革・税制改正

(1)　制度改革

　政府による制度改革は，1998年の金融システム改革法（金融ビッグバン）から始まる。銀行持株会社制度を導入し，完全親会社による子会社方式の銀行業および証券業の相互参入を促し，さらに銀行での投資信託の窓口販売を解禁した。

　これらの制度改革は，銀行の顧客が投資信託等の投資商品を購入できるチャネルの拡大（投信販売の担い手の増加）をねらったものである。

　さらに，2001年には確定拠出年金制度を導入し，加入者が年金の一部または全部を自由に非課税扱いで投資信託の購入を選択できるようにした。

(2)　税制改正

① 概要

　投資商品を購入しやすくするために，一定金額を上限として配当・利子所得および譲渡所得を非課税とする非課税制度が行政庁と金融事業者の間で工夫され，導入されてきている。

　直接的に株式の取得を促進するものではなく，海外株式や国内債券，またはバランス型等の資産ごとや分散投資された投資信託を取得し，長期間保有することがねらいとされている。

　また，制度によっては，その制度専用に設計された投資信託にしか投資できないものもあり，利用者にわかりやすい商品設計となるよう工夫されている。

② 証券課税優遇

2003年株式，投資信託の配当および譲渡所得の課税率を20％から10％へ優遇する時限措置が導入された。しかし，金持ち優遇との批判から，2013年に時限措置が更新されず終了した。

③ NISA

少額投資非課税制度（NISA=Nippon Individual Savings Account）が2014年に2023年までの時限措置として導入された。英国の ISA（個人貯蓄口座）をモデルとしたもので，NISA 口座（非課税口座）で購入された株式または投資信託から得られる配当・利子および譲渡所得が非課税となる制度である。

2023年までの同制度では，株式または投資信託を年間120万円まで購入でき，最大5年間まで非課税扱いとなる。2024年以降の NISA は，2028年までの時限措置となり，年間の非課税投資枠が行政庁への届出が必要となる長期・分散投資に適した投資信託が20万円，株式やその投資信託が102万円と 2 階建てになることが検討されている。政府内では NISA の恒久化に向けた議論が進んでいる。

④ ジュニア NISA

世代間の資産承継を目的とした子供用の NISA「ジュニア NISA」が2023年までの時限措置として2016年に導入された。年間の非課税投資枠が80万円となり，非課税の内容，非課税保有期間等は NISA と同じとなる。

ジュニア NISA は，未成年者が対象となり，口座開設に伴う手続や本人確認が煩雑となり，制度の浸透がうまくいかなかったため，受託残高が伸び悩み，時限措置が更新されず2023年で終了となる。

⑤ iDeCo

個人型確定拠出年金（iDeCo）は，国民年金，企業年金以外の確定拠出年金法による非課税枠の私的年金制度となり（→158頁），2017年に導入された。加入者は自分で掛金を拠出し，預金，投資信託，保険商品の中から自分で運用方法を選んで掛金を運用することができる。

掛金の所得金額からの一部控除，運用益および給付金受給について税制優遇措置が講じられ，加入者は65歳まで掛金を拠出することができ，60歳以降に老齢給付金を受給することができる。

国民年金や企業年金に加入していても一定額を掛金として拠出することができ[52]，国民年金や企業年金の給付額を補完し資産形成の目的に利用されている。

52　農業者年金の加入者，国民年金の保険料支払を免除されている者，企業型確定拠出年金加入者で個人型同時加入が認められていない者は加入できない。

⑥ つみたて NISA

　NISA を貯蓄型（累積投資契約）に設計した「つみたて NISA」が2018年に導入された。年間40万円を上限として20年間で最大800万円まで非課税による投資信託の購入が可能となる。長期，積立，分散投資を支援するため，手数料が廉価で分配金の頻度が低い公募株式投資信託と上場株式投資信託（ETF）に限定されている[53]。

　つみたて NISA も時限措置が設けられた制度となるが，2042年まで投資でき，2042年中に購入した投資信託の非課税期間は20年後の2061年までとなり，ほぼ恒久的な制度となっている。

(3) 貯蓄から資産形成へ

【図51】

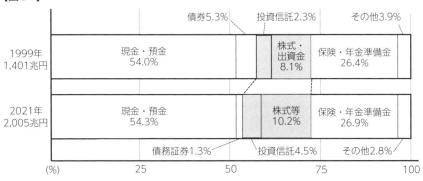

　これらの政府による「貯蓄から投資へ」の政策がどのような結果をもたらしたかを示すのが，まず図51となる[54]。1999年と2021年の家計の金融資産の54% を占めるのが現金・預金であることに変化はない。

　しかし，投資信託および株式等の投資商品は，10.3% から14.7% と４ポイント超増加している。家計資産が2,000兆円を超え過去最高を更新する中で，投資商品への選好が少しずつとなるが増加していることになる。

　図52は，日本銀行資金循環統計より1999年以降の家計の金融資産の推移をまとめた

53　公募株式投資信託の場合，販売手数料が無料（ノーロード），信託報酬は国内株式インデックス投信の場合は0.5% 以下，分配金の頻度が毎月でない，ヘッジ目的以外のデリバティブ投資の禁止等の条件を満たさない投資信託はつみたて NISA の投資対象として販売できない（措法37条の14第５項４号，措令25条の13第25項４号ほか）。

54　日本銀行調査統計局「資金循環の日米欧比較」（1999年12月）および2022年８月31日同資料より補正。

【図52】

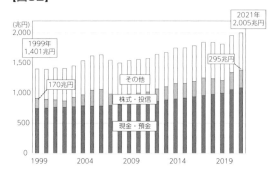

ものである。図51の通り，確かに現金・預金の割合は変わらず，また，投資商品の割合が微増であるものの，実数で見ると，1999年から2021年までに投資商品は170兆円から295兆円と，125兆円が増加していることになる。

　課題は1,000兆円を超える現金・預金をさらに資産形成へと振り替えていくことになるが，「貯蓄から投資へ」のフェーズにおいて125兆円もの投資資金が家計から市場に供給され，官民ともにその受け皿となる制度および商品設計，さらにそれらを普及できたことは成功と言えるであろう。

3　投資信託の仕組み

(1)　概要

① 投資信託のメリット

　投資信託がとりわけ個人の投資家に選好され，また，官民ともに個人の資産形成に勧奨する理由には，①小口投資，②プロの運用，③分散投資のメリットがある。小口投資と分散投資については前述の通りだが（→131頁），それをまとめたのが図53となる。

【図53】

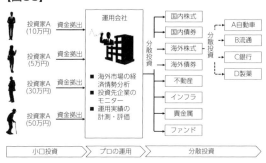

　投資信託は通常，1万円から投資が可能となり，1つの企業株式を買うような数十万円が必要となるわけではない。投資された資金は運用会社の中で，アナリストやストラテジストと呼ばれる運用のプロが海外市場の経済情勢を分析し，投資先企業の選定や投資後のモニターを行い，運用実績の計測および評価を行う。

　こういった分析から設定された投資信託のプロファイルに応じて国内株式や海外債券等の資産カテゴリーへ分散投資を行う。さらに，同じ資産カテゴリーの中でも，たとえば，海外株式では，自動車や製薬等の個別企業の株式へ分散投資を行う。

　個人の株式投資であれば，投資できる資金が多くないため数社の株式にしか投資できないかもしれないが，不特定多数の投資家が小口投資をすることで運用会社では巨額な資金のプールとなり，様々な資産カテゴリーやその資産の中でも様々な企業等へ投資が可能となる。こういった分散投資はリスク分散となり，長期的，安定的な資産形成へ貢献することになる。

② 投資信託の種類

　投資信託には，委託者指図型投資信託および委託者非指図型投資信託があり（投信２条３項），いずれも一般に契約型投資信託と呼ばれている。委託者指図型投資信託とは，信託財産を委託者の指図に基づいて主として有価証券，不動産その他の資産で投資を容易にすることが必要であるものに対する投資として運用することを目的とする信託で，投信法に基づき設定され，かつ，その受益権を分割して複数の者に取得させることを目的とするものをいう（同２条１項）。

　委託者非指図型投資信託とは，１個の信託約款に基づいて，受託者が複数の委託者との間に締結する信託契約により受け入れた金銭を，合同して，委託者の指図に基づかず主として有価証券，不動産その他の資産に対する投資として運用することを目的とする信託で，投信法に基づき設定されるものをいう。

　また，投資法人が発行する投資証券を投資信託とする会社型投資信託もあり，上場投資信託として活発に利用されている。

(2)　委託者指図型投資信託

① 概要

　公社債投信や追加型株式投資信託など主として有価証券に対する投資として運用することを目的とする証券投資信託（投信２条４項）のほとんどが，委託者指図型投資信託の形態となる。委託者指図型投資信託契約（投資信託契約）は，金融商品取引業

【図54】

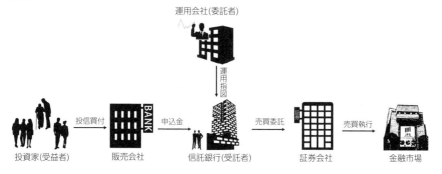

者を委託者，信託業を受託者としなければ締結できない（投信 3 条 1 項）。

　図54の通り，委託者指図型投資信託は，受益者（投資家），委託者（運用会社・投資信託委託会社）および受託者（信託銀行）で構成され，運用会社の指図に基づいて信託銀行が有価証券等の売買の発注（売買委託）を執行し，信託銀行が投資家の金銭および有価証券等の保管・管理を行う契約型投資信託となる。

　② 販売会社

　銀行または証券会社（金融商品取引業等）が窓口（インターネット含む）で顧客となる投資家（受益者）から投資信託の買付けまたは処分を受け付ける。販売会社は投資家ごとの口座を分別管理し，受託者から給付される分配金および償還金の支払いを行う。

　③ 信託銀行

　販売会社からの投資信託の申込金を受領し，資産の分別管理を行う。委託者となる運用会社からの運用指図を受け，証券会社へ売買委託を行い，売買にともなう金銭または有価証券等の決済を行う。

　④ 運用会社（投資信託委託会社）

　投資信託契約を締結できる委託者は，金融商品取引業者のうち金商法28条 4 項に規定される投資運用業となり（投信 2 条11項），さらに投資対象資産に不動産が含まれる場合は宅地建物取引業の免許が必要となり（投信 3 条 1 号，宅地 3 条 1 項），主として不動産に投資することを目的とする投資信託契約の場合は，取引一任代理等に係る特例の認可を受けた投資運用業でなければならない（投信 3 条 2 号，宅地50条の 2第 1 項）。

　運用会社は，販売会社等からの投資家の需要に関する情報を得ながら投資信託の設定を行い，販売会社を通じて投資信託の販売を行う。運用会社は，信託財産の運用を行うが，証券会社へ売買の発注等は執行せず，受託者となる信託銀行に運用指図を行うのみである。

　運用会社は投資信託設定時の目論見書の作成や，設定後の信託財産の時価評価を算出し（基準価格），受益者のために運用報告書等を作成する。

(3)　委託者非指図型投資信託

　委託者が運用指図をしない委託者非指図型投資信託では，図55の通り，委託者となる運用会社が介在せず，受託者が信託財産の運用および管理を行う投資信託となる。

　委託者非指図型投資信託では，受託者は信託財産を主として有価証券に投資することができないことから（投信48条），投資対象は有価証券以外の不動産や金銭債権となる（黒沼713頁）。

しかし，受託者となる信託業が信託財産の運用管理に有価証券を対象にできないのは投信法による制限であって，信託業は有価証券を当初信託財産の対象とする受益証券発行信託（→57頁）および有価証券の運用を目的とするが受益権を分割しない特定金銭信託（→145頁）等は投信法の対象とはならない（投信７条ただし書）。

【図55】

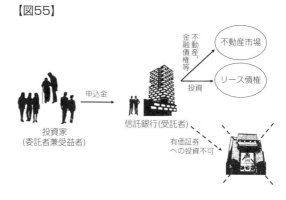

投資家
（委託者兼受益者）

申込金

信託銀行（受託者）

金融債権等
不動産，

不動産市場

投資

リース債権

有価証券
への投資不可

このため，制度として委託者非指図型投資信託はあるが，信託業としては実績配当合同運用指定金銭信託を受益証券発行信託にするなどの代替手段があるため，普及していない。

(4) 会社型投資信託

資産を主として有価証券，不動産その他の資産（特定資産）に対する投資として運用することを目的として投信法により設立された社団を投資法人といい（投信２条12項），投資法人が発行する投資証券が投資信託で，一般に会社型投資信託と呼ばれている。主として有価証券に投資される投資信託は委託者指図型で，契約型投資信託と呼ばれ，証券投資信託は専らこの契約型投資信託が利用されている。

会社型投信は，わが国では外国投資信託やJ-REIT（→179頁）に利用され東証に上場しているため，株式のように売買することができる。

4　投資信託の課題

(1) 日本銀行による ETF 買いオペ

図56の通り，個人の資産形成への官民による制度・商品設計の努力が奏効し，公募投資信託の純資産残高は2021年度末時点で162兆円まで増加している[55]。

わが国のバブル経済最盛期の1990年はその残高はわずか46兆円であり，規模はこの30年間で３倍超になっているが，その内容は必ずしも健全ではない。

わが国のデフレ脱却措置として日本銀行（以下，「日銀」とする）の金融政策の一環にETF（株価指数連動型投資信託）の買いオペが導入されたのは2010年のことで

---

[55] 投資信託協会統計データより作成。

ある。爾来，日本銀行は定期的に ETF を市場で買い付け，市場操作を実施している。

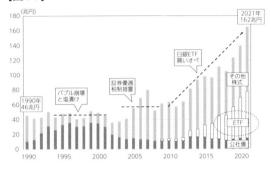

【図56】

2021年度末時点で，日銀が保有する ETF の時価総額は51兆円となり[56]，同時点の ETF の純資産総額が62兆円であったことから，日銀は市場に流通している ETF の82% を保有していることになる。ETF の保有構造は寡占状態となり，ETF は日経平均や TOPIX 等の代表的な株価指数に直接に連動するため，日銀による大量の ETF 売買は株価に直接的に大きな影響を与える。

　また，2021年度末時点の東京証券取引所市場第一部の時価総額は708兆円であったことから[57]，日銀はETFを通じて一部上場会社2,100社の7.2%の大株主となっている。日銀の ETF 買いオペは，日銀が競争入札により信託銀行を受託者として選定し，金銭の信託を行い，受託者が信託財産として ETF を買い付け，管理を行う。

　ETF の買付けは，個別企業の業績や経営状況に関係なく実施されるため，ETF に採用されている企業に経営や財務上の問題があっても日銀の ETF 買いオペにより当該企業株式も買い付けられることになる（上村139頁）。ここでは，個別企業の株価の公正な価格形成および個別企業へのコーポレートガバナンス（経営者に対する監督の仕組み[58]）の問題が生ずる。

　一般に個別企業の株価は，当該企業の経営状況，財務状況，信用情報等（ファンダメンタルズ）に影響を受け形成されていくが，日銀の ETF 買付は，時価総額割合に応じて大量に買い付けるため，個別企業のファンダメンタルズを反映しないまま価格が形成され，日銀以外の投資家の適正な投資判断を損なうことになる。

　日銀の ETF 保有により間接保有されている個別企業へのガバナンスは，仕組上は，受託者となる信託銀行がETF の運用会社の指図を受け，議決権行使を通じた監視を行うことが期待されていると解釈される。

　確かに，運用会社も受託者もスチュワードシップ・コードを採択していることから（→162頁），議決権行使を通じた企業とのエンゲージメント（目的を持った対話）に

56　日本銀行「第137回事業年度（令和3年度）決算等について」（2022年5月27日）。

57　日本取引所グループ統計資料（株価時価総額）。なお，2022年4月より東京証券取引所は，プライム市場，スタンダード市場，グロース市場への上場区分変更を実施している。

58　江頭憲治郎「コーポレート・ガバナンスの目的と手法」早稲田法学92巻1号（2016年）97頁。

より適正にモニターされているように見えなくもない。しかし，旧一部上場会社だけでも2,000社を超えるため，運用会社や単独受託する信託銀行がすべてを監視することは現実的ではない。

　同じように大量の日本株式投資を運用会社を通じて行っている GPIF（→151頁）は，議決権行使するなど直接的なガバナンスは実施していないが，GPIF がスチュワードシップ・コードを採択し，運用会社のスチュワードシップが適正に行われているかをモニターし，結果を公表している。

　大量に株式を保有する日銀には，市場の公正な価格形成および企業のコーポレートガバナンスについて責任があり，すべてを受託者の責任とすることはできず，スチュワードシップでそもそも何を目指すべきなのかを明確にしたうえでスチュワードシップ・コードを採択し，受託者のスチュワードシップ，とりわけ議決権行使が適正に履行されているかをモニターする仕組みを導入すべきであろう（上村140頁）[59]。

(2)　販売会社による回転売買勧誘（チャーニング）

　2017年4月，行政庁職員が金融事業者を対象とした講演会で，投資信託の販売における運用会社や販売会社の問題点を指摘した[60]。①日本の投信運用会社が販売会社等の系列会社となり82％の投資信託が販売会社系列の投信運用会社により組成・運用されていること，②販売会社のために売れやすくかつ手数料を稼ぎやすい商品を作っていること，③売買の回転率が高く販売手数料が金融機関に入る仕組みになっていること等，を行政庁として問題視していることを示唆した。

　これらの指摘は監督上のバイアスを排除するとしても，顧客がその意思に反して投資信託を長期保有できず，投資信託の乗換等が頻繁に販売勧誘され，保有する投資信託を処分させられている（回転売買）とするならば問題である。

　もっとも，投資信託の回転売買の問題は，既に金商法に過当取引（チャーニング）禁止の規制があるため（金商161条1項，取引府令9条），顧客の利益が損なわれるような回転売買が横行し，それが放置されていたのであれば，行政庁の不作為とも言える。

　過当取引は，金融商品取引業者等（投資信託の運用会社，販売会社等含む）が，手数料稼ぎの目的で，顧客の属性に照らして不適切に多量・頻回の取引を顧客の計算で行うことを言い，必ずしも投資一任契約や一任勘定取引が締結されている場合に限って生じる事象ではない（黒沼580頁）。

59　日銀の ETF 保有の問題点に関する先行研究として，平山賢一『日銀 ETF 問題《最大株主化》の実態とその出口戦略』（中央経済社・2021年）。
60　森信親「日本の資産運用業界への期待」（2017年4月7日）。

　過当取引による損害賠償請求を裁判所が認めた事案では（福岡地判平成11年3月29日判タ1026号227頁），取引の数量・頻度が顧客の投資知識・経験や投資目的に照らし過当であること，業者が一連の取引を主導していたこと，業者が顧客の信頼を濫用して自己の利益を図ったことの3要素が判断材料となっている（黒沼581頁）。

　販売会社が顧客の意思に反し投資信託の回転売買を主導し，利益を得ているのならば，チャーニング規制の対象となり，民事責任はもちろんのこと，公益または投資者保護のために業務改善命令等（金商51条，51条の2）の行政処分の対象となることは言うまでもない。

第3節　証券信託

1　概要

　前述した通り上場会社には巨額の内部留保金があり（→128頁），これら法人の利益剰余金等の運用ニーズは相応に高い。少額であれば投資信託を購入すればよいが，数千万円ないし数億円もの規模になれば，日銀のETF保有と同様に投資信託の取得・処分の際に当該投資信託の基準価格等の価格形成に影響を与えることになる。

　個別企業の株式を買い付け，資金運用を図ることも可能であるが，上場会社のほとんどが株式相互保有等で取引先の株式を保有していることから，保有株式と同じ銘柄の株式を投資目的で売買すると，それまでの保有株式価格（簿価）と新規取得株式価格（時価）を通算して損益処理をすること（簿価通算）になり，不必要な利益計上や市場の状況によっては想定外の減損処理をする場合もある。

　金銭信託による証券信託には，会計上，簿価分離が認められている。したがって，証券信託の信託財産として投資される企業の株式の取得原価と委託者またはその他の信託財産の同一企業の株式の簿価は簿価通算されず，それらの取得原価は信託契約ごとに算出されることになる（三菱509頁）。

　この簿価分離の適用ばかりでなく，受託者による信託財産の管理機能により，有価証券の売買の決済や損益計算等の財務処理が委託者には不要となり，法人の余剰資金の株式運用として証券信託が選好されている。

　証券信託は，有価証券の運用を目的とするため，主に①特定金銭信託（特金），②単独運用指定金外信託（ファントラ），③単独運用指定金銭信託（指定単），④有価証券運用信託（セキュリティ・レンディング）の形態がある。

　それらの相違は，（1）信託の設定時に金銭が信託されるもの（①②③），有価証券が信託されるもの（④），（2）信託の終了時に金銭が交付されるもの（①③），有価

証券等現状のまま交付されるもの（②④），（３）資産運用型（②③④），資産管理型（①）となる。

　いずれの形態であっても，実績配当となり，価格変動リスクや信用リスク等により元本割れのリスクがある。また，当事者間で元本補填契約を締結することはできず（兼営６条），受託者は損失補填，利益補足等が禁じられている（業法24条１項４号）（→166頁）。

2　証券信託の種類

(1)　特金

① 概要

　特定金銭信託は，投資家が委託者兼受益者となり，有価証券の運用を目的として受託者となる信託銀行へ金銭を信託し，委託者の運用指図に基づいて受託者が有価証券の売買の発注，金銭および有価証券の決済を行い，信託財産の管理を行う資産管理型の信託となる。

　単独運用の金銭信託となるため，受益権が分割されず投信法の制限は受けない（→141頁）。信託の終了時に信託財産を処分して金銭を交付するものを特定金銭信託，有価証券等現状のまま交付するものを特定金外信託となるが，一般に双方を特金と呼ぶ。金銭による交付か現状のまま交付かは信託契約時の委託者の事情による（三菱483頁）。

　特金は，受託者が専ら信託財産の事務管理を行う資産管理型の信託となり，図57の通り，委託者が受託者に対して有価証券の運用指図を行うものを投資顧問付特金と区別して自主運用特金という。

　投資顧問等の指図者を必要としない金融機関等の運用能力がある者が，投資目的の株式運用を行う際に自主運用特金を設定する場合が多い。金融機関は取引先企業の株式を

【図57】

投資家
（委託者兼受益者）

金銭の信託
運用の指図
運用報告書
収益等の交付

信託銀行
（受託者）

金銭の決済・有価証券

売買の発注

証券会社

保有するため，特金を設定することにより簿価分離のメリットがあるからである。

② 投資顧問付特金

　投資家が投資顧問会社と投資顧問契約（投資一任契約）を締結したうえで，有価証券の運用を目的として信託銀行に金銭を信託する仕組みを投資顧問付特金という（→ Topic 2）。運用指図の行為主体が委託者ではなく，委託者から委任を受けた投資顧問会社となることが自主運用特金との相違となる。

　事業法人や非営利法人等は，有価証券運用に専門の知見があるわけではないので，投資顧問会社に受託者への運用の指図を委任することが多い。指図権者の位置づけおよび受益者に対する責任については，前述の通りである（→ Topic 2）。

③ 包括信託

　特金に類似する信託の仕組みとして包括信託がある。信託業により，特定包括信託や単独運用特定包括信託と呼ばれる場合もある。その仕組みは特金と同じで，特金が信託設定時に金銭のみが信託されるのに対し，包括信託では金銭，有価証券，自動車等の動産，不動産等の複数の資産が当初信託財産となる。

　営業信託では，一般に金銭と有価証券が信託され，委託者または委託者が委任した投資顧問会社が受託者に対して運用の指図をし，受託者は信託財産の管理のみとなる資産管理型信託である。

(2)　ファントラ・指定単

　特金とファントラおよび指定単の相違は，特金が委託者または委託者の委任を受けた投資顧問会社が受託者に有価証券の運用を指図し，受託者は信託財産の管理のみとなる資産管理型信託となるのに対し，ファントラおよび指定単は受託者が信託の目的に従い裁量権を有し有価証券の運用および管理を行う資産運用型信託である。

【図58】

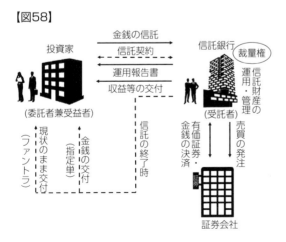

　ファントラ（単独運用指定金外信託）と指定単（単独運用指定金銭信託）の相違は，信託の終了時に，有価証券等が現状のまま交付されるか（金外信託），有価証券等が処分され金銭が交付されるか（金銭信託）である（図58）。金銭信託は認められても，法令等により有価証券の保有や直接投資が認められない公共団体等があることから，指定

単が利用されている（三菱493頁）。

(3)　有価証券運用信託

　有価証券の信託は，一般に委託者より有価証券の信託を引き受けた受託者が有価証券を信託財産として委託者の代わりに管理する資産管理型信託となるが，有価証券の貸付けを目的とした資産運用型信託が有価証券運用信託（セキュリティ・レンディング）である。

　有価証券の対象は金商法上の有価証券の定義にかかわらず財産権を表章する証券となるが（三菱518頁），セキュリティ・レンディングの対象となるのは，種類や数量があり，流通性があるものが必要となるため，主に国債となっている（三菱525頁）。

【図59】

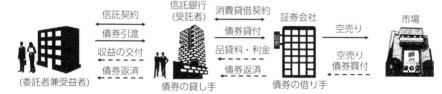

　図59の通り，国債を大量保有する機関投資家が委託者兼受益者となり，セキュリティ・レンディングを目的とした信託契約を受託者と締結し，受託者となる信託銀行は，債券の借り手となる証券会社等と消費貸借契約を締結する。

　債券の借り手は，債券保有高の調整や収益目的から市場で特定の国債を空売りし，消費貸借契約に基づき，受託者から債券を借り，取引相手に引き渡す。債券の借り手は，いずれ市場で同一の国債を買い付け，受託者に返済する必要があり，返済までの期間に品貸料，利金を支払う。

　受託者は，債券の借り手が支払う品貸料や利金は収益として信託報酬等を控除した後に委託者兼受益者に給付する。債券の借り手が借りた国債と同一の国債を市場で買い戻し，国債空売りによる利益または損失を確定させると，借りた国債は受託者へ，受託者は委託者兼受益者（の信託財産）へ返済する。

　満期保有目的で国債を保有する場合，保有国債を有効に活用し収益をあげるためにセキュリティ・レンディングが利用される。国債自体は一般にリスクが低いとされるが，債券の借り手が破綻し，貸した国債が弁済されない場合，委託者兼受益者はその損失を負担しなければならない。

　そのため，債券の借り手は受託者に担保を差し入れる必要があるが，必ずしも国債の元本相当の金銭である必要がないため，債券の借り手が破綻した場合，担保実行に

よる回収金額と国債の保有簿価との差額が元本割れリスクとなる。

第4節　年金と信託

1　概要

(1)　年金制度の目的

　国民年金制度は，健全な国民生活の維持および向上に寄与することを目的とし（国民1条），企業年金制度は，国民の高齢期における所得の確保に係る自主的な努力を支援し，公的年金の給付と合わせて国民生活の安定と福祉の向上に寄与することを目的とする（給付1条）。

　これらの目的規定を見る限り，公的年金も私的年金も老後の生活の豊かさを保証する制度ではなく最低限の社会保障であり，企業年金制度の法目的は，加入者への自主努力も促している。

　したがって，年金制度へ過度に期待することなく，これまで述べてきた通り，様々な税制優遇等の制度を活用し，若年層からの資産形成が重要となることは言うまでもない。

(2)　年金制度の仕組み

【図60】

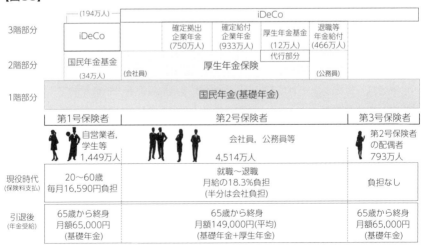

　わが国の年金制度を概観すると，図60となる[61]。国民（基礎）年金および厚生年金の公的年金制度と，企業年金やiDeCo等の私的年金制度があり，現役時代に従事する職業により，加入できる制度が異なっている。年金制度は階層別となり，現役世代のすべての国民は国民年金の被保険者となり，受給期になれば基礎年金（1階部分）の給付を受ける。

　会社員および公務員等は，これに加え，厚生年金保険に加入し，基礎年金の上乗せとして報酬比例年金（2階部分）の給付を受ける。自営業者については，私的年金制度となるが，国民年金基金に任意に加入し，受給期になれば終身または確定年金（2階部分）として受給できる。

　所属する企業によっては，企業型確定拠出年金，確定給付企業年金，厚生年金基金が用意され，受給期になれば，有期または終身給付金（3階部分）の給付を受ける。また，私的年金制度となる個人型確定拠出年金（iDeCo）に任意に加入でき，受給期になれば，有期年金（3階部分）または一時金もしくはその組合せで受給できる。

　自営業者は，かつて1階部分の基礎年金しか存在しなかったが，1991年に2階部分となる国民年金基金が創設され，さらに2017年に3階部分となるiDeCoが創設されたことにより，毎月の掛金も他職域の従業者よりも多く認められ，老後の年金制度の拡充が図られている。

2　公的年金

(1)　国民年金

①　概要

　国民年金は基礎年金とも呼ばれ，自営業者および学生等が第1号保険者，会社員および公務員等が第2号保険者，第2号保険者の配偶者が第3号保険者に分類される。各分類により保険料の負担方法が異なるが，受給期からの基礎年金の給付額は同額となる。

　2021年度末時点で，第1号保険者の保険料は月額16,590円，第2号保険者は厚生年金の保険料と合わせ月給の18.3%を負担するが会社が半分を負担する。第3号保険者は第2号保険者が負担することから保険料の負担がない。

　基礎年金の受給額は，65歳受給開始を基準として，第1号保険者および第3号保険者が月額6.5万円，第2号保険者は所得比例となり1階部分の基礎年金と2階部分の厚生年金との合算で平均月額14.9万円とされ，基礎年金相当の6.5万円が含まれている。

61　厚生労働省「年金制度基礎資料集」（2022年7月）より作成。加入者数は2021年3月末時点。

② 世代間扶助

【図61】

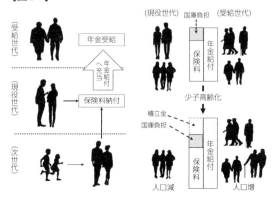

公的年金制度は，現役世代が支払った保険料を受給世代となる高齢者への基礎年金の給付に充てる仕組みをとっているため，世代間が支え合う世代間扶助の考え方を基本として運営されている。

図61の左図の通り[62]，現役世代が支払う基礎年金保険料は，将来の自分の年金のためにプールされるわけではなく，既に年金受給者となっている受給世代の基礎年金の給付の原資とされる。現役世代が将来受給世代となったときは，次世代の子どもたちが保険料を支払う現役世代となったときに納付する保険料で基礎年金を受給することになる。

この仕組みは，人口動態において受給世代と現役世代の人口が拮抗すると成り立つが，図61の右図の通り，既に年金の給付額が保険料の納付額を上回り，消費税10%のうちの6.28%（社会保障目的税）を原資とし国庫から不足額が補われている。

わが国における人口動態は，今後，少子高齢化が進むことが想定されているため，保険料を納付する現役世代の人口減および年金を受給する受給世代の人口増が予想されている。年金給付の原資となる保険料が減少し，年金給付額が増加するため，このままでは現役世代の保険料だけでは，公的年金制度を支えることができない。

この問題を解消するためには，消費税率の引上げによる国庫負担分の増加，保険料の引上げ，年金額の引下げが必要になるが，それだけでは公的年金制度を維持することは難しい。

政府は，公的年金の運用管理の制度を抜本的に改正し（→151頁），保険料を株式市場等で運用し，その運用益（積立金）で将来の年金給付の原資を確保しようとしている。

(2)　厚生年金

企業等の団体・法人に従業していると，公的年金の２階部分として厚生年金の加入者となる。厚生年金は，労働者の生活の安定と福祉の向上に寄与することを目的とし

62　年金積立金管理運用独立行政法人「2021年度　業務概況書」（2022年７月）より作成。

（厚生１条），公的年金の中でも被用者年金制度と呼ばれている。

　従前，被用者年金制度は，企業等の従業員を対象とした厚生年金，公務員を対象とした国家公務員共済組合，地方公務員等共済組合，私学の教職員を対象とした私立学校教職員共済の４つに分かれて運営されていた。

　わが国の少子高齢化の進展や企業の従業員，公務員，私学の教職員が同じ保険料を負担し，同じ年金給付を受けるという公平性の確保から，2015年10月からすべての被用者年金制度が厚生年金に一元化された。

(3)　公的年金の運用者

① 公的年金運用の改革

　従来，わが国の公的年金は，
旧大蔵省が旧日本開発銀行等
の財投機関へ融資することに
より運用されてきた。図62の
通り，加入者が納付した保険
料が旧厚生省年金特別会計に

【図62】

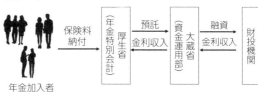

プールされ，旧厚生省は旧大蔵省資金運用部にそのまま預託した。

　旧大蔵省は，年金保険料を原資に財投機関の運営や投融資のみに充当していたが，本来ならば国債発行によりこれらの資金を調達すべきであったため，年金積立金が第二の国家予算とも批判され，大幅な改革が必要とされた。

　2001年に財投制度改革が行われ，2006年に GPIF が設立されるまでは，厚生労働大臣が年金資金運用基金に寄託し，市場運用が開始され，2006年以降はその業務は GPIF に引き継がれた。

② GPIF 設立

【図63】

　2006年に公的年金の運用機関として，厚生労働省が主務官庁となる GPIF が設立された。GPIF 自体が直接市場運用を担当するのではなく，旧大蔵省から引き継いだ財政融資資金預託を満期償還させながら，自家運用（運用受託機関への運用委託）へ切

り替えていくことを当初の業務としていた。

　加入者が拠出した保険料が市場に投資されるまでのプロセスは図63の通りとなるが，保険料が厚労省の年金特別会計にプールされることは変わらず，その後は GPIF に預託され，GPIF が選定した運用受託機関（信託銀行，金融商品取引業等）に運用委託され，運用受託機関が市場運用を行っている。

【図64】

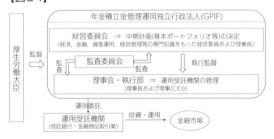

　GPIF の機関設計は，図64の通り，（1）分散投資等の基本ポートフォリオを含む中期計画を決定し理事会・執行部を監督する経営委員会と，（2）資産カテゴリーごと（海外株式や国内債券等の区分）の運用受託機関を決定しそれらを管理する理事会・執行部とに分けられ，監督と業務執行が分離されている。

　執行部のトップとなる理事長および運用担当理事（CIO）は行政庁職員やその退職者ではなく民間登用され，その報酬は日本銀行総裁と同等となる3,000万円超となり，運用会社や金融機関の経営経験者が就任する慣行となっている。より金融市場に精通した専門家が業務執行にあたることは望ましいことである。

③ 赤字国債消化から市場運用へ

　2001年以降，加入者が拠出した保険料は株式等の市場運用に配分され運用されてきたが，図65の通り[63]，過去20年間を通じ，財政融資資金預託から償還された資金が市場運用に配分され[64]，国内債券，外国債券，国内株式，外国株式の4つの資産カテゴリーへほぼ25％ずつ配分されている。

　2006年から年金積立金を管理している GPIF が財政融資資金預託から毎年20兆円程度償還される資金を加えた年金積立金を適正に資産配分するため，厚生労働大臣は運用の基本方針において「基本ポートフォリオ」を定めている。

　年金資産のような長期運用においては，短期的な市況により資産構成割合を変化させるよりも，長期的に維持すべき資産構成割合（基本ポートフォリオ）を定め，それを長期間維持していくほうが効率的でよい結果をもたらすと考えられている[65]。

　2001年に市場運用を始めた時点の年金積立金の資産額は147.1兆円で，そのほとん

63　前掲注（62）資料および厚生労働省「平成13年度　厚生年金保険及び国民年金における年金積立金運用報告書」（2002年10月）より作成。
64　財投債引受は2007年度，財投預託は2008年度で終了している。
65　年金積立金管理運用独立行政法人・前掲注（62）13頁。

【図65】

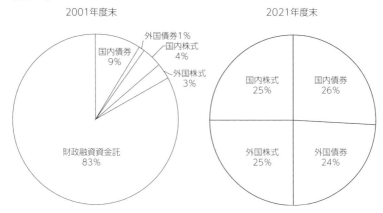

2001年度末 ／ 2021年度末

国内債券 9%
外国債券1%
国内株式 4%
外国株式 3%
財政融資資金託 83%

国内株式 25% ／ 国内債券 26%
外国株式 25% ／ 外国債券 24%

どが収益性の低い投資となる財政融資資金預託であったが（130.3兆円）[66]，2021年度末時点では，資産額が196.5兆円，2001年からの累積収益額が105.4兆円となっている。

　国民が納付した保険料が赤字国債の代替として非効率に財投機関に融資されることなく，基本ポートフォリオに従って市場において分散投資されてきたことによる効果が明確となっている。

３　企業年金

(1)　概要

　企業の従業員には，私的年金制度として３階部分として確定給付企業年金と企業型確定拠出年金が用意されている。なかでも確定給付企業年金は，企業型確定拠出年金への転換が図られているが，1,000万人近い加入者を有し，最大の規模となっている。

　確定給付企業年金には，規約型と基金型があり，加入者および受給者の保護の観点から，いずれの制度も事業主による利益相反行為を防止するため，加入者が納付した掛金を事業主が流用できないように制度設計されている。

　2001年に施行された確定拠出年金法により，それまでは給付額を基に掛金額が決定される確定給付型のみであった年金制度に掛金とその運用益の合計金額で将来の給付額が決定する確定拠出年金が創設された。

　確定拠出年金の加入者は，自分で投資商品，資金配分を決定できる反面，運用成績については自己責任となる。確定給付年金から確定拠出年金への転換が進み，図60の通り，加入者も750万人と確定給付年金の加入者に肉薄している。

⑵　確定給付企業年金
①　規約型
厚生労働大臣の承認を受けた年金規約に基づき，事業主となる企業が信託銀行また
は生命保険業等と信託契約または生命保険契約等を締結し（給付65条１項），加入者
および事業主が負担した掛金は事業主の外部である信託銀行等に支払われ，信託銀行
等が年金資産を管理・運用し，事業主の指図に従い受給者に年金を給付する。

【図66】

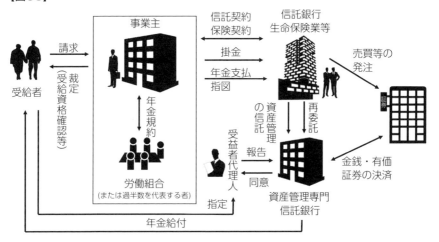

　図66の通り，現代の年金運用では，運用と管理が分離され，年金規約に従い年金資
産の運用を信託または委任された信託銀行または生命保険業等は，年金資産の管理を
資産管理専門信託銀行に再委託もしくは資産管理の信託をし，資産管理専門信託銀行
が受給者へ年金を給付することが多くなっている。
②　基金型
　加入者数300名以上を要件として（給付12条１項４号・５号，給付令６条），事業主
が従業員の同意を得て別法人となる企業年金基金を設立することができ，基金は制度
内容を定めた年金規約に基づいて年金資産を管理運用し，年金給付を行う。
　図67の通り，基金は，規約型と同様に信託銀行または生命保険業等と信託契約また
は保険契約等を締結するが（給付66条１項），一定の業務運営体制がある場合，金融
商品取引業者等と契約を締結することにより自家運用（有価証券等の売買）が可能と
なる（同条４項・５項）。
　また，投資顧問会社と投資一任契約を締結することにより，投資顧問会社が指図権
者となり，信託契約を締結する信託銀行に対して運用を指図することができる。この

【図67】

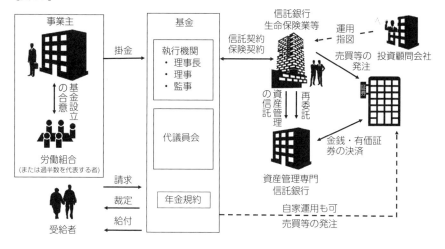

　場合，信託銀行は専ら資産管理を担い，資産運用は行わない。

　資産運用型信託のイメージが強い年金信託においても管理型化が進み，2021年度末時点の受託残高でも，資産運用型の年金信託が34.1兆円，資産管理型の年金信託が56.4兆円と，管理型の年金信託の残高が多くなっている[67]。

(3)　企業型確定拠出年金
① 概要

　企業型確定拠出年金制度の導入により，加入者が自己責任に基づいて投資商品の選択，資産配分の決定を行うことになり，また，他の私的年金制度と同様に掛金拠出時の非課税扱いや受給時の税制優遇があることから格段に普及してきている。

　従来，確定給付企業年金を採用する企業を退職し転職した場合，脱退一時金が給付されるため年金としての継続性がなかったが，確定拠出年金制度が導入されたことにより，脱退一時金を企業型または個人型確定拠出年金へ移管（ポータビリティ）することが可能となった。

　このポータビリティの機能により，確定拠出年金を採用している企業から確定給付年金または確定拠出年金を採用している企業に転職したとしても，それまでの積立金を企業型または個人型確定拠出年金へシームレスに移管できることになった。

67　信託協会・前掲注（41）3頁。

②　制度

　企業型確定拠出年金制度の概略は図68の通りとなる。年金規約の作成・承認，運営管理機関および資産管理機関の選定等，事業主が実施主体となり，掛金を拠出する。

　加入者となる従業員が自己責任において積立金の運用を指図することから，事業主は投資教育を実施する必要があるが，運営管理機関に委託することもできる。

　事業主は，運営管理業務の一部または全部を運営管理機関に委託することができ，銀行や証券会社等の金融機関が主務大臣の登録を受け運営管理機関となっている。

　運営管理業務には，投資商品の選定と加入者への提示，投資商品の情報提供等を行う運用関連業務と，記録の保存，運用指図のとりまとめ，運用指図の資産管理機関への通知等を行う記録関連業務（レコードキーピング）がある。

　資産管理機関は，積立金の管理者となるため，個々の年金資産を分別管理する必要があることから，事業主が行うことはできず，信託銀行等に委託しなければならない（拠出8条1項）。

　資産管理機関は，運営管理機関から通知された運用指図に従い，証券会社等の商品提供機関へ商品の売買の発注を行う。また，運営管理機関からの給付指示に従って，受給者に給付金を支払う。

　給付金は，加入者が60歳に達した時点で，5年以上の有期または終身の年金で受給するか，規約によっては一時金を選択できる。

【図68】

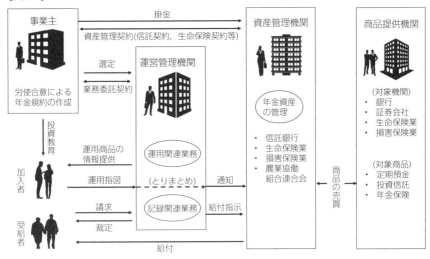

(4)　その他の制度

① 概要

　企業年金の私的年金制度となる３階部分に該当する制度は，確定給付年金および確定拠出年金以外にも，図60の通り，厚生年金基金および退職等年金給付がある。

② 厚生年金基金

　厚生年金基金は，1965年厚生年金保険法改正により，公的年金と私的な退職金制度の重複を調整する目的で導入され（三菱375頁），３階部分の厚生年金基金と合わせて２階部分の厚生年金を代行して運用する代行型と，２階部分の厚生年金に３階部分の厚生年金基金を加算する加算型の２形態が普及した。

　同基金は，制度設立後の高度経済成長期には順調に運用収益をあげていたが，バブル経済崩壊後の社会経済の環境の変化から基金財政が大きく悪化し，一部の基金では解散に至る事例も発生した。

　2001年に制定された確定給付企業年金法は，基金が代行している厚生年金部分を国に返上させ（代行返上），確定給付年金への移行を促した。その後も厚生年金基金の財政悪化が続いたことから，2014年改正厚生年金保険法により，厚生年金基金新設が停止され，改正法施行時に存在した同基金は存続が認められた。

　しかし，その後も状況の悪化傾向は変わらず，また，確定拠出年金等の導入に伴い，規模を縮小するか，解散に至り，2021年度末時点で加入者は12万人まで減少している。

③ 退職等年金給付

　2015年に被用者年金制度が厚生年金に一元化されたことに伴い（→151頁），それまで，国家公務員共済組合，地方公務員等共済組合，私立学校教職員共済の受給者に３階部分として給付されていた職域加算額を退職等年金給付（退職年金）として厚生年金に加算して給付するものである。

　受給者は退職者でかつ65歳以降，20年間の有期または終身の年金として受給することを選択できる。

4　個人年金

(1)　国民年金基金

　国民年金基金は，自営業者の私的年金制度（２階部分）として1991年に創設されたもので（→149頁），創設当初は，都道府県単位となる地域型国民年金基金と同一事業または業務に従事する自営業者が構成する職能型国民年金に分かれていたが，2019年，全国国民年金基金に統合された。

　基金は，信託銀行等と信託契約等を締結し，資産の運用を委託できるが，掛金の金額，期間に応じて給付される確定給付型の年金である。

年金給付は60歳以降の開始年齢，有期または終身の支給期間の組合せを選択できる。

(2)　個人型確定拠出年金（iDeCo）

【図69】

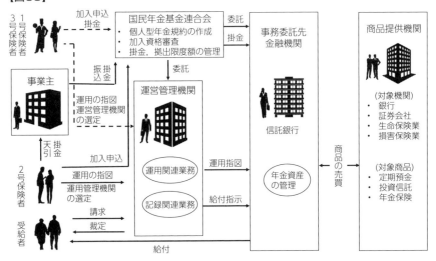

　自営業者等を対象とした個人年金制度の拡充や企業の私的年金制度における確定給付年金・確定拠出年金の制度間のポータビリティの柔軟化を目的とし，企業型確定拠出年金の仕組みが，2002年より個人型確定拠出年金（iDeCo）として導入された。

　企業型確定拠出年金では事業主が実施主体となるが，個人型確定拠出年金では，図69の通り，①国民年金基金連合会が実施主体となり，規約作成，加入資格の審査，掛金の徴収を行うこと，②資産管理機関に該当する事務委託先金融機関が信託銀行に限定されること（個人型年金規約27条1項），③加入者自身が運営管理機関を選定すること以外は，企業型確定拠出年金のプロセスと変わらない。

　制度趣旨に照らし，iDeCo の加入対象者は，自営業者（国民年金第1号保険者），会社員・公務員（同第2号保険者〔企業型年金規約で個人型年金への加入が認められている場合に限る〕），第2号保険者の配偶者（同第3号保険者），国民年金の保険料納付期間が40年に満たない国民年金任意加入被保険者と広範囲となり，各加入者区分に応じた掛金の拠出限度額が決められている。

第5節　運用者の責任

1　受託者責任とスチュワードシップ

⑴　受託者責任

① 概要

　第１部で述べた通り，受託者は受益者に対し受託者責任を負い，わが国の法解釈では，受託者責任は一般に注意義務と忠実義務を指す（→27頁）。信託業が，顧客等（委託者）との間で信託契約を締結するとき，信託業は受託者として受益者に対して受託者責任を負うことが信託法および信託業法に規定されている。

　そのほか，投資運用業および投資助言業も金商法により権利者または顧客に対して受託者責任を負う（→17頁）。これらの金融事業者は，財産の管理運用や権限の行使に裁量権を有するため，契約または取引の相手方に受託者責任を負うことが明文により規定されている。

　もっとも，証券運用や年金運用において，信託業や投資運用業等のみが顧客等に対して法令上の受託者責任を負うわけではない。資金供給者となるアセットオーナーから資金需要者となる企業等へ資金が供給されるプロセスに参加する各主体にそれぞれ注意義務や忠実義務を課す法令が存在する。

② インベストメント・チェーンの参加者

　資金供給者となるアセットオーナーから資金需要者となる企業等へ効率的に資金が配分されるプロセスは，一般に「インベストメント・チェーン」と呼ばれる。これは，2012年に英国政府が株式市場の活性化のために著名エコノミストであるジョン・ケイ氏に諮問した際の最終報告書（ケイ・レビュー[68]）で用いられたことにより，内外で広く知られるようになった。

　アセットオーナーは，アセットマネージャー（機関投資家）[69]に運用委託する年金基金やGPIF等ばかりでなく，それらの資金を拠出し実質的受益者となる年金の加入者・受益者や投資信託の購入者，特定金銭信託等の委託者等を指す。アセットオーナーは，運用資産の大部分が長期運用目的の顧客資産となる者とされている[70]。

---

[68]　Department for Business, Innovation & Skills, 'The Kay Review of UK Equity Markets and Long-term Decision Making', July 2012.

[69]　一般に英語圏ではアセットマネージャーを投資運用者（Investment Manager）とし，アセットオーナーと区別している。

[70]　責任投資原則「PRI署名機関の署名に関するガイドライン」の区分より。

【図70】

　図70のインベストメント・チェーンの参加者のうち，議決権行使助言業のみ法令に
よる受託者責任の規律どころか業法もないが（上村109頁），そのほかは金融事業者と
しての受託者責任が課されている。投資運用業および投資助言業には，金商法により
善管注意義務と忠実義務が課されている。

　金融商品販売や商品開発を営業するのは銀行，証券会社等の金融商品取引業等とな
るため，金商法上の誠実義務（金商36条１項）を負い，また，金融商品の販売等に関
する契約，業務委託等において，顧客と金融商品取引業等との関係は代理（委任によ
る代理，四宮＝能見350頁），委任または準委任となるため，金融商品取引業者等は
顧客に対して善管注意義務を負う（民644条，656条）。

　たとえば，顧客が株式等の売買の発注を証券会社にする場合は，金融商品取引業者
への売買委託となり，委任の関係に基づく。また，保険業においても，相互会社の形
態をとるとき，商法の問屋営業にかかる権利義務が準用され（保険21条２項），保険
業と契約者の間には委任または代理の関係が存在することになる（商552条２項）。

　特別法に委任や代理の規定を置かなくても，一般法である民法を準用または適用す
ることにより，インベストメント・チェーンの参加者はそれぞれ善管注意義務や忠実
義務を顧客等に対し負い，よって各業法に受託者責任を規定する必要はない[71]。

　なお，民法には忠実義務の一般規定がないため，インベストメント・チェーンの各
参加者が当然に顧客等に対して忠実義務を負うかについては議論がある。善管注意義
務と忠実義務の同質説をとるならば，あえて忠実義務を置かず，善管注意義務の規定
のみで足りる。しかし，信託法と金商法等の特別法が善管注意義務と忠実義務をそれ
ぞれ別に規定するのはそれらが別個の受託者の義務となる異質説をとっていると見え
なくもない（同質説と異質説→27頁）。

　平成30年（2018年）債権法改正においても，受任者の義務として忠実義務の一般規
定を新設することが法制審議会民法（債権関係）部会で議論されたが，実務界の反対

71　坂東・前掲注（35）91頁。

により見送られた[72]。民法の受任者義務の法解釈から離れ，実務界では善管注意義務と忠実義務は別個の義務と考えられている証左であろう。

③ 企業年金制度の重畳的受託者責任

前述の通り，インベストメント・チェーンの参加者は，それぞれの契約や取引の態様から顧客等に対して受託者責任を負うと解釈できるが，年金運用においては，アセットオーナーおよびその受託者には，重畳的な受託者責任が課されている。

確定給付年金および確定拠出年金の事業主には加入者に対する忠実義務が課され（給付69条１項，拠出43条１項），確定給付年金基金の理事も基金に対して忠実義務が課されている（給付70条１項）。事業主や理事は，加入者ではなく，事業主の利益を優先してはならない[73]。

さらに，確定給付年金制度では，資産管理機関および基金の自家運用の取引の相手方に忠実義務を課し（給付71条，72条），確定拠出年金制度でも，資産管理機関および運営管理機関に忠実義務を課している（拠出44条，99条）。いずれも既に民法または業法により，受託者責任が課されているが，民事責任および行政処分の対象として，より明確にする目的がある。

企業年金関連法の立法趣旨は，加入者の年金原資が会社都合に流用され，損失を被らないよう忠実義務を規定し，年金資産を独立させることにある。

④ プルーデント・インベスター・ルール

公的年金を運用管理するGPIFおよびその運用受託機関には，私的な企業年金制度と同様に重畳的な受託者責任が課されている。まず，注意義務については，GPIFの役職員に一般的な善管注意義務（年金積立11条１項）と役員に運用者として求められる専門的な注意義務（同条２項）が課されている。

運用者に求められる専門的な注意として，「専門的な知見に基づき慎重な判断を行うものが同様の状況の下で払う注意に相当する注意」と規定し，これは一般に「プルーデント・インベスター・ルール」呼ばれるものである。

プルーデント・インベスター・ルールは，英国の判例法理により確立した「通常の合理的な職業人（an ordinary prudent man of business）」が自己の事務の管理において払うのと同じ客観的な注意および能力を払うことが求められるとの原則「プルーデント・マン・ルール」で[74]，これを投資運用者固有の注意義務に置き換えたもので

72　坂東・前掲注（35）92頁。
73　たとえば，コーポレートガバナンス・コード原則２-６は上場会社が企業年金の人事や運営に積極的に関与することを規定するが，利益相反防止の方針や体制等の明確な開示が求められず，基金の事業主からの独立性をおびやかし，企業年金法制の立法趣旨から逸脱している。
74　*Spight v Gaunt*（1883）９App Cas 1,（1883—84）LR ９App Cas 1,[1883]UKHL 1.

ある[75]。

　GPIF の役職員に対する忠実義務の一般規定は置かれていないが，忠実義務を具体化する規定として自己または第三者の利益を図る目的をもった利益相反行為が禁止されているため（年金積立12条），実質的に忠実義務が課されていると解釈できる。

　GPIF が委託する運用受託機関は，信託業，金融商品取引業，保険業となり，民法および業法により受託者責任がそれぞれ課されているが，運用委託契約により重畳的にプルーデント・インベスター・ルールと忠実義務を課すことが求められている（年金積立22条）。

(2)　スチュワードシップ

① 概要

　インベストメント・チェーンの参加者には既に法令上の受託者責任が課されていることはここまで述べた通りだが，行政庁は，2014年，英国のスチュワードシップ・コードをモデルとし，「責任ある機関投資家」の諸原則＜日本版スチュワードシップ・コード＞を導入した。

　ここでは，まず英国法の体系を明確にすべきであろう。一般論として，英国はコモンローつまり，判例法理の法体系であり，制定法が規律する領域は少なく，自主規制が判例法理を補完してきた。

　たとえば，受託者に注意義務を求める制定法は2000年受託者法まで存在せず，投資運用者の注意義務に関しては，不法行為法によるコモンロー上のプルーデント・マン・ルールの原則が同法の附則 1 に移植され，規定されるにとどまる[76]。

　英国法では受託者責任は注意義務を含まず，前述の通り，忠実義務を態様する No Profit Rule と No Conflict Rule を指すが（→28頁），コモンローでは解決できず，エクイティで救済されてきた歴史があり（→ 4 頁），これらの原則を規定する制定法は現在も存在しない。

　前述のケイ・レビュー（→159頁）は，投資運用者を含めたインベストメント・チェーンの参加者に受託者責任を課す立法を答申したことから，これらの立法を所管するビジネス・イノベーション・技能省（BIS）と労働年金省（DWP）は受託者責

75　坂東洋行「投資運用業等の受託者責任とスチュワードシップ」名古屋学院大学論集社会科学篇56巻 2 号（2019年） 4 頁。英国のプルーデント・マン・ルールに関する判例法理の先行研究として，橋谷聡一『受託者の善管注意義務・忠実義務の再構成』（日本評論社・2016年）136頁，米国のプルーデント・インベスター・ルールとスチュワードシップの詳細な分析として，神作裕之「資産運用業者のフィデューシャリー・デューティーとスチュワードシップ責任」神作編（岩波書店・2019年）264頁。

76　ポール・マシューズ「英国2000年受託者法」信託210号（2002年）71頁 ［新井誠訳］。

任の立法化を検討したが，スチュワードシップ・コードがプリンシプルとして十分機
能しているとの判断で見送った[77]。

　つまり，英国では，注意義務は2000年受託者法および判例法理（コモンロー）で規
律され，忠実義務は判例法理（エクイティ）のみで制定法が存在せず，プリンシプル
（自主規制）となるスチュワードシップ・コードが補完しているため，受託者責任を
規律する法体系に制定法とスチュワードシップ・コードの重複が存在していない。

　しかし，わが国では，投資運用者に受託者責任の法理が制定法として既に確立して
いるうえに，調整なくスチュワードシップ・コードを英国から移植したため，スチュ
ワードシップ・コードの原則は議決権行使助言業に関する原則（指針 8 - 1 ないし
8 - 3 ）以外は，業務管理体制や利益相反管理体制等の構築義務等を規定する金商法
およびその委任を受けた政令・府令の規定と重なるため[78]，プリンシプルが本来有す
る制定法を補完する位置づけにない。

② スチュワードシップの意義

　「スチュワードシップ」とは，英国においては，機関投資家等の投資運用者のみを
規律するプリンシプルとは位置づけていない。たとえば，英国のコーポレートガバナ
ンス・コードの嚆矢となったキャドベリー報告書では，取締役（会）は株主に対して
スチュワードシップを負うと説明している[79]。

　2006年英国会社法は，取締役は会社に対して受託者責任を含めた一般的な義務を負
うと規定しているため（同法170条），取締役は株主に対して受託者責任を負わないこ
とが明確であり，取締役は株主のスチュワード（steward）として株主に対して経営
方針や財務報告等を行うスチュワードシップを負うことになる。

　同様にスチュワードは，自然環境や歴史的建造物を保護する団体となるナショナ
ル・トラストの管理者の名称等にも使われている。つまり，今日，わが国の行政庁が
受託者責任を定義する際に使う，「他者の信認に応えるべく一定の任務を負うべき幅
広い様々な役割・責任の総称」という説明がスチュワードシップの概念に近いと考え
られる。

③ エンゲージメント

　わが国のスチュワードシップは，機関投資家に対して，「投資先企業やその事業環
境等に関する深い理解のほか運用戦略に応じたサステナビリティ（ESG 要素を含む
中長期的な持続可能性）の考慮に基づく建設的な「目的を持った対話」（エンゲージ

77　坂東洋行「市場規制としてのプリンシプルとその実効性確保」早稲田法学95巻 3 号（2020年）616
　　頁。
78　坂東・前掲注（75）21頁。
79　坂東・前掲注（75） 7 頁。

メント）などを通じて，当該企業の企業価値の向上やその持続的成長を促すことにより，顧客・受益者の中長期的な投資リターンの拡大を図るべきである」とする（指針1-1）。

　機関投資家による投資先企業とのエンゲージメントをスチュワードシップの中心に置き，エンゲージメントを「目的を持った対話」と定義し（指針1-1），他の機関投資家と協働して対話を行うことを協働エンゲージメントと呼んでいるが（指針4-5），それらはエンゲージメントが本来有する意味とは異なるようである。

　英国の2020年改訂スチュワードシップ・コードにはエンゲージメントそのものの定義は規定されていない。英国では，一般にエンゲージメントは，「（株主が）投資先企業の長期的な価値創造の利益に資するガバナンス改善のために，活発に企業をモニターし，取締役会との対話に取り組み，議決権行使や他株主との協働といった株主の権利を用いること」と説明されている[80]。

　つまり，エンゲージメントとは，「対話」で終わるものではなく，協働エンゲージメントを含め，投資先企業のガバナンスを監視し，さらにそれを向上させるために株主が議決権行使を通じて影響力を行使することを指し，機関投資家がスチュワードシップ（経済，環境，社会への企業活動の監視責任）をはたすための根幹となるツールである。

　わが国のスチュワードシップ・コードのエンゲージメントとは異なるものとなり，わが国では，エンゲージメントの本来はたすべき役割が形骸化されている。

④ スチュワードシップと ESG

　英国の2020年改訂スチュワードシップ・コードは，機関投資家のスチュワードシップの定義を，「スチュワードシップとは，経済，環境，社会に持続可能な利益をもたらす顧客と受益者のための長期的価値を創造する責任ある資産の分散投資，運用，監督である」と抜本的に変更した[81]。

　英国においては，2006年会社法が取締役の会社に対する一般的な義務を初めて法定し，その中で会社の成功を促進すべき義務の1つとして，株主全体の利益と従業員，供給業者，顧客，地域および環境の利益との均衡を図るべき義務を取締役に課している（同法172条）。

　そのうえで，機関投資家に投資先企業の経済，環境，社会（一般に ESG と呼ばれる）への資金配分を監督することを求めたものがスチュワードシップ・コードとなる。これは，2015年の国連サミットで持続可能な開発目標（SDGs）が全会一致で採択さ

80　Hannigan, Brenda, *Company Law*, 6th Edition, Oxford University Press, 2021, p.118.
81　わが国のスチュワードシップ・コードも2020年改訂スチュワードシップ・コードにより国連の SDGs 採択を理由とし，ESG 要素に考慮した投資を機関投資家に求めている（指針1-1）。

れた影響が大きい。

　ESG とは，環境（Environment），社会（Society），ガバナンス（Governance）を指すが，環境は温室効果ガス削減等の環境問題への対応，ガバナンスは社外取締役等の取締役会構成員の多様化等わかりやすいが，社会は必ずしも明確ではない。

　スチュワードシップが想定する社会とは，サプライ・チェーンを指し，商品・サービスが企画・製造から消費者へ提供されるプロセスの中で，企業に関係する従業員，取引先，地域社会，消費者等の株主以外のステークホルダー全般を包含している（上村207頁）[82]。したがって，機関投資家は，単に受益者・顧客の利益だけではなく，経済，環境および社会への持続可能な利益配分に責任がある。

　ESG や SDGs は，実務を中心として目先の営利性への関心が高いため，企業収益や株主利益最大化との対比で捉えられることが多いが[83]，機関投資家が投資収益を追求する受託者責任を負うのと同程度に，ESG に配慮した投資行動を行うスチュワードシップをはたすことも重要となる。

　機関投資家の実質的受益者は地球温暖化の環境問題等に直接利害がある市民であり，ESG に関連して機関投資家が行う投資先企業へのエンゲージメントによる結果が，運用収益以上の利益を受益者にもたらすからである。

Topic 8　顧客本位の業務運営と受託者責任

　わが国の行政庁は金融規制のアプローチとして，すべての金融事業者が顧客に対して受託者責任を負うと定義づけている。受託者責任を顧客本位の業務運営と言い換え，その定義を「他者の信認に応えるべく一定の任務を負うべき幅広い様々な役割・責任の総称」とあいまいな表現にしている。

　図71は，株主・取締役，依頼人・弁護士，患者・医師，顧客・証券外務員，学生・教師の関係を並べたものとなる。いずれも当事者間には，委任事務や委託事務についての契約が存在するため，取締役，弁護士，医師，証券外務員，教員は受任者として相手方に対して義務を負う。

　しかし，一律に受託者責任が認められるわけではない。委任の目的や内容，当事者間の信頼，受任者の裁量権の有無等（信認関係），個別に判断すべきであり，たとえば，依頼人と弁護士の関係に信認関係が存在しても，他の依頼人と弁護士

---

[82]　わが国の会社法は，取締役に株主以外のステークホルダーの利益への配慮義務は規定されていないが，上場会社を対象としたコーポレートガバナンス・コードは，ESG を含めたサステナビリティを重要な経営課題とし，株主以外のステークホルダーとの適切な協働を求めている（基本原則２）。

[83]　久保田安彦「ESG 投資と企業行動」ジュリスト1566号（2022年１月号）75頁，松井智予「コーポレート・ガバナンスと SDGs」ジュリスト1566号（2022年）69頁ほか。

【図71】

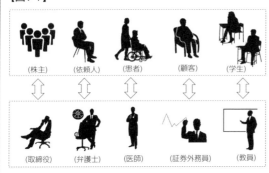

(株主)　(依頼人)　(患者)　(顧客)　(学生)

(取締役)　(弁護士)　(医師)　(証券外務員)　(教員)

の関係にも一律に信認関係が成立するわけではない。

　金融事業者も，たとえば同じ金融商品取引業であっても，投資信託の買付委託と投資一任契約が同程度に受託者責任が求められることはなく，法令の規定もその取引・契約の内容によって規律づけが異なるのは当然である。

　行政庁は，スチュワードシップや顧客本位の業務運営の解釈は金融事業者に委ねるとするが，金融事業者がそれらを採択しプリンシプルに違反した場合，つまり法令違反ではない行政庁との私的約束に違背した場合，どうエンフォースメントすべきか明確ではない。この点，現行法令とプリンシプルの調整，プリンシプルの法的位置づけについて行政庁には説明責任がある。

2　損失補塡の禁止

(1)　営業特金

　受託者の任務懈怠により信託財産に損失が生じた場合，受託者は損失を填補する責任を負うが（→36頁），運用が特定されていない金銭信託以外の元本補填契約は法令上禁じられ（兼営6条），受託者は損失の填補，利益補足等が禁じられている（業法24条1項4号）。

　バブル経済が最盛期となった1980年代後半，証券業が大口顧客を対象とした営業特金により，顧客資産の運用を行っていた。営業特金とは，株式投資を行う特定金銭信託の形態をとるが，委託者（顧客）からの運用指図がなく，証券業に運用が一任（一任勘定取引）されていた（黒沼526頁）。

　証券業はこの営業特金を受け入れる際，顧客に対し，「運用期日まで○％で運用し返還する」旨の利回り保証（にぎり）を行うことが慣行となっていたが，バブル経済により株価が上昇する局面では顕在化せず，1990年にバブル経済の崩壊が始まると，顧客資産に損失が発生することになった。

⑵　損失補填

　証券業は, 顧客対応のため, 顧客資産に生じた損失を自己資産により補填する行為（損失補填）が横行するようになったが, 当時は顧客に対して有価証券等の取引について生じた損失の全部または一部を負担することを約して投資勧誘する行為（損失保証）は証券取引法でも禁止されていたが（平成3年（1991年）改正前証券取引法50条1項3号）, 事後の損失補填を禁止する規定が存在しなかったことから, 違法性が認識されていなかった。

　損失保証の類型や独禁法19条（不当廉売）違反等の解釈により当時であっても損失補填を違法取引とすることも可能であったと考えられるが[84], 裁判所は当時の法令に照らし形式的な解釈論を採用し, 損失補填を取締役の法令違反行為として認めなかった（最二判平成12年7月7日民集54巻6号1767頁）。

　行政庁は損失補填の違法性を認め, 1989年12月26日の旧大蔵省証券局長通達により損失補填を厳に慎むことを証券業に求め, 遅れること1991年改正証券取引法により損失補填が禁止され違反者には刑事罰が科され, 営業特金（一任勘定取引）も禁止された。

　一般に, 損失補填が禁止される理由は, ①市場の価格形成機能の維持, ②投資者の市場に対する信頼の維持, ③証券業の健全性確保があげられる（黒沼528頁）。損失補填が前提のリスクフリーの資金が金融市場に流入すると, 市場の価格形成機能が損なわれることになる。

　まず, 証券業の健全性については, 証券業が無尽蔵に顧客資産の損失を補填できることはなく, 1997年11月の山一證券の自主廃業からも明らかである。しかし, 市場への信頼については, バブル経済崩壊以降, 確かに証券市場が長期間の低迷期にあったが, 損失補填による市場への信頼喪失が原因なのか, 経済停滞による投資意欲減退が原因なのかは分別することはできない。

　いずれにしても, 現代の金融市場では, 受託者や投資運用業等の任務懈怠による損失は填補され, 運用が特定されない金銭信託には元本補填契約があるが, それ以外の金融商品の投資損失を填補することは違法であり, 市場の価格形成機能を歪める重大な罪である。

84　上村達男「損失保証・損失補填の法律問題」商事1257号（1991年）9頁。

第4章◆資産流動化と信託

第1節　資産流動化の機能

1　概要

　資産の流動化は，利用者（委託者）のニーズを反映し，様々な目的に利用されている。金銭債権，動産，不動産等を当初信託財産として信託銀行等（運用型信託会社，管理型信託会社含む）に移転し，信託財産を受益権に転換させることで，証券化が可能となり，不特定多数の投資家に購入され市場に流通する。

　たとえば，信用格付業者等に有利子債務の縮減を指摘された企業の場合，本社ビル等の商業用不動産を受益権に転換し受益証券を投資家に売却することで，債務の圧縮が可能となる。受益権譲渡後も，テナントとして本社ビル等を利用し続けることもでき，それが一般的となっている。

　また，売掛金や受取手形等の現金化しにくい短期の金銭債権を信託銀行等に信託し，受益権に転換することで投資家に売却でき，資金調達の用途として信託の仕組みを利用することができる。

　航空機等の動産についても，動産をオペレーティング・リース契約により事業者が取得し，リース債権を受益権に転換し受益証券等（委託者が受益証券を発行する場合や特定目的会社が社債等を発行するなど）を投資家に販売したりするなどしてリース業は資金調達が可能となる。

　このように，資産流動化は，信託の受益権への転換機能を活用することにより，金銭債権の流動化や不動産の証券化が可能となり，企業の債務圧縮や資金調達の用途として用いられている。

2　投資対象としての受益権

　原資産の保有者のニーズは，前述の通りだが，機関投資家等の投資運用者からみると，巨額の投資資金が必要となる商業用不動産や航空機等の動産が受益権に転換され，小口化されることは投資対象の拡大となり，望ましいことである。

　たとえば，年金信託の運用で商業用不動産に投資する場合，受益証券等の形態でな

ければ，ビル1棟買いが必要になり，数十億円の投資資金が必要になる。しかも，ビル1棟買いのリスクは，地域が限定されることで高くなり，かつ1棟のテナント収入のみに収益が制約される。

　また，ビル1棟買いは，購入したビルの所有権が移転されることになり，ビルの補修管理，テナントの募集，テナント料の徴収等のわずらわしいメンテナンスが必要となる。不動産会社やビル管理会社にそれらの事務を委託してもよいが，それらの委託先会社の管理は免れず，投資のみに集中することができない。

　商業用不動産やリース債権，住宅ローン債権等が受益権に転換されることで，投資運用者は受益証券等を購入し，わずらわしい物件の管理が不要となり，その利払いを受け取るインカム・ゲインのみを享受でき，受益証券等を処分することで投資資金の回収も可能となる。

　さらに，商業用不動産や住宅ローン債権であれば，地域分散が可能となり，また小口化された受益証券等となるため，株式や債券のように資産カテゴリーごとの分散も可能となる。つまり，機関投資家は，現物投資ではなく受益証券等へ投資することにより投資対象が拡大し，分散投資が可能となる。

　このように，資産流動化による受益権等の証券化は，原資産の保有者の債務圧縮や資金調達の需要を満たすばかりではなく，機関投資家等の投資運用者にとっても，投資対象の拡大やリスク分散をもたらすことになり，資産流動化における信託の転換機能は原資産に流通性を与える重要な役割となる。

3　転換機能・倒産隔離機能

　金銭債権や不動産等の原資産が受益権に転換され，受益証券等として流通するためには，信託の仕組みの転換機能と倒産隔離機能が重要な役割をはたす。

　実際の流動化スキームは様々な形態となるが，図72はその仕組みを単純化したものとなる。リース債権や金銭債権，不動産や動産等の原資産

【図72】

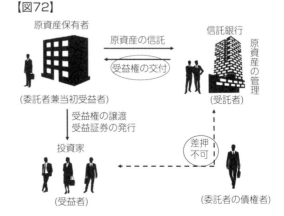

原資産保有者　　原資産の信託　　信託銀行

（受益権の交付）

（委託者兼当初受益者）　　（受託者）

原資産の管理

受益権の譲渡
受益証券の発行

投資家

差押
不可

（受益者）　　（委託者の債権者）

を保有する委託者が，信託銀行等へ原資産を信託し，信託銀行等は受託者として委託者に受益権を交付する。これが信託の転換機能となる。

　原資産が受益権に転換されると，委託者は当初受益者となり，受益権をそのまま投資家に譲渡するか，受益証券発行信託（→57頁）により受益証券を発行し投資家に販売することができる。

　原資産保有者から信託された原資産は受託者が信託財産として管理するため，委託者の固有財産から分離され，委託者の債権者は，委託者の他の債務等の弁済のために信託財産はもちろんのこと，投資家に譲渡された受益権および受益証券を差押等することができない。これを信託の倒産隔離機能という。

　弁済期日や条件が異なる金銭債権や所有権移転手続や保有後の管理が煩雑な不動産等が受益権に転換されることで，第三者への譲渡が容易になり，また受益証券を発行することで不特定多数の投資家に販売することが可能となり，資金調達も容易となる。

　さらに，受益権を譲り受けた投資家や受益証券を購入した投資家に委託者の債権者が委託者の債務の弁済のために差押等が可能であれば，投資家は不安定な状況に置かれるが，信託の倒産隔離機能により，委託者の債権者は投資家に差押等することができず，受益権および受益証券の流通性が保証されることになる。

4　資産流動化の仕組み

　資産流動化は，金融機関が自己資本比率改善の手段として貸付債権や住宅ローン債権等の金銭債権を信託し，信託受益権を投資家に譲渡することにより資金調達したことを契機として普及したと言われる（三菱600頁）。

　これらの債権流動化を後押しする法制度として，1993年特定債権等に係る事業の規制に関する法律，1998年特定目的会社による特定資産の流動化に関する法律（2000年に「資産の流動化に関する法律」に改称し，資産流動化法と一般的に呼ばれる）が制定され，特定目的会社または特定目的信託等のSPCを活用する現代の仕組みができあがった。

　このほか，不動産の証券化には，合同会社をSPCとし，商法上の匿名組合を組み込んだGK-TKスキーム（→178頁），J-REIT（→179頁）等があり，信託銀行等は受益権を交付するか（資産流動型信託），資産管理を受託する（資産管理型信託）等の役割を担う。

5　資産流動化法による資産の流動化

⑴　概要

　2000年に改称された資産流動化法は，SPCとして特定目的会社（TMK）と特定目的信託（SPT）の２類型を規定し，原資産保有者による資産流動化の促進を目的としている。いずれの場合も，原資産を証券または受益権に転換することで，原資産保有

者が TMK または SPT を介して受益証券等を投資家に譲渡することが可能となり，債務の圧縮や資金調達の用途に利用されている。

⑵　特定目的会社

特定目的会社（TMK）は，資産を取得・保有し，その資産に裏づけられた証券を発行して資金を集めることを目的として設立する法人である。

図73の通り，リース債権，住宅ローン債権，不動産等の原資産の保有者は，それらの原資産を特定資産として TMK に譲渡し，TMK は特定資産を裏づけとした優先証券や特定社債等の証券を投資家に交付し，その投資資金で原資産の投融資金を回収する。

【図73】

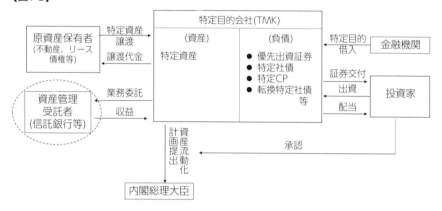

TMK はあくまで証券を発行するためのビークル（器）となるため実態がないペーパーカンパニーとなり，特定資産となる原資産の管理処分を信託銀行等（投資運用業等を含む）に信託しなければならない（資産200条１項）。

信託銀行等は，特定資産の保守管理等の管理を行い，また，特定資産から発生するリース料やテナント料を受領し，TMK を通じて投資家に配当を給付する等の業務を行う。

なお，現物資産を TMK に譲渡せず，信託銀行等に信託し受益権に転換したうえで，原資産保有者が TMK に受益権を譲渡する受益権型 TMK も存在する。この場合，TMK は特定資産として受益権を保有することになる（金銭の受益権を除く）。

このように，TMK が特定資産を現物で保有する場合も，受益権で保有する場合も信託銀行等の受託者としての機能（受益権の転換，資産の管理）が活用されている。

(3)　特定目的信託

【図74】

特定目的信託は，信託契約による SPC の設立となり，受託者が信託銀行等に限定される（資産223条）。図74の通り，委託者となる原資産保有者が特定資産を信託銀行等に信託し，受益権に転換させる。委託者は，受益権を投資家に直接譲渡し，原資産への投融資資金を回収する。

特定目的会社制度の信託版となるが，資産信託流動化計画の作成（資産226条）や様々な添付資料の提出が求められ（同225条），また，受益権への源泉徴収税等があり，あまり実務では利用されていない（三菱601頁）。

(4)　流動化の対象

流動化の対象となる原資産の対象は，当初信託財産（→66頁）の対象と同様に信託法上も，信託業法上も制限はない。ただし，資金調達等の原資産保有者（委託者）とそれを投資対象とする投資運用者（受益者）の投資ニーズが合致する必要がある。

市場に流通している受益証券等の原資産として，①航空機等の高額な動産を絡めたリース債権，②売掛債権，受取手形および電子記録債権等の短期の金銭債権，③住宅ローン債権，④貸付債権，⑤不動産の証券化が一般的であり，原資産保有者，投資運用者ともに利用されやすい仕組みが絶えず工夫されている。

第2節　資産流動化の種類

1　リース債権

(1)　概要

船舶，鉄道車両，航空機等の動産は，その取得時に多額の費用を必要とする。信託の仕組みが独自に発展した米国では，国内の鉄道網の建築のため，設備信託（または

動産設備信託とも言う）が活用された。

　管理処分型信託の形態で，車両を生産する製造者（委託者兼受益者）が製造した車両を信託銀行に信託し，信託銀行は製造者に受益権を交付する。信託銀行は，車両のユーザーとなる鉄道業者から車両の賃貸料を受け取り，製造者に給付する。鉄道事業者はあらかじめ設定された賃貸期間終了後に車両を残存価額で買い取り，所有権を取得できる（新井501頁）。

　製造者は，信託銀行が交付した受益権を年金基金等の投資者に売却することで，車両代金を回収でき，新たな車両の製造や設備投資に再投資することができる。

　わが国においても，設備信託は製造者と鉄道事業者等の間で製作物供給契約等を締結し，信託銀行との信託契約を三者間で締結する等の仕組みが存在したが（四宮18頁），受益権が第三者となる投資運用者に処分されることがなく，普及しなかった（四宮32頁）。

　これらの仕組みはリース契約で十分代替できるもので，信託銀行より製造物のノウハウがあるリース会社がリース契約に基づいて製造物をユーザーに提供する形態がより選好されていた。

⑵　リース契約

　リース契約は，ファイナンス・リースと非典型リースに分類され，一般的にリース契約と呼ばれるものはファイナンス・リース契約である（江頭商219頁）。

　ファイナンス・リースでは，図75の通り，特定の設備を取得しようとする事業者（ユーザー）に対し，リース業者

【図75】

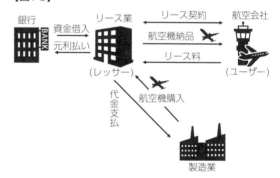

（レッサー）が自己の名で設備の製造業者から当該設備を購入し，それをユーザーにリース（賃貸）して使用させ，ユーザーがリース期間に支払うリース料（賃貸料）をもってレッサーが購入代金，金利，諸費用を回収する仕組みとなる。

　事業者が借入金等により設備を購入する場合と異なり，設備の法定耐用年数ではなく，社会通念上許容されるリース期間に応じたリース料を損金算入できる課税上のメリットや中小企業においては，設備が300万円以下であれば資産計上する必要なく，リース料を費用計上できる会計上のメリットがあるため，リース契約は利用されやす

く，わが国では，輸送機械や産業機械等，5兆円ほどのリース取扱高がある（公益社団法人リース事業協会調べ）。

　実際のリース契約では，ファイナンス・リース契約を基本とし，リース期間中にユーザーが契約を解除できる特約があるオペレーティング・リース契約や高額な動産を対象としたリース期間を法定耐用年数より長期に設定するレバレッジド・リース契約等の非典型リース契約の組合せとなる（江頭商220頁）。

　図75では，航空機を設備例としているが，最新の航空機は1機あたり500億円もの資金が必要になり，航空会社が借入金により数十機を購入したり，リース会社が同様に銀行から多額の資金を借り入れたりすることは，航空会社またはリース会社のバランスシートが無制限に拡大することになり，借入等の基準となる信用格付が悪化し現実的ではない。

　このため，リース債権が受益権に転換され，処分されることでリース会社が設備購入資金を回収でき，債務の圧縮や他リース契約の再投資への配分等が可能となる。

(3)　リース債権の流動化

【図76】

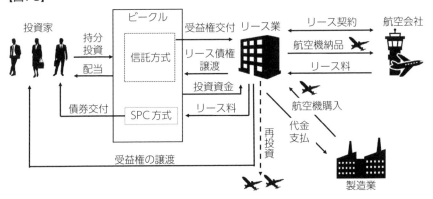

　リース債権の流動化には，信託方式とSPC方式がある。いずれもリース債権を信託銀行等に信託するか，特定目的会社に譲渡し，リース業が資金調達を行うことが目的となる。ビークルは海外で設立される場合も多い。

　仕組みとしては米国の設備信託と同様で，図76の通り，投資家に受益権を譲渡するか，または債券を交付することでリース債権の目的物となる設備（動産）の買付代金を回収し，設備を買い付ける際の銀行のつなぎ融資を弁済するか，次のリース契約案件へ再投資が可能となる。

わが国では，設備のユーザーが設備を買い付けるための信託（設備信託または動産信託）は普及しなかったが，リース債権の流動化により，動産取得のための信託と同等の効果となっている。

2　短期金銭債権

(1)　概要

政府は，2022年2月，2026年を目処に約束手形を廃止することを金融業界に要請した[85]。約束手形は現金化までに時間がかかり，中小企業の資金繰りを圧迫する要因となっている。また，売掛金についても同様である。

2007年，電子記録債権法が制定され（2008年12月施行），従来の手形法と同様の善意取得者の保護や人的抗弁の切断

【図77】

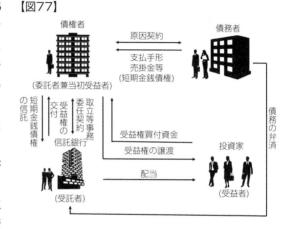

等が維持され，受取手形や売掛債権の譲渡は，全国銀行協会が100％出資する電子債権記録機関による「でんさいネット」により容易となっているが，これらの電子記録債権を含めた短期金銭債権を流動化することにより，企業の資金調達負担を軽減することができる。

図77の通り，債権者が短期金銭債権を信託銀行に信託し，信託銀行が受益権に転換することにより，債権者は受益権を投資家に譲渡でき，債権を回収することができる。

(2)　短期金銭債権の種類

売買契約等の原因契約における支払手段となる支払手形，買掛金，さらにこれらを金銭債権とする電子記録債権が短期金銭債権となる。これらの短期金銭債権を種類ごと，またはそれらをプーリングして一括して信託することも可能となる。

これらの金銭債権は，債権の回収リスク（サービサーリスク）とオフバランスの取扱いに差がある。手形債権および電子記録債権は，委託者以外が債権を取り立てる仕組みとなり，また，会計上のオフバランスの処理についても，手形債権および電子記

85　「紙の約束手形，政府が金融業界に扱い廃止要請」日本経済新聞朝刊2022年2月21日3面。

録債権につては，その譲渡に法令上第三者への対抗要件があるため，オフバランスが可能となる（三菱620-621頁）。

　売掛債権については，債権回収は受託者が委託者に委任することが一般的であるため，委託者が回収リスクを負い，また，債権の譲渡に際し，譲渡人から債務者への確定日付ある通知，債務者の確定日付ある承諾が必要となり，手続が手形債権や電子記録債権と比べやや煩雑となる。

　これらの短期金銭債権の流動化の類似事例としては，サービサー（債権回収）に特化した支払一括信託，レセプト債権（→20頁）や医療報酬，クレジットカード債権等の証券化がある。

3　住宅ローン債権

(1)　概要

　2009年の米国発の金融危機の一番の要因が，米国内の低所得者層への住宅ローン（サブプライムローン）債権の証券化商品のデフォルトであった。米国のサブプライムローンの証券化商品は，欧州等の金融機関に保有され，それらの投資証券が抱えた著しい損失により連鎖的な金融機関の破綻が発生した。

　米国のみならず，わが国でも住宅ローン債権の証券化（流動化）の需要は高い。住宅ローンの貸出期間は長期となる反面，銀行の資金調達は，預金でも市場調達でも短期に限られるため，銀行の ALM（Asset Liability Management）が常にミスマッチとなり（資産と負債の期間構造に長短の期間格差が生ずること），金利変動リスクによる影響があるからである。

　1971年に住宅ローン債権信託が導入され，その後，1988年，1994年，1997年の行政庁の通達による制度変更が行われ，住宅ローン債権を流動化できる委託者の対象拡大，受益者となる投資家対象の拡大，信託期間（証券償還期日）の長期化が行われ，1998年には行政庁の通達が廃止され，商品設計が自由となった（三菱631-632頁）。

　特殊法人改革により住宅金融公庫が住宅金融支援機構（以下「機構」とする）に再編され，2000年の住宅金融公庫法改正により，自己保有の住宅ローン債権を証券化する業務を開始し，貸付債権担保住宅金融支援機構債を発行するようになった。それまでの公庫は，年金資金による財投を財源として公的住宅ローンを貸し付けていたが，住宅ローン債権を証券化することにより，資金調達を行う機構に変革された。

　住宅ローン債権の証券化商品は RMBS（Residential Mortgage- Backed Securities）と呼ばれ，2021年度末時点の残高で，機構が発行する RMBS が15.1兆円，金融機関が原資産保有者となる RMBS が6.4兆円，合計21.5兆円の規模となり（日本証券業協会調べ），SPC や信託を活用した証券化商品の発行残高の84％ を占めている。

(2)　仕組み

住宅ローン債権の流動化についても，原資産の保有者となる金融機関が住宅ローン債権を信託銀行等に信託し受益権に転換したうえで受益権を機関投資家等に譲渡するか，TMK に住宅ローン債権を特定資産として譲渡し，TMK が特定資産を裏づけとして証券を発行して機関投資家等に販売するプロセスに変わりはない。

短期金銭債権と同様に住宅ローン債権をプーリングしてまとまった金額にし，また，個人の返済リスク等を軽減するため住宅ローンの実行地域の分散が図られている。機構が発行する RMBS については，機構がデフォルトを負担するため，信用力が補完されている。

貸付債権の流動化では，通常，原資産保有者となる金融機関に受託者が債権回収の委任をするが，RMBS では委託者と受託者が債権回収の事務委任契約，また，受託者が債務者（住宅ローン借入人）と金銭消費貸借契約を締結し直すことが一般的とされる（三菱635頁）。

【図78】

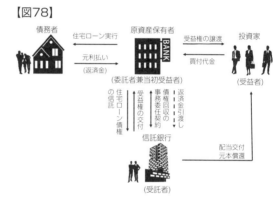

この結果，受託者が債務者からの元利払いを受領することになるが，図78の通り，債権回収の事務（サービシング）を原資産保有者に委任してもよいし，専業の第三者となるサービサー業者に委任してもよい。機構の RMBS は原資産保有者が債務者から元利払いを回収する。

住宅ローン債権固有の事項として，債務者に対する団体信用生命保険契約，家屋に対する火災保険契約の取扱いがあるが，住宅ローン債権が移転しても，それぞれの契約は継続される。

4　貸付債権

短期金銭債権や住宅ローンと同様に銀行等の金融機関が信託銀行等に一般貸付債権を信託し，信託銀行が受益権に転換して金融機関に交付することで，金融機関は受益権を機関投資家等に譲渡することにより貸付金を回収できる。

金融機関が貸付債権を流動化する理由は，自己資本比率等の金融規制上の要請に応える必要があるからである。銀行は保有するリスク資産に応じた株式等による自己資本を保有する必要があるため，貸付債権を流動化し，バランスシートの改善や貸出先

の分散（ポートフォリオ・マネージメント）等の調整を図っている。

　大規模な商業施設の開発等の巨額な資金を要する不動産開発では，従前は土地信託（→188頁）が利用されていたが，現在では商業施設を担保とした金融機関のノンリコース・ローン（不動産担保貸付→181頁）を裏づけとした CMBS（Commercial Mortgage Backed-Securities）を組成することが一般的となっている。

5　不動産の証券化

(1)　概要

　不動産の証券化は，不動産の信託の一形態として説明される場合が多いが，不動産も資産の一つであり，その流動化・証券化においても，信託銀行等の受益権への転換と資産の管理の機能が利用される。

　不動産の証券化は，ここまで説明してきた TMK によるもの以外に，合同会社と匿名組合を組み合わせたもの（GK-TK），上場投資信託の仕組みとなる J-REIT，商業用不動産施設への貸付債権等を証券化する CMBS がある。

(2)　GK-TK

　不動産証券化のビークルには，税制上の二重課税を回避するために，資産流動化法上の TMK ではなく，会社法上の合同会社（GK）使用し，銀行借入と商法上の匿名組合（TK）出資により調達した資金で，信託銀行等が交付した受益権を取得する形態が多い（三菱591頁）。

【図79】

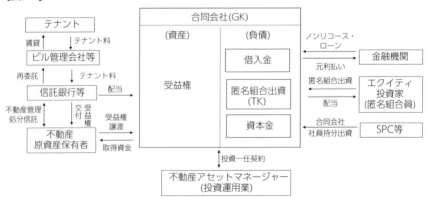

　不動産証券化のプロセスでは，現物不動産を保有するビークル（SPC や投資法人等）に法人税を課税させず，投資家の段階で最終的に課税させるためには，ビークル

として信託，民法上の組合，匿名組合を利用する必要がある。

　合同会社を SPC とする場合は，そのままでは二重課税の回避（導管性）ができないため，図79の通り，合同会社を匿名組合営業者とし，投資者を匿名組合員とする匿名組合契約を締結することで，導管性を確保する（法人税基本通達14-1-3）。匿名組合員は有限責任となるため，投資家も出資しやすくなる（→21頁）。

　さらに，合同会社自体がペーパーカンパニーとなるために，信託の利用により導管性を確実にするため，信託銀行等による不動産管理処分信託（→188頁）が利用される。

　合同会社（GK）が匿名組合営業者として匿名組合員からの出資を受け受益権を取得するためには，投資運用業の登録が必要となるが（金商2条8項15号），投資運用業の登録業者となる不動産アセットマネージャーと投資一任契約を締結することで GK の登録を回避している（三菱591頁）。

(3)　J-REIT（不動産投資信託）

【図80】

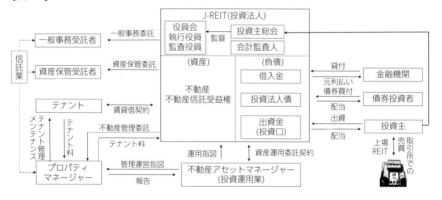

① 概要

　不動産を投資対象とした投資信託の仕組みとして，J-REIT が利用されている。J-REIT は投資信託法上の投資法人であり，証券投資信託で用いられる契約型ではなく会社型の投資信託となる。

　投資対象となる不動産を保有する J-REIT は，SPC の一種であり，他の資産流動化の仕組みにおける TMK や合同会社と概ね同様の役割を担うことになる。

　J-REIT は，上場 REIT と私募 REIT があり，その仕組みに違いはない。上場 REIT では投資法人は投資家の解約払戻に応じないクローズド・エンド型投資信託の形態をとるが（三菱743頁），投資家は市場で基準価格に基づいて処分できるため，高

い流通性がある。

　投資法人は内閣総理大臣の登録を受けなければ不動産等の運用を行えず，また，ペーパーカンパニーであるため，図80の通り，①一般事務，②資産保管業務を他の者に委託しなければならず（投信117条, 208条），③運用業務については，運用会社（金融商品取引業等）に委託しなければならない（同198条）。

　さらに，運用対象に不動産が含まれるか，または不動産運用を目的とする場合，金融商品取引業等には宅地建物取引業法上の免許または認可が必要となる（投信199条）。

　一般事務および資産保管業務は信託銀行等に委託され，運用業務については，投資助言業または投資運用業の登録を受けた不動産アセットマネージャーに委託される（三菱745頁）。

　J-REITにおける信託銀行等の役割は，一般事務や資産管理の事務を受託したり，不動産管理業のノウハウを生かしたプロパティ・マネージメント（PM）を受託したりするなど，資産管理型信託の機能を担う場合が多い。

② 一般事務

　投資法人には，株式会社のガバナンスが採用され（→19頁），投資主総会が株主総会と同等の機能を有し，役員会（会社法上の取締役会），会計監査人を設置しなければならない（投信95条）。

　投資法人の一般事務の受託者は，役員会や投資主総会等の機関の運営事務，投資法人の税務・会計事務，投資主への配当の支払事務等を行う。

③ 資産管理業務

　資産管理業務の受託者は，主として投資法人のキャッシュ・マネージメントを行う。有価証券および金銭の決済事務，不動産の登記等の事務等の金銭と物の管理を行う。

④ 運用業務

　運用業務の受託者は，金商法上の投資助言業もしくは投資運用業の登録および宅地建物取引業法上の免許もしくは認可を受けた者となり，不動産投資信託運用会社または不動産アセットマネージャーと呼ばれる。

　J-REITには不動産アセットマネージャー（AM）に運用業務を委託することが義務づけられているため，不動産業，総合商社，銀行等と資本関係がある不動産アセットマネージャーが受託者となっている。

　不動産の保守管理やテナント管理等を行うプロパティ・マネージャー（PM）についても，不動産の物的運営を行うが，運用業務の受託者の指図の下これらの管理業務を行うため，運用業務の受託者には該当しない。

⑷ CMBS

① 概要

商業用不動産を担保とした貸付け（ノンリコース・ローン）を裏づけとした貸付債権の流動化の一形態となるが，ノンリコース・ローンは，返済原資が担保となる資産価額（キャッシュフローを含む）を上限とするため，実質的に不動産の証券化といえる。商業用不動産を担保とした資産担保証券となるため，CMBS（Commercial Mortgage Backed Securities）と呼ばれる。

② 仕組み

CMBS の仕組みは様々であるが，それを単純化したものが図81である。銀行等の金融機関が商業ビル，テーマパーク，ホテル等に貸し付けたノンリコース・ローンの貸付債権を信託銀行等に信託し受益権に転換する。

金融機関は受益権を合同会社等の SPC に譲渡することで貸付相当額を回収するため，金融機関にとっては商業用不動産貸付資金の調達手段ともなる。

導管性を満たすため，匿名組合員による出資を受け，また，ノンリコース・ローン貸出先の状況のモニターや受益権の入替等の運用管理のためにアセットマネージャーと投資一任契約を締結するのも，GK-TK 型の流動化と同様のスキームを採用する場合も多い。

一般の貸付債権の流動化と異なる点は，商業用不動産への貸付けは巨額の資金が必要となり，幅広い投資家層にCMBS を購入してもらうため，商業施設の種類および所在地の分散，投資家のリスク許容度に応じた商品設定が必要となる。

【図81】

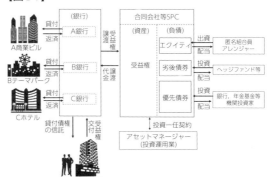

図81の SPC の負債にみられる通り，CMBS は，デフォルトの可能性を考慮した優先劣後の順位に応じた商品設計がなされ，SPC 全体の損失発生時に一次損失を吸収するエクイティから順に劣後債券，優先債券と続く。

優先債券の投資家は，損失が最も発生しにくく信用格付が概して高い反面，CMBSの保有期間中のリターンが最も低い。エクイティは株式会社の株式と同様に SPC（会社）清算時の残余財産の分配請求権があるが，損失吸収の順位が第 1 順位となり，投資元本に損失が発生しやすい（詳細は後述→ Topic 9）。

Topic 9 証券化の光と影―サブプライム金融危機

【図82】

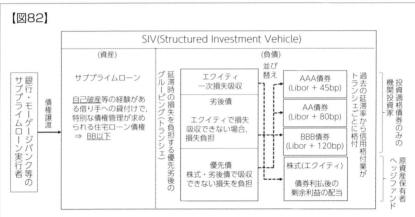

　2009年の米国発の金融危機の要因は，銀行業，信用格付業者等への金融規制の脆弱性や規制がない金融事業者の存在（シャドーバンキング）等の複合的な要因があるが[86]，最も大きな要因は行き過ぎた証券化にある。

　この世界的な金融危機がサブプライム金融危機とも呼ばれるように，投資不適格とされるデフォルト率が高い低所得者層等へのサブプライムローン債権（BB以下）をAAAの最高格付に転換する現代版錬金術により証券化されて米国外に持ち出されたからである。

　図82は，サブプライムローン債権が証券化されるプロセスをまとめたものである。住宅ローン貸付のうち，過去に延滞等がない良好な借り手への貸付けをプライムローンと呼び，一般に信用格付はBBB以上の投資適格債権である。

　一方，過去に自己破産等の経験がある借り手への住宅ローンの貸付けは金融機関が特別な債権管理が求められるため，金融規制上，サブプライムローンに区分され，信用格付はBB以下の投資不適格とされる。

　貸付けを実行した金融機関は，リスク管理上，サブプライムローン債権を保有したくなく，また，機関投資家等は高格付かつ高利回りの金融商品へ投資したいとの思惑がそれぞれあり，その両者の需要を満たしたのが証券化であった。

　金融機関は，サブプライムローン債権をケイマン籍等のSPCの類型となるSIV（Structured Investment Vehicle）に譲渡し，SIVはサブプライムローン債権を担保とした証券を組成するが，その際に将来のデフォルトの確率により優先劣後のグループ分け（トランシェ）を行う。

　サブプライムローンは，平時でも相応のデフォルトが発生することから，その損失を一次的に吸収するエクイティ，次にエクイティで吸収しきれない損失が発生した場合に二次的に損失を吸収する劣後債，エクイティと劣後債で損失が吸収されるため，過去のデータでは損失が発生しない優先債と，デフォルトによる損失発生の可能性の順にトランシェが形成される。

　その結果，他のトランシェの損失により損失の可能性がないトランシェを最高格付の AAA とし，順に AA 格や BBB 格に信用格付業者が格付を付与することにより，投資適格の格付債券にしか投資できない金融機関等の機関投資家が米国内外を問わず大量にサブプライムローン債権の証券化商品へ投資した。

　米国の住宅ローン市場における想定外のデフォルトの発生は，サブプライムローン債権の証券化商品に巨額の評価損をもたらし，機関投資家が減損処理等の損失計上のために投売りしたことによりグローバルに金融機関の連鎖的破綻が発生したのが金融危機であった[87]。

　金融危機後は G20等での国際協調により，様々な規制強化が実施されている。それまで，規制が及ばなかった信用格付業者へもわが国でも登録制が導入され，格付の手法や方針について開示することが求められ，また，債券発行者と信用格付業者の利益相反行為への規制も金商法に規定されている。

　金融危機の発端となった米国では，住宅ローン市場や信用格付業者への連邦規制を強化するとともに，安易かつ無責任な証券化を抑制するため，原債権保有者（住宅ローン等の実行者）が住宅ローン債権等の金銭債権を流動化する際には，最もデフォルトの可能性が高いエクイティを5% 保有させる連邦規制を導入している。

87　坂東洋行「住宅ローン市場規制と消費者保護」企業と法創造 6 巻 3 号（2010年）26頁。

第5章◆不動産と信託

第1節　信託銀行の不動産業務（併営業務）

1　概要

　兼営法は，信託兼営金融機関に併営業務として，「財産の取得，処分又は貸借に関する代理又は媒介」を認めている（兼営1条1項6号）。これを根拠規定として，信託銀行は不動産売買の仲介（代理・媒介），分譲，鑑定業務，不動産コンサルティングを行っている。

　しかし，信託を兼営する金融機関が認められていない業務として，「不動産の売買及び貸借の代理及び媒介（兼営令3条3号）」，「不動産の鑑定評価（兼営規則3条1項3号）」，「不動産に係る投資に関し助言を行う業務（同項4号）」がそれぞれ規定されている。

　したがって，現行の兼営法では，信託兼営金融機関は，これらの不動産業を営むことができないことになるが，従前から旧専業信託銀行が併営業務として不動産業を営んできたことから，兼営法附則（平成16年12月3日法律154号）6条7項により，政令指定の不動産業を除外する規定が適用除外となり，不動産業が許容されている（三菱735頁）。

　信託銀行は，兼営法による内閣総理大臣の認可を受け，国土交通大臣への届出により，宅地建物取引業者として不動産業を営むことができるが（宅地77条2項），金融機関の信託子会社や信託兼営金融機関の認可を受けた旧専業信託銀行以外の金融機関の本体での不動産業は認められていない。

2　仲介業務

　不動産仲介業務には，他人の間に立って両者の当事者となって売買や賃貸の取引の成立に尽力する媒介（江頭商235頁）と，依頼人から売買や賃貸借の取引を本人のために意思表示することにより取引を成立させ，その効果を本人に帰属させる代理（四宮＝能見341頁）がある。

　これらの業務は，不動産業の仲介業務と変わりがない営業となるが，信託銀行は兼

営法 1 条 1 項 6 号を根拠として不動産業を行うため，代理または媒介に限られ，大手不動産会社（デベロッパー）のように自社でリスクをとり，不動産を買い取って土地開発をすることはできない。

3　分譲業務

不動産会社が新規に開発した宅地や集合住宅等を信託銀行が販売提携し，法人や個人に販売することを分譲と言う。宅地建物の仲介業務にとどまらず，不動産会社との開発企画段階から協働し，届出や販売，引渡等を不動産会社に代わって行ってきた。

信託銀行は，銀行法上，他業が制限されるため[88]，自らが開発業者になることができない。その代替として不動産の信託等のノウハウから分譲業務に力を入れてきたが，不動産会社が販売子会社を有し，分譲・販売するようになり，現在では取扱量が減少している（三菱739頁）。

4　不動産鑑定業務

不動産鑑定業務は，不動産の媒介または代理の業務の付随業務として信託銀行が行っている。不動産鑑定業務は，不動産鑑定士が行い，信託銀行は国土交通省に登録し，鑑定業務を行っている。

不動産の鑑定評価は，企業の保有不動産の有効利用のための CRE（Corporate Real Estate）戦略や減損処理のための評価，企業買収や株式上場等の保有資産の評価のためのデューデリジェンス等の局面で必要とされ，後述の不動産コンサルティング業務とも密接に関係している。

5　不動産コンサルティング業務・アセットマネージメント業務

⑴　不動産コンサルティング業務

信託銀行による不動産コンサルティング業務は，兼営法 1 条 1 項 7 号イを根拠規定とする財産管理の代理の付随業務とされるが（三菱741頁），企業所有の不動産の有効活用等のコンサルティングであれば，宅建業法上の不動産業には該当せず，銀行法上の経営コンサルティングに根拠を求めることも可能である（銀行規則17条の 3 第 2 項15号）。

企業は，むしろ不動産に限らず，経営全般の助言を求めるところであろう。この点，信託銀行は銀行業としての経営コンサルティングに加え，不動産の鑑定評価等の資産査定等の不動産コンサルティングも可能であり，付加価値がある経営コンサルティン

グを行うことができる。

　また，不動産コンサルティングの範囲も不動産の証券化等の仕組みの助言等にも広がり，信託銀行独自の不動産コンサルティングが可能となっている。なお，不動産の証券化のプロセスにおいて，TMK等のSPCへの投資助言や投資一任勘定による投資運用を行う不動産アセットマネージャーの機能を有する場合は，金商法上の登録が必要となる。

⑵　不動産アセットマネージメント（登録業務）

　GK-TK（→178頁）やJ-REIT（→179頁）等の不動産の証券化の仕組みでは，それらのSPCの資産を運用するために，不動産アセットマネージャー（AM）と投資顧問または投資一任契約を締結することが義務づけられている。

　不動産現物への投資には金商法の適用はないが，不動産を信託財産とした受益権へ投資する場合の助言業務や運用業務には，投資助言業または投資運用業の登録業者となることが求められる。

　銀行等金融機関は，投資運用業を行ってはならないが（金商33条1項），信託銀行は適用除外となり（同33条の8第1項），投資運用業を行うことができることから，信託銀行は不動産アセットマネージメント業務を登録金融機関として行うことができる。

　しかし，不動産の証券化の仕組みにおいては，信託銀行等は資産管理型信託として機能し，一般事務や資産保管の事務を受託しているため，不動産アセットマネージャーを兼ねて自ら運用や金銭および資産の保管を行うことは利益相反の関係となる。

　このため，J-REITでは，信託銀行等が不動産アセットマネージャーとして投資運用業務を行う事例はなく，不動産業，総合商社，銀行等と資本関係がある不動産アセットマネージャーが受託者となっている（→180頁）。

第2節　不動産の信託

1　概要

　委託者が信託銀行等を受託者として保有財産を信託する場合，当初信託財産の対象には原則制限がない。土地・建物等の不動産を当初信託財産として受託者が管理または処分する信託は，商業施設のビルやテナントの管理等に利用されてきている。

　不動産の種類は，土地および建物等の定着物の所有権，地上権，土地・建物の賃借権等があるが，農地等，法令で信託の引受けが制限される不動産もある（農地法3条

１項14号・２項３号）。

　不動産は，土地および定着物とされ（民86条１項），その他は動産とされる。定着物は，取引観念上土地に固定されて使用されるものを言い，建物，立木，未分離の果実，銅像・線路・鉄管・庭石等が該当する（四宮＝能見190-193頁）。

　たとえば，土地の賃借権と太陽光発電設備を組み合わせて信託する場合，信託業によっては，土地の賃借権に着目し土地信託とするものもあれば，太陽光発電事業に着目して事業信託とするものもあるが，不動産と動産の信託となり，運用型包括信託となる。

　したがって，不動産の信託は，委託者が信託する当初信託財産が不動産となり，信託の目的により，①不動産管理信託，②不動産処分信託，③不動産管理処分信託，④土地信託に分けられる。

2　不動産管理信託

　信託銀行等が委託者から不動産の信託を引き受け，対象不動産の保守・修繕等のメンテナンスやテナントの募集等を行うことは，不動産の信託の基本となる。

　委託者となる原資産保有者は，信託銀行等に不動産の管理を委託することにより，わずらわしい管理事務から開放され，受益権への配当収入により収益を得ることができる。

　不動産管理信託では，受託者から受益権が交付され，委託者は受益者を兼ねるが，信託の終了まで受益権を譲渡しないため，信託の終了時の残余財産の帰属権利者は委託者兼受益者となる。

　不動産管理信託は，商業利用ばかりではなく，個人が保有不動産を受託者に信託し受益権に転換されることで，跡継ぎ型受益者連続信託（→ Topic 3）に利用できる。

　また，委託者の財産を信託登記し，受託者の管理に任せることで，不動産の相続をめぐる親族間の騒動や第三者とのトラブルから免れることもできる。相続や資産承継等の今日的な問題の解決策としても利用できる。

　不動産管理信託では，図83の通り，委託者が商業ビル等を，信託銀行等を受託者とし

【図83】

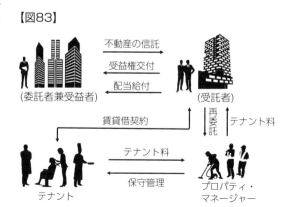

て信託し，受託者は受益権を委託者に交付する。

　信託銀行等は業法により，ビル管理等の他業が制限されるため，テナントの募集やテナント料の回収等のテナント管理や商業ビルの保守・修繕等のメンテナンスを専業のプロパティ・マネージャー（PM）に再委託する。

　PMが受領したテナント料は受託者に支払われ，受託者はテナント料を原資として委託者兼受益者に配当を給付する。受託者は，テナント料から信託報酬や租税等の経費を控除する。

3　不動産処分信託

　不動産の処分を目的とした信託となるが実例が少ない（三菱563頁）。不動産の処分のみが目的であれば，信託報酬等の費用をかける必要がなく，代理や媒介による売却で充分である。

　不動産処分信託では，受託者が不動産の売主となるが，その実質は不動産取引における媒介となる。

4　不動産管理処分信託

　不動産管理信託と不動産処分信託を組み合わせたものが不動産管理処分信託である。不動産管理処分信託は，一般に不動産の証券化において利用されている。

　委託者から引き受けた商業施設等を受益権に転換し，図83の通り，不動産の管理についてはプロパティ・マネージャーに再委託し，不動産や受益権の処分（運用）については，不動産アセットマネージャーの指図を受けることになり，その実態は資産管理型信託である。

5　土地信託

(1)　概要

　土地信託は，個人，企業，公共団体等が所有する土地の有効利用のためにわが国のバブル経済期に活用された信託の仕組みである。委託者となる土地の所有者は，投資資金を必要とせず，商業施設等を建設し，テナント料から信託配当金が受領できる現代版錬金術の1つと言えるものであった。

　土地信託には，賃貸型と処分型があるが，不動産処分信託と同様に，保有不動産を最終的に処分するには他にも媒介や開発・分譲等の手段があるため，賃貸型の土地信託が一般的である。

　土地信託は，大半が全額銀行借入による不動産事業となり，バブル経済崩壊後事業採算が悪化したことから，受託件数は1993年の2,224件をピークに減少を続け，2021

年度末時点での受託件数は230件となっている（信託協会調べ）。

　また，公共団体が委託者兼受託者となった土地信託の案件で，信託財産にかかる経費の未払いに対して受託者による費用償還請求訴訟事件が相次いだことも，土地信託の仕組みの問題を認識させた。

(2)　仕組み
① 概要

　図84の通り，委託者と受託者となる信託銀行は土地信託契約を締結し，委託者は土地を受託者に信託し，受託者は委託者に受益権を交付する。受託者は，契約当事者となり，銀行と金銭消費貸借契約を締結し建設資金を借り入れ，建設会社と建設請負契約を締結し建設資金を支払う。

【図84】

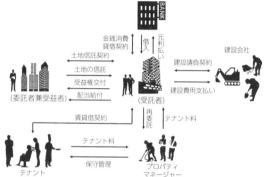

　商業ビル等の建設後は，テナント管理やビルのメンテナンス管理はプロパティ・マネージャーに業務委託（再委託）することは，不動産管理信託と変わらない。委託者は委託者兼受益者となり，受託者が受領するテナント料を原資として，信託の配当金が給付される。信託の形態としては，資産運用型信託と言える。

　信託の終了時には，土地・建物等の信託財産は現状のまま委託者兼受益者に引き渡されるが，未払い債務や税金等が残存する場合，受益者が継承する。土地信託の契約期間は，20年を超える場合が多く，その間，社会・経済環境が大きく変わり，当初予定した収益性や採算に達しない場合が多い。

② 公共施設併設型土地信託

　東京都が信託銀行等と契約した新宿モノリスビルの事例では，都の関連事務所等がテナントとなる公共施設併設型土地信託である。一般に，委託者が入居する賃貸型土地信託では，テナント料自体を委託者が負担し，かつテナント料の設定に利益相反があるため，採算性はよくない場合が多い。

　新宿モノリスの事例では，信託の期間を20年間に設定し，信託設定当初は期間収益2,416億円を見込んでいたが，実際の累積配当金額は500億円を超える程度にとどまった[89]。

　都の年間配当収入は，信託設定当初の88億円をピークに徐々に減額し，信託の終了時には10億円程度にまで低下していた。収益悪化の要因は，バブル経済崩壊後の不動産市況の低迷で想定した入居率，テナント料の上昇率を大幅に下回ったこと，都事務所が入居することで機会損失が生じたことがあげられる。

　しかし，公共施設併設型の土地信託では数少ない成功した事例となり（黒字化），都は2010年8月時点で信託期間を延長している。

(3)　土地信託の問題と派生的な信託の発展

① 土地信託と訴訟

　土地信託の費用償還をめぐる地方公共団体（委託者兼受益者）と信託銀行等（受託者）の争いは訴訟に発展する事例が少なくない。代表的な事例としてオーク200事件（大阪地判平成25年3月7日判時2190号66頁）がある。

　訴訟自体は，現行法48条ではなく，旧法36条で争われたものであり，信託の終了時に残存する債務を受益者が承継することの確認を求めて信託銀行等（受託者）が提訴し，受託者が立て替えた借入元利金の償還を求めたものである。

　この事案では，図85の通り（前出大阪地判平成25年3月7日より作成），大阪市と信

【図85】

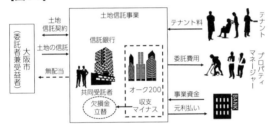

託銀行3社が土地信託契約を締結し，大阪市の公有地に商業ビルを建設したが，銀行への元利金，その他費用の支払いがテナント収入を上回ったことから，大阪市には1度も配当金が給付されず，信託財産に発生した欠損金を受託者が負担したものである。

　受託者は信託の終了に伴い，信託期間の立替金637億円および遅延損害金の費用償還請求を提訴したところ，裁判所は受託者の訴えを認め，当事者に和解を勧告した。

　大阪市は，受託者の立替金637億円を10年分割で支払うことに合意し，和解成立までの遅延損害金を受託者が154億円から8億円に減額することで歩み寄った。

② 土地信託の問題点

　「委託者が土地のみを提供（信託）すれば，事業が成り立つ」といった土地信託への安易な思込みは誤りであり，受託者がビル建設費用を全額借入で調達し，テナント

89　「都の土地信託ビル「新宿モノリス」配当総額，予定の2割，20年で500億円」日本経済新聞朝刊東京版2010年4月23日15面。

からの賃料のみで借入金元利金，公租公課，配当金等の支払いをする仕組みは，持続可能が困難となる。

　受託者がいかに注意義務を尽くしたとしても，長期間の土地信託は，社会・経済環境が大きく変わる可能性があり，また，事業対象物も建直しや用途変更等が難しいため，いったん採算がとれなくなると取戻しができない。

③ 土地信託のノウハウの発展的活用

　土地信託により，信託銀行にはプロパティ・マネージメント等の知見が蓄積され，不動産管理処分信託による商業施設等の不動産の証券化に発展的に活用されている。

　商業用不動産の開発事業にも専業の不動産会社（デベロッパー）が入ることにより，当初の収益性の評価がより現実的となり，また，テナントの入替え等にも専業としての知見があり，効果的となる。

　資産運用型信託の土地信託の経験により，信託銀行等はより資産管理型の不動産の信託に特化し，不動産アセットマネージャーの適切な指図に基づいて不動産を管理する重要な役割を担うようになっている（三菱587頁）。

第6章◆役員報酬と信託

第1節　役員報酬規制

1　概要

　株式会社の取締役の報酬（役員報酬）は，会社と取締役との間の任用契約によって決まるが，高額の報酬が株主の利益を害することを排除するため（江頭会社466頁），会社法は定款または株主総会決議により報酬等を定めることを規定している（会社361条，指名委員会等設置会社を除く）。

　役員報酬は，会社から受ける財産上の利益とされ（同条柱書），①報酬等のうち額が確定しているもの（金銭），②報酬等のうち額が確定していないもの（業績連動報酬），③株式，④新株予約権，⑤報酬等のうち金銭でないもの（社宅，D&O保険等）とされる（同条1項）。

　これらの事項を定め，または定款を改定する議案を提出する取締役は，それらの事項を正当とする事由を説明しなければならない（同条4項）。

　さらに，取締役の個人別の報酬等の内容が定款または株主総会決議により定められていない場合は，有価証券報告書提出会社となる監査役会設置会社および監査等委員会設置会社の取締役は，取締役の個人別の報酬等の決定に関する方針を決定しなければならない（同条7項）。

　つまり，役員報酬の金額や種類の決定そのものが株主の利益を害する利益相反の高い蓋然性を有することになるため，その決定には株主の承認を要することになる。

2　インセンティブ報酬の促進

　2015年に政府主導で導入した証券取引所の上場規程となるコーポレートガバナンス・コードは，コーポレートガバナンスが「経営者に対する監督の仕組み[90]」であるのに対し，「攻めのガバナンス」を目指す主要国でも例を見ない画期的なものとなっ

90　江頭・前掲注（58）97頁。

ている[91]。

　もっとも，攻めのガバナンスを具体化する原則を，コーポレートガバナンス・コードにみつけることはたやすいことではなく，あえてあげるとすれば，補充原則4−2①であろう。

　同補充原則は，「経営陣の報酬は，持続的な成長に向けた健全なインセンティブの一つとして機能するよう，中長期的な業績と連動する報酬の割合や，現金報酬と自社株報酬との割合を適切に設定すべきである」と規定している。

　「攻めの」はさておき，この補充原則を拠り所とし，会社の業績に連動したインセンティブを報酬として付与することを勧奨する動きが著しくなっている（江頭会社466頁）。

　コーポレートガバナンス・コードに役員へのインセンティブ報酬が採用された背景には，財界の意向を強く反映した経済産業省の研究会による報告書[92]の影響が大きい。

　しかし，同報告書は，会社が経営者等に対するインセンティブ報酬をより活用すべきこと等を会社の持続的な成長を図る措置としてあげている程度にとどまり，攻めのガバナンスとして具体性に乏しい[93]。

　役員報酬にインセンティブの付与を求めることは，コーポレートガバナンス強化といった事由ではなく，経営者の利益促進といった財界の強い要求が背景にあることをまず理解すべきである。

3　インセンティブ報酬への規律づけ

　官民ともに役員報酬にインセンティブ報酬を付与することに積極的となるなか，2017年2月，法務大臣が「役員に適切なインセンティブを付与するための規律の整備」を諮問し，法制審議会会社法制（企業統治等関係）部会で役員インセンティブ報酬への規律づけが審議された。

　令和元年（2019年）会社法改正により，役員報酬の決定方針，インセンティブ報酬の種類，業績連動の指標等の開示等が規定されたが，それらは既に金商法が上場会社等の法定開示事項としているものであり[94]，規律の強化には至らなかった。

　会社法および金商法の役員報酬規制では，インセンティブが新株予約権で付与された場合の評価に関し，会社による取得価額は開示義務があるが，現在価値評価の開示

91　坂東洋行「英国の役員報酬改革」早稲田法学94巻3号（2019年）419頁。
92　経済産業省コーポレート・ガバナンス・システムの在り方に関する研究会「コーポレート・ガバナンスの実践〜企業価値向上に向けたインセンティブと改革〜」（2015年7月24日）。
93　江頭・前掲注（58）111頁。
94　坂東・前掲注（35）98頁。

義務がないため，金銭による報酬でない場合，株式報酬により取締役がどの程度利益を得ているのかがわかりにくく[95]，行使等による結果としての報酬額を事後的に確認できる規律が必要である（上村231頁）。

　コーポレートガバナンス・コードによるインセンティブ報酬の導入促進は，英国のコーポレートガバナンス・コードをモデルとするが[96]，英国の報酬規制では，個人別のインセンティブの内容，権利行使価格，権利行使期間等の条件が一覧表で開示され，インセンティブの権利の資産評価価額が開示されている。

4　インセンティブ報酬の歪み

　賞与等の業績報酬の指標については，英国の報酬規制のように自社株価と代表的な株価指数のパフォーマンス推移の5年比較を開示させ，自社株価が株価指数に劣後すると業績報酬を支払わないといった仕組みがわが国にはない[97]。

【図86】

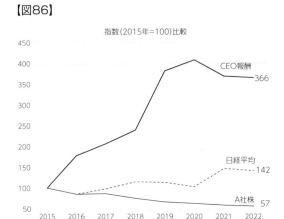

指数（2015年＝100）比較

　会社業績が低迷し自社株価が株価指数に大きく劣後しても，会社設定の独自基準を達成すれば多額の業績報酬が支払われる歪みも業績連動報酬の導入により生じている。

　外国人CEOの高額報酬が話題となる製薬会社Aの事例では，同社が役員報酬にインセンティブを付与するプランを導入した時点を100として，CEO報酬，日経平均株価指数，A社株の変化を指数化したものが図86となるが（A社有価証券報告書および日本経済新聞社データベースより作成），A社株は業績の低迷により日経平均の半分以下のパフォーマンスである一方，CEO報酬はそれとは無関係にインセンティブ報酬により大幅増額されている歪みが存在することがわかる。

95　阿部直彦「役員報酬ガバナンス見直しのアプローチ」商事2073号（2015年）50頁。
96　わが国が参照した英国のインセンティブ報酬を促進する原則は，2014年の改訂で削除されている（坂東・前掲注（91）390頁）。
97　坂東・前掲注（91）394頁。

第2節　株式交付信託

1　ESOP

わが国の役員報酬インセンティブプランは，2008年以降，政府主導で導入された日本版 ESOP（EmployeeStock Ownership Plan）の仕組みをモデルとしている[98]。

米国における ESOP は，ERISA（→25頁）に基づく確定拠出年金制度の1つで，労働者は金銭で受け取る給与に加えて ESOP 信託経由で自社株式を労働対価として受け取る。税制上の優遇があるばかりか，自社株式の値上がり利益を見込めることから労働意欲や労働生産性の向上（インセンティブ）が見込める制度となる[99]。

わが国にも従業員持株会制度があるが，その加入は任意であり，税制上のメリット等がなく，あまり利用されてこなかった。このため，従業員持株制度に ESOP の仕組みをとり入れたものが従業員持株信託 ESOP であり，また，それを従業員へのインセンティブプランに発展させたものが株式交付信託となる。

役員インセンティブ報酬も，従業員への株式交付信託を取締役向けに派生させたもので，法令上必要となる株主総会決議やインサイダー取引防止のための譲渡制限，議決権不行使等の手続を付加した仕組みとなっている。

インセンティブ報酬については，諸外国との比較でわが国の役員報酬の水準が低かったり，株式報酬の割合が小さかったりすることのみが指摘されるが[100]，前述のようにインセンティブ報酬と株価の実証研究が少なく，従業員賃金との比較検証もない。

インセンティブ報酬の目的を株価上昇とするならば，業績連動の基準 KPI（Key Performance Indicator）を株主総利回り TSR（Total Shareholder Return）のみに置くことが株主にもわかりやすいが，必ずしも TSR を KPI に採用する会社が多いわけではなく，設定時点で達成の可能性がわかりにくく根拠が不明確な ROE（自己資本利益率）等の恣意的な経営・財務指標が KPI となっている（上村95頁）。

役員報酬のインセンティブ（株式報酬）の割合が高くなると，自社株価を引き上げようとする取締役と会社の利益相反が生じやすい。取締役が自己の利益（自社株価上昇による金銭的利益の追求）のために，過度のリスクテイクや会社資産売却による短

98　経済産業省「新たな自社株式保有スキームに関する報告書」（2008年11月）。

99　野村亜紀子「米国公開企業による ESOP の活用とわが国への示唆」資本市場クォータリー9巻3号（2006年）143頁。

100　黒田嘉彰「経営陣への適切なインセンティブ付与に向けた取組みについて」企業会計68巻5号（2016年）18頁。

期的な利益計上等のショートターミズムに陥りやすくなるのは，2009年の金融危機の例を出すまでもない[101]。

　また，従業員のインセンティブについても，会社が清算される場合，従業員は給与債権と株式交付前の業績ポイントと交付済みの株式の債権を会社に対して保有することになり，給与債権は優先弁済されるが（民303条，306条２号），その他の弁済は困難となる。

　ここでも，従業員インセンティブ報酬と株価の因果関係の実証研究が必要となることは言うまでもないが，従業員へのインセンティブ付与は，従業員に給与債権と株式等の債権の二重のリスクを会社に対して負わせることになる。

　前述の通り（→155頁），確定拠出年金制度は，自社株式ではなく多様なアセットカテゴリーを選択でき，従業員の将来の資産形成をサポートできる。会社の費用負担の増額等，確定拠出年金制度の拡充のほうが従業員の利益となる。

2　従業員持株信託 ESOP

　従業員持株信託 ESOP は，加入者への会社からの奨励金や貯蓄のように積み立てて単元株等の一定数に達すると自社株式が交付される等の株式会社が従業員の福利厚生の一環として奨励する従業員持株会の制度に，従業員持株会が円滑に自社株を取得できる信託の仕組みを付加したものである。

【図87】

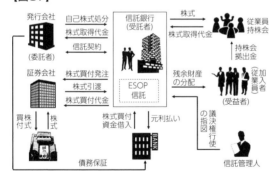

　従業員持株信託 ESOP では，図87の通り（三菱541頁を参考に作成），委託者となる発行会社が，従業員持株会に自社株式を譲渡する専用の ESOP 信託を信託銀行等の受託者と設定する。

　ESOP 信託は，委託者の自己株式処分および市場での自社株式買付により，自社株式を取得するが，その取得原資は銀行借入となり，委託者がその借入に対し債務保証を行う。従業員持株会の加入金の入金タイミングに影響を受けず，銀行借入により定時適時に大量に買い付けることが可能となる。

　さらに，従業員持株会に株式を譲渡する前に自社株価が下落した場合の損失は，こ

101　Department for Business, Innovation & Skills, *supra note* 68, p.14.

の委託者の保証により補填されるため，ESOP 信託は損失を被らない。

ESOP 信託が保有する自社株式の議決権行使は，従業員代表等の信託管理人が受託者に指図する。ESOP 信託の終了時に残余財産がある場合，加入者である受益者に分配される。

従業員持株会加入者への会社による奨励金や ESOP 信託への会社による保証等の制度は，従業員へのインセンティブ付与ともいえるが，米国の ESOP のような税制優遇を含めた魅力ある制度ではなく，制度改善の余地がある。

少なくとも，従業員の資産形成という点で，前述のつみたて NISA（→137頁）や iDeCo（→158頁）に対する差別化を図るような商品設計が必要であろう。

3　役職員インセンティブプラン（株式交付信託）

役職員インセンティブプランは，一般に株式交付信託と呼ばれるものである。受益者が従業員か取締役かによって，株主総会決議の有無などの手続の違いが生ずるが，役職員の業績に応じたポイントを会社が役職員に付与し，その業績ポイントに応じた株式を役職員が交付を受ける仕組みは変わらない。

役職員共通として，図88の通り（三菱543頁を参考に作成），発行会社が委託者となり，信託銀行等との信託契約により株式交付信託を設定する。信託の目的が役職員の業績（KPI）に基づく株式の交付となるため，受託者は発行会社からの自己株式処分または株式市場での株式の買付けにより株式を取得する。

【図88】

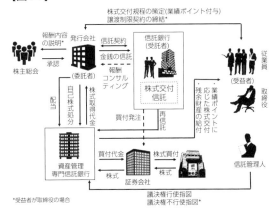

発行会社は，役職員との KPI の設定について，取締役決議により株式交付規程を策定し，その KPI の達成状況に応じて業績ポイントを役職員に付与する。役職員は，在職時または退職時にポイントに応じた株式が交付される。

受託者の信託財産（株式交付信託）の事務は，資産管理専門信託銀行に再委託され，原受託者は，専ら発行会社への報酬コンサルティングや再受託者への株式買付等の指図を行い，インセンティブ報酬全体の設計や運営を行う。

取締役と従業員の取扱いの相違は，図88中に「*」を付した箇所となり，株式交付

信託（受託者）への自己株式の処分（募集株式の第三者割当）は公開会社の場合は，取締役会決議が必要となる（会社201条1項）。

　従業員のインセンティブ報酬を含めた給与体系は，会社の内部統制システム上の重要な事項であるが，取締役会決議で足りる（会社362条4項6号）。一方，取締役の報酬は，その種類，内容等を定款で定めるか，定款に定めがない場合は株主総会決議を必要とする（会社361条1項）。したがって，役員インセンティブ報酬の導入にあたっては，定款の変更を含め株主総会の承認が必要となる。

　受託者が保有する株式の議決権行使については（役職員に交付する前の保有分），受益者が確定する前の信託財産となるため，信託管理人が受益者に代わって，従業員の場合は受益者による多数決による議決権行使の指図，役員の場合は経営の中立性等の観点から議決権不行使の指図をそれぞれ受託者に行う（三菱543頁）。

　交付された株式については，取締役は公開前の会社の重要事実等を知り得る立場にあるため，インサイダー取引防止等の観点から譲渡制限契約を会社と取締役が締結し（リストリクテッド・ストック），取締役が在任中は自社株式を処分できないようにする。

　信託の終了時は，役職員共通で残余財産を換価して受益者となる役職員に金銭を給付するか，信託行為の定めにより発行会社を帰属権利者に指定して金銭を給付することも可能である。

第3節　報酬コンサルティング

1　概要

　役員報酬コンサルティングとは，信託銀行の併営業務のうち，証券代行業（兼営1条1項7号ニ）[102]に付随した業務と位置づけ，役員報酬全般の設計および株式交付信託等の支払い・管理等を行っている業務であり，金融事業者においては信託銀行以外の普通銀行は取り扱っていない。

　銀行も子会社を通じて経営コンサルティング業務として取り扱うことは可能だが（銀行規則17条の3第2項15号），役員へのインセンティブの実際の付与等，金銭のみならず，新株予約権，株式等の信託を引き受ける必要があるため，結局は信託銀行およびその子会社のほうが顧客にとって利便性があり選好されることになる。

102　東京証券取引所に株式事務代行機関として承認され，上場会社の代理人となって株主名簿管理人（会社123条）として行う業務。株主総会手続の法務コンサルティングやIR対応等のコンサルティング等，幅広い業務を扱っている（→ Topic 7）。

2　報酬コンサルティングと利益相反

　前述の通り，役員報酬自体が株主利益を損ねやすい構造的な問題を抱えるなか（→ 192頁），役員報酬コンサルティングは，株主利益ではなく取締役の利益を優先する利益相反の蓋然性が高い業務となり，信託業務（信託業務と併営業務）に内在する利益相反の問題である[103]。

　つまり，信託銀行グループ内で策定された上場会社の役員報酬スキームを当該信託銀行が議決権行使により承認するといった直接的な利益相反を生じさせることになる。

　これは，アームズレングス内（関連会社当事者間の手が届く範囲）に役員報酬スキームの設計者と議決権行使者が存在するため，同一事業体内はもちろんのこと，グループ内で法人格を分離したとしても回避できない利益相反行為となる。

　信託銀行グループ内で設計された役員報酬スキーム議案が会社提案として株主総会に提出された場合，利益相反行為を回避するためには，議決権行使をせず棄権することも考えられるが，その場合，受託者としての善管注意義務違反（任務懈怠）を問われる可能性がある。

　また，利益相反が高い議案に対し，議決権行使助言業の議決権行使案を採用する場合があるが，そもそも投資助言業の登録等，法的根拠がない議決権行使助言業の投資助言を受託者として再委託する（議決権行使に関し議決権行使助言業に議決権行使を事実上委託する）行為そのものが法令違反ないし善管注意義務違反を問われることになる（上村74頁）。

　英国のコーポレートガバナンス・コードは，役員報酬スキームについてコンサルタントに委託する際，年次報告書において会社および取締役等と報酬コンサルタントとの利益相反の有無等を開示することを規定している[104]。

　しかし，英国のコーポレートガバナンス・コードの策定者も報酬コンサルタント自身が議決権行使の当事者になるとは想定せず，わが国の状況は極めて奇異に映るであろう。

　英国では一般的となる社外取締役が排他的に役員報酬の決定プロセスにかかわる報酬委員会ではなく（米国でも同様，また，わが国の指名委員会等設置会社の報酬委員会も同じ），議決権を有する機関投資家（信託銀行）が報酬決定プロセスの助言を行うことは，エンゲージメントなのか，コンサルティングなのか，法人格を別にしたところで外形的には判別ができないからである。

103　報酬コンサルティングほか金融事業者グループ内の利益相反問題について，坂東・前掲注（35）92-98頁。
104　Financial Reporting Council, "The UK Corporate Governance Code 2018", Provision 35.

　利益相反を解消するには，株主総会において，役員報酬スキームを提案した報酬コンサルタントと議決権を行使するアセットマネージメント部門が同一事業体内にあり，当該会社の役員報酬に関する会社提案に賛成の議決権を行使する利益相反の可能性が存在すること，役員報酬スキーム設計にかかる費用，報酬コンサルタントと事業グループ内の役職員の兼務状況等，利益相反にかかる事項を開示しなければならない。

　さらに，アセットオーナーの受託者として忠実義務および善管注意義務をはたすために，議決権行使結果において，同一事業体内で設計された役員報酬スキームが会社提案として株主総会に提案されたこと，その会社提案に対する賛否の事由を利益相反回避の観点から開示することは最低限必要となる。

　そのうえで，アセットオーナーおよび当該上場会社の株主に信託銀行グループ内の利益相反行為に関し適正な判断を委ねることになるが（役員報酬スキームの妥当性，議決権行使の適法性等），本事例は利益相反行為そのものであり，事後ではなく事前開示による承諾が前提となり[105]，それらの手続は現実的ではない。

　実務的には，信託の機能には，本質的にその資産管理の役割が期待されるため，独立系の報酬コンサルタントが委託者と業務委託契約を締結し，報酬コンサルタントの指図に基づいて，信託銀行が金銭および株式等の管理を行うことが望ましい。

3　不都合な真実—内部留保と給与平均

【図89】

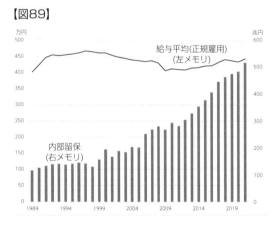

図89は，バブル経済最盛期であった1989年（平成元年）から2021年までの正規雇用の年間給与平均（国税庁民間給与実態統計調査）と金融・保険業を除く全産業の企業の内部留保残高（財務省法人企業統計）の推移をまとめたものである。

　わが国の企業の内部留保は，2021年度末時点で516兆円と

105　信託法は，信託行為に別段の定めがある場合，重要な事実を開示して受益者の承認がある場合等，受託者による利益相反取引を認めている（信託31条2項）。また，会社法は取締役の会社との利益相反取引に関し，取締役会設置会社の場合は取締役会，取締役会非設置会社の場合は株主総会に利益相反に関する重要な事実を開示し，事前承認を得ることを規定している（会社356条1項，365条1項）。

過去最高を更新したことは，前述の通りである（→128頁）。内部留保は，企業が事業により得た収益が再投資されずに社内に蓄積され，経営判断としても用途がない大変効率の悪いものとなる。

　一方，民間の正規雇用の年間給与平均は，過去30年間，400万円台前半で横ばいとなり，長期にわたり賃金上昇に頭打ちの状況が続くなか，役員報酬はインセンティブ報酬の導入により増加傾向にある。しかし，ここでは，内部留保を従業員に還元すべきだといった稚拙な議論を述べる目的はない。

　信託銀行は委託者および受益者から信託財産を付託され，受託者責任を負う社会的な存在である。また，英国の機関投資家のスチュワードシップの定義（→164頁）を持ち出すまでもなく，信託銀行は，機関投資家として「他者の信認に応えるべく一定の任務を遂行する者が負うべき幅広い様々な役割・責任」を負う。つまり，信託銀行は，投資先企業による環境，社会，ガバナンスへの会社資源の適正配分を監視するスチュワードシップを負うことになる。

　それは，役員報酬コンサルティングといった特定の利害者のみを利するものではなく，たとえば内部留保のステークホルダーへの効率的な資金配分や指名委員会等設置会社への移行等の規律面の強化（ガバナンス）等，会社をめぐる多様なステークホルダーの利益の均衡を図った包括的な経営コンサルティング等を担うべきである。

　受託者責任は，信託契約等に基づく信託当事者間の権利義務の関係にとどまるが，信託銀行には，本来，社会全般のスチュワードとしての責任をはたす使命があり，多様なステークホルダーの利益に配慮した信託の仕組みの提供が，信託銀行に求められている。

Topic 10　インサイダー取引と信託

　株式会社の取締役は，会社に対して忠実義務を負うため（会社355条），取締役が自己の利益のため会社の重要情報を利用して自社株式を取得・処分することは，忠実義務違反の問題が生じやすく，さらに，インサイダー取引規制の対象となる。

　そのため，取締役によるインサイダー取引の蓋然性を制限するため，株式の信託の仕組みが利用され，株式管理信託や株式取得・処分信託等を，信託銀行等が営業信託の商品として提供している。

　株式管理信託は，当初信託財産が株式となり，信託期間が取締役等の在任期間に設定され，株式の取得・処分の異動がなく受託者となる信託銀行等が株式を専ら保管管理する資産管理型信託である。

　類似例としては，国務大臣等に就いた者が株式を保有している場合，信託銀行

【図90】

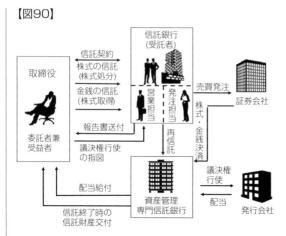

等に信託し，在任中の解約および変更を禁ずる服務規程がある（「国務大臣，副大臣及び大臣政務官規範」2001年1月6日閣議決定）。

図90の通り，取締役が委託者兼受益者となり，受託者となる信託銀行等と信託契約を締結し，株式処分信託または株式取得信託を設定する。

取締役は，株式処分信託では自己保有の自社株式を，株式取得信託の場合は金銭を受託者に信託する。

取締役は，会社の公開前の重要事実等を知り得る立場にあることから，株式の処分および取得にはインサイダー取引の蓋然性が高くなるため，取締役が株式の取得・処分のタイミングを個別に指図するのではなく，受託者がその判断を行う。

受託者は取締役とあらかじめ設定した株価で株式の処分または取得を行う。たとえば，「株価が1,000円を超えたら買付けを行わない」といった最高買付価格を設定し，1,000円を超えたら買付けを停止する。

信託の設定時に，取締役が重要事実等を知っているかどうかは，受託者にはわからないため，信託設定時に重要事実等を保有していない旨の表明書等を受託者に提出させることが一般的である。

受託者である信託銀行等は，金銭と株式を資産管理専門信託銀行に再委託し，信託銀行等が発注した株式売買の決済を行い，また，取締役の指図により議決権を行使する。

取締役と接する信託銀行等の営業担当者が，取締役から重要事実等の情報を受領する可能性があるため，信託銀行等の内部に営業担当者と売買発注者との情報遮断（チャイニーズ・ウォール）を置き，インサイダー取引のリスクを軽減させているのも特徴的となる。

インセンティブ報酬のように報酬の一部として株式が定時に交付されるのに対し，株式処分・取得信託は，信託の仕組みを利用した取締役による自社株式の運用が目的となるため，インサイダー取引規制の法の趣旨からも，これらの利用は限定的であるべきであろう。

第7章◆資産承継と信託

第1節　少子高齢化社会

1　概要

　わが国の人口動態は，図91
の年齢別の人口数を示す人口
ピラミッドの推移が示す通り
（総務省統計局人口推計より
作成），1990年から2020年の
過去30年間で現役世代が高齢
者になり，大きく増加するな
か，子供の出生数が減少を続
け，少子高齢化が進んでいる。

　少子高齢化はわが国の公的
年金制度への負担となり，老
後に向けた資産形成が必要と
なるため，投資信託，つみた
て NISA や iDeCo，確定拠出
企業年金等の信託の仕組みが
活用されていることは第3章
で述べてきた。

　また，わが国の家計におけ
る金融資産が2,000兆円を超
え，過去最高水準となるが，
半分以上が現金・預金となり，
貯蓄から資産形成への転換を
進めることが必要となること
も述べてきた（→137頁）。

【図91】

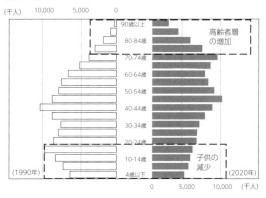

【図92】

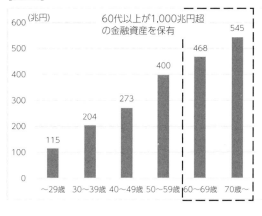

　しかし，家計の金融資産が高齢者に偏在していることも今日的な問題となっている。図92は，日本銀行資金循環統計と家計調査から推計した年代別の金融資産の保有高を示すが，60代以上の高齢者層が1,000兆円超を保有し，わが国の家計が保有する金融資産の半数以上を占めることになる。

　このため，高齢者（祖父母）から現役世代（父母），または高齢者から次世代（孫）への円滑な資産承継を支援するための施策が官民あげての課題となっている。

2　扶養義務者からの贈与

　扶養義務者と被扶養者間の生活費または教育費に充てるための贈与につき，「通常必要と認められるもの」は非課税となる（相続21条の3第1項2号）。

　扶養義務者とは，配偶者（相続1条の2第1号），直系血族および兄弟姉妹（民877条1項），家庭裁判所の審判を受けて扶養義務者となった三親等内の親族（同条2項），三親等内の親族で生計を一にする者（相基達1の2-1）で，扶養義務者か否かの判定は，相続開始時に決定される。

　生活費とは，その者の通常の日常生活を営むのに必要な費用（教育費を除く）を指し，治療費や養育費その他これに準ずるもの（保険金または損害賠償金で填補される部分を控除する）を含む（相基達21の3-3）。

　教育費とは，被扶養者の教育上通常必要と認められる学資，教材費，文具費等を言い，義務教育費に制限されない（相基達21の3-4）。

　被扶養者が，婚姻後の生活を営むために，家具，寝具，家電製品等の通常の日常生活を営むのに必要な家具什器等または購入資金の贈与を受けた場合も課税対象とならない（相基達21の3-5，21の3-9）[106]。

　被扶養者の出産においても，扶養義務者から検査・検診，分娩・入院に要する費用について贈与を受けた場合もその者の通常の日常生活を営むのに必要な費用となり，課税対象とならない（相基達21の3-3）。

　課税対象とならない「通常必要と認められるもの」は，被扶養者の需要と扶養義務者の資力その他一切の事情を勘案して社会通念上適当と認められる範囲の財産とされる（相基達21の3-6）。

　つまり，親と子または祖父母と孫のような扶養義務者と被扶養者間の生活費，教育費，結婚費用，出産費用の贈与は広範な範囲で非課税扱いとなる。

　特別な施策や措置がなくとも，被扶養者の進学，結婚，出産といったライフイベン

106　被扶養者の結婚式や披露宴の費用については，扶養義務者が負担しても，その結婚式・披露宴の内容，招待客との関係・人数や地域の慣習などの事情に応じて，本来費用を負担すべき者それぞれが，その費用を分担している場合，課税対象とはならない。

トをサポートするため，金融資産を保有する高齢者（扶養義務者）から子や孫（被扶養者）へ資産が承継される十分な素地があると言える。

実証研究によれば[107]，親から同居の子へ生活費等の贈与が行われたと回答した者は10%程度となるが，それらは親の生活費の支払いの意味合いが強い。非課税となる婚姻に際しての親からの贈与を受けた者は80%超と高い割合を示すが，住宅取得に際して贈与を受けた者は30%程度とあまり高くない。

親から金融資産の贈与を受けた者は２%にも満たず，資産の世代間移転はあまり進んでいない。家計の金融資産の保有者の偏在を平準化し資産承継を促すためには，税制や制度上の措置がさらに必要である。

第２節　資産承継をサポートする信託

１　概要

信託銀行等が営業信託で扱う相続または資産承継の商品・サービスは様々である。信託銀行等が取り扱う相続関連業務は，一般に「遺言信託」と呼ばれているが，信託の設定の形態である遺言信託とは異なる。

また，遺言信託は営業信託ではなく，信託銀行等の併営業務の１つとなる財産に関する遺言の執行に該当する（兼営１条１項４号）。したがって，信託銀行等の遺言信託の実施は，信託行為ではなく，委任または相続人のためになす代理行為となる。

世代間の資産承継の社会のニーズに呼応し，委託者から受益者への資産承継を目的とした信託の仕組みも信託銀行等は提供している。

資産承継は，図93の通り，委託者が金銭を信託し，受託者は信託財産の運用・管理を行う。委託者は，受益者を指定し，受益者のライフイベント（教育や結婚等）を給付事由とした信託の目的や認知症のサポート等の特約を設定し，

【図93】

信託契約

金銭の信託

・受益者の指定
・信託（贈与）の目的の設定
・別段の定め（特約）設定

（委託者）

（教育）（結婚）（子育て）

（受益者）

（受託者）

信託財産の運用・管理

金銭の給付

107　濱秋純哉「生前贈与と若年層の資産形成」全国銀行協会金融調査研究会第２グループ報告書61号（2018年）113頁。

受託者は受益者の資金用途を確認のうえ，金銭を受益者へ給付する。

　委託者が受益者を兼ねて年金形式で金銭を受領することも可能であり，また，実質的にペットを受益者とする信託の設定も可能である。贈与を目的とする場合，非課税制度の措置等が必要となるが，図93を基本形として委託者の様々なニーズを満たす柔軟な信託の設定が可能である。

2　相続関連業務

(1)　概要

　信託銀行等の相続関連業務は，①遺言によって遺言執行者と指定され，遺言の効力発生後に遺言の内容を実現する事務を執行する遺言執行業務，②相続人との委任契約に基づいて遺産の分配，債務の履行等の代理事務を遂行する遺産整理業務に分けられる（三菱760頁）。

　類似のサービスとして，遺言代用信託があるが（→74頁），金銭給付の発生事由を委託者の死亡とし，委託者があらかじめ指定した受益者に金銭が給付される信託契約に基づく金銭の信託である。

　委託者の死亡により，遺産分割協議等を省略して速やかに受益者に金銭が給付されることから，遺言または遺言執行者を代用する機能があるため，「遺言代用信託」と呼ばれている。

(2)　遺言信託

①　概要

　信託銀行等は，兼営法により遺言の執行を行うことができるが（兼営1条1項4号），財産に関する遺言の執行に限られるため，生活保護等の社会保障上の権利などの被相続人の一身に専属したものは執行できない（民896条）。

　信託銀行等が遺言執行者に指定される場合は，あらかじめ遺言の作成からコンサルティング業務を開始するのが通常である。したがって，遺言信託は遺言執行を最終的な目的とする包括的な相続サポート業務となる。

　2021年度末時点で遺言執行を前提とした信託銀行等の遺言書の保管件数は17.1万件となり，2000年の2.6万件から大幅に増加している（信託協会調べ）。

②　遺言の作成

　遺言者が存命中に遺言書の作成を遺言者と信託業等が行うが，この中で遺言者の戸籍謄本等から相続人，および不動産の登記簿謄本等から相続財産を確定する。

　相続には家族間の紛争等の法律問題が生ずる場合があるが，遺言信託として引き受けるか，弁護士に委ねるかを判断する必要がある。一般に法律行為の調整や解決を図

る行為は弁護士法72条に違反する非弁行為となるため，相続により家族間の紛争が起きた場合，信託銀行等が遺言執行者として解決を図ることは困難となるからである。

　必要に応じて弁護士等の助言を得ながら遺言者と遺言書の原案を作成していくが，遺言信託を引き受けるためには，信託銀行等を遺言執行者として遺言書で指定する必要がある（三菱764頁）。

　遺言信託では，遺言書の効力を確実にするため，公正証書遺言の形式をとる[108]。公正証書遺言では，2名以上の証人が立ち会わなければならない（民969条1号）。一般に信託銀行等の使用人が証人となる場合が多い。

　遺言者自身が遺言の趣旨を口頭で公証人に説明し（同条2号），公証人が遺言者の口述を筆記したうえで遺言者および証人に読み聞かせ（同3号），遺言者および証人が筆記の正確性を確認して署名・押印し（同4号），さらに公証人がこれらの手続に従って公正証書遺言が作成された旨を付記して署名・押印しなければならない（同5号）。

③ 遺言書の保管

　公正証書遺言が作成されると，正本と謄本が交付され，遺言者と信託銀行等との間で遺言書保管の契約が締結される。この契約は単に遺言書の寄託ではなく，遺言者死亡時に信託銀行等に死亡事実を通知する通知者を指定し，死亡通知人の承諾書を徴求する（三菱766頁）。

④ 遺言執行

　遺言者死亡の通知を受けた信託銀行等は，遺言の執行に着手する。まず，遺言執行者承諾の通知，遺言執行の対象となる財産目録の作成，財産の分割や名義変更等の財産の処分，執行報告の作成のプロセスを経る。

　信託銀行等が遺言執行者に就任する場合，遺言執行者は遺言の内容を実現するため，相続財産の管理その他遺言の執行に必要な一切の権利義務を有し，受任者としての善管注意義務を負う（民1012条，644条）。

　遺言執行者への就任は，遺言により指定された者の任意であり，必ずしも承諾する必要はない（民1006条3項）。遺言信託の引受時から時間が経過し，状況が大きく変わるため，信託銀行等にも遺言執行を辞退する機会が留保されていることになる。

　遺言に指定された遺言執行者がその就任を辞退したとき，相続人のその他の利害関係人は，遺言執行者に催告し就任を求めることができるが（民1008条），就任しない

108　公正証書遺言によらなくとも，遺言者自身が自筆する自筆証書遺言があるが，従来は裁判所による検認等の手続があり（民1004条），遺言の有効性が争われることが多かったが，2020年に自筆証書遺言保管制度が導入され，所定の手続を経て法務局に保管された自筆証書遺言は，検認が不要となった。

場合は，相続人その他の利害関係人は裁判所に対し他の遺言執行者の選任を請求でき
る（民1010条）。

　したがって，信託銀行等が諸々の事由により遺言執行者への就任を承諾しない場合，
その旨を相続人および受遺者の全員に通知しなければならない。信託銀行等の遺言執
行者就任の拒絶により遺産信託の契約は終了する。

　なお，遺言執行者に就任できる信託銀行等は，信託銀行ほか信託会社が含まれ，そ
れぞれが遺言執行者の指定を受けて遺言の執行が可能となるが，旧専業信託銀行以外
は兼営令3条3号により不動産の売買および賃借の代理または媒介ができないため，
不動産の処分ができない（三菱762頁）。

(3)　遺産整理

　遺言信託は，遺言者との包括的な委任契約に基づくため，遺言執行者による相続財
産の処分等に相続人の同意は必要としない。しかし，遺産整理業務は，被相続人の死
亡後に相続人全員の委任を受けた委任事務となる。

　信託銀行等の遺産整理業務も兼営法に規定される併営業務となり，財産の整理また
は清算（兼営1条1項7号ロ），債権の取立て（同号ハ），債務の履行（同ニ）の代理
行為となる。

　相続財産の処分等については，遺言の執行は遺言に従って事務処理を行うが，遺産
整理の委任事務については，最終的には相続人全員が合意する遺産分割協議書の作成
およびそれに基づく相続財産の処分等が目的となるため，分割協議が円滑に進まない
場合は，信託銀行等は委任事務を終了させる（三菱775頁）。

　遺言信託と同様に信託銀行等は法令上，相続人間の紛争に関与・調整することがで
きない。遺産分割協議の調停等を行うと，非弁行為に該当するからである。

3　資産承継の信託

(1)　概要

　資産承継に信託の仕組みが活用されていることは，既に，遺言代用信託（→74頁），
跡継ぎ型受益者連続信託（→ Topic 3），家族信託（→123頁）を事例としてあげて
いる。

　家族の世代間の資産承継を促すための施策として，信託銀行等と行政庁の折衝によ
り，教育，結婚子育ての資金を用途とした贈与に時限措置として非課税枠を設け，信
託銀行等がその措置に沿った商品設計を行い広く販売している。

　教育費や結婚子育て等の生活費は，社会通念上認められる範囲の扶養義務者（祖父
母・親）から被扶養者（子・孫）への贈与は，課税対象とならないのは前述の通りで

あり（→204頁），信託の仕組みを利用する必要はないように思える。

　しかし，未成年等の子供が具体的な意思を持って，それらの贈与を費消することは難しく，法定代理人となる親が金銭の管理をすることになり，必ずしも扶養義務者の贈与目的に合致して金銭が費消されることはない。

　これらの贈与に際し，扶養義務者（委託者）と被扶養者（受益者）の間に受託者を介在させることで，祖父母の「孫の教育を支援したい」，「孫の結婚や子育てをサポートしたい」といった思いを確実に実現させることが可能となる。

　こういった委託者の孫への家族愛を実現する仕組みこそ，信託の起源となるユースの理念を継受するものであり，受託者としての信託銀行等が本来取り組むべき信託である。

(2)　子・孫の成長を支援する信託

　扶養義務者から被扶養者への結婚・子育て，または教育の資金を贈与する非課税措置を利用した信託の仕組みとして，「教育資金贈与信託」，「結婚・子育て支援信託」がある。

　「教育資金贈与信託」は，子または孫等が30歳までに要する学校等の教育機関等の費用，「結婚・子育て支援信託」は，子または孫等が成長し，18歳以上となった場合（給付対象は49歳まで），結婚費用，未就学の子を育てる費用を親または祖父母等が贈与することを支援することを目的とした信託で，受益者となる子または孫等の成長に応じて利用されている。

　教育資金贈与信託は，2015年12月までの時限措置として2013年４月に施行され（措法70条の２の２第１項），2015年に期間延長され，現状の措置期限は2023年３月末までとなり，2021年度末時点の受託残高の累計は約1.9兆円，受託件数累計は25万件となっている（信託協会調べ）。

　結婚・子育て支援信託は，2015年４月より2019年３月末までの時限措置として導入され（措法70条の２の３第１項），その後の税制改正により2023年３月末まで期限が延長されているが，受託残高の累計は224億円，受託件数累計は7,363件となり（信託協会調べ），制度の利用としては教育資金贈与信託ほど活発ではない[109]。

　いずれの信託商品も，親または祖父母等を委託者とし，その子または孫等を受益者として，信託銀行等を受託者に金銭を信託し，受託者が必要資金を受益者に給付する信託である。

109　2022年12月に閣議決定された2023年度税制改正大綱では，教育資金贈与信託が３年間，結婚・子育て支援信託が２年間，それぞれ延長することが予定されている。

　図93の通り，信託の目的が別段の定め（資金管理契約）により，受益者の教育資金または結婚・子育てのみに金銭が給付される金銭の信託であり，受託者は資金の用途，金額を領収書等で確認し，受益者の口座に入金する。

　信託の設定にあたっては，非課税措置の利用を意図する委託者から教育資金非課税申告書（措法70条の2の2第3項）または結婚・子育て資金非課税申告書（措法70条の2の3第3項）が信託銀行等を経由して委託者の納税地の所轄税務署長に提出された場合に成立する。

　したがって，委託者が信託銀行等に資金取引のための銀行口座を開設したり，信託銀行等に教育資金贈与信託等の申込書を提出したりしたとしても，非課税申告書が税務署長に未提出であれば，信託の設定は成立せず，裁判所の判断も同旨である（東京高判平成30年2月14日金判1541号18頁）。

　教育資金贈与信託の非課税対象の限度額は1,500万円で，信託期間は受益者の30歳の誕生日前日となるが，学校等に在籍または教育訓練給付金の対象となる教育訓練を受講している場合は，40歳誕生日の前日までに延長される場合がある。

　教育資金は，入学金，授業料にとどまらず，定期券代，習い事，学習塾，留学費用等，広範なものが対象となるが，学校関連の費用以外のものについては500万円の上限がある。

　一方，結婚・子育て支援信託の非課税対象の限度額は1,000万円で，結婚資金の用途への費消は300万円が上限となる。結婚式の費用から新居への入居・引越し，家賃，未就学の子の医療費，保育費等広範な費用が対象となる。

　なお，いずれの信託も受益者が金銭の受領を開始した年の前年分の合計所得額が1,000万円を超える場合は，非課税制度の適用を受けることができず，また，信託財産に設定された金額を費消できなかったときは，贈与税の課税対象となる。信託期間中の委託者死亡時の非課税対象となった資金については，死亡時の残額を受益者が委託者から相続したものとみなされ，相続税が課税される[110]。

　教育資金贈与信託導入の当初は，領収書提出や資金の引出し等，煩雑な手続があったが，現在では，費用請求等がインターネットバンキングで利用できるようになり，利便性が向上している。

(3)　暦年贈与信託

　1人の人が1年の1月から12月末までの期間（暦年）に60万円（基礎控除）を超える贈与により財産を取得した場合，その基礎控除額を超える金額に対し贈与税が課税

110　受益者が23歳未満，学校等に在籍，教育訓練を受講の場合は除かれる。

されるが（相続１条の４，21条の５），現状は，特別措置により，控除額は年間110万円となっている（措法70条の２の４）。

これは贈与ごとに基礎控除額が認められるわけではなく，受贈者が誰から贈与を受けたかを問わず，贈与されたすべての財産から控除される金額が110万円となる。したがって，資金用途を問わず非課税扱いで年間合計110万円の受贈が可能であり，一般に「暦年贈与」と呼ばれている。

【図94】

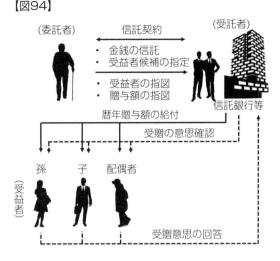

たとえば，特定の者に対し，５年分の暦年贈与額相当の550万円を贈与し，受贈者が計画的に年間110万円ずつ費消したとしても，初年度の550万円の贈与者による入金や550万円の残高がある銀行口座通帳の授与は暦年で550万円とされ，110万円を超える金額に対し，贈与税が課税されることなる。

つまり，拠出された金銭等が誰の支配下にあるかが問題となり，事例のように５年分の暦年贈与額相当を一括で渡すことは受贈者の支配下となる。暦年贈与信託は，年間110万円の基礎控除額を信託の仕組みを利用し，贈与者（委託者）から受贈者（受益者）に暦年で贈与する目的で設定される金銭の信託である。

図94の通り，委託者は受託者となる信託銀行等に暦年贈与が可能となる一定額の金銭を信託する。暦年贈与を信託の目的とするため，一般的に配偶者や直系卑属等の親族を受益者候補として指定する。

委託者は，必要に応じて受益者と贈与額の指図を受託者に行うが，受益者によっては，他の贈与により基礎控除額の110万円を超える場合もあるため，受託者は受益者に受贈の意思確認を行う。

信託銀行等が，委託者が拠出した信託財産を管理し，委託者の指図により受益者に金銭を給付することから，受贈者となる受益者が銀行口座等を支配できないため，基礎控除額の範囲内となる贈与は暦年贈与として課税対象とはならない。

暦年贈与信託は，行政庁等の非課税措置を必要とせず，金融機関のアイデアにより創設された信託の仕組みとなり，委託者の家族への思いを受益者に伝える信託本来の

機能と言える。

(4)　生命保険信託

　委託者が死亡したとき，相続人が高齢であったり，病気であったりして，相続財産等の管理を委託者が心配に思うとき，また，相続財産の一部を社会に役立てたいと思うとき，遺言代用信託（→74頁）や図93の信託の仕組みを応用することで対応が可能である。

　委託者死亡により信託の効力を発生させ（遺言信託→72頁），あらかじめ指定された受益者に金銭を給付することが可能である。しかし，これらは委託者が金銭を信託する場合であり，相続財産が専ら生命保険金となる場合などは，別の仕組みを利用しなければならない。

【図95】

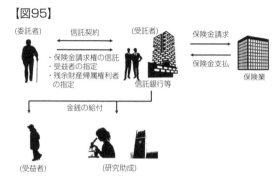

　生命保険信託は，図95の通り，生命保険金自体は委託者の存命中には信託できないため，保険業への生命保険金請求権を受託者となる信託銀行等に信託し，委託者死亡時に受託者が保険業に生命保険金を請求し，指定された受益者に対して金銭を給付する。

　法定相続人以外の者を受益者および残余財産帰属権利者に指定できるため，研究助成や奨学金の用途に公益法人や学校法人等へ寄付することが可能である。

　ただし，生命保険信託では，保険業と信託銀行等との間の提携契約や寄付可能な法人の設定等が必要となる。

第3節　高齢者・障がい者等を守る信託

1　概要

　ここまで，老後の備えのための資産形成や資産承継を目的とした信託の仕組みを述べてきたが，信託の仕組みには，高齢者や障がい者のための「守り」の機能と役割がある。

　高齢者をねらった特殊詐欺事件が社会的な問題となり，また，65歳以上の高齢者の5人に1人が認知症になると言われている[111]。高齢者が金融犯罪の被害者となること

を防止し，かつ認知症による財産管理能力の低下をサポートするため，信託銀行等は様々な信託の仕組みを活用した金融サービスを提供している。

　また，障がい者や被後見人の生活の安定を図るために，信託の仕組みが活用されている。特定障がい者の親族等が金銭を信託し，特定障がい者の生活費や医療費等の支払いのための金銭を定期的に給付する特定贈与信託，裁判所の関与のもと，受託者が被後見人が信託した金銭を管理し，後見人管理の口座に金銭を給付する後見制度支援信託がある。

　いずれの場合も，図93の金銭の信託を基本形とし，金銭の給付や受益者または残余財産帰属権利者を指定するもので，その給付の目的や事由につき信託行為の別段の定め（特約）を設けるものとなる。

2　高齢者を守る信託

(1)　代理出金機能付信託

　代理出金機能付信託は，委託者の判断能力の有無を問わず，委託者が指定した受益者代理人および閲覧者が，委託者または受益者代理人による金銭の払出しを確認できる金銭の信託となる。

　図96の通り[112]，委託者が信託銀行等を受託者として金銭を信託し，特約となる代理出金機能付信託アプリ利用規定に従い，委託者または受益者代理人の払出請求はスマートフォンのアプリを通じて行わ

【図96】

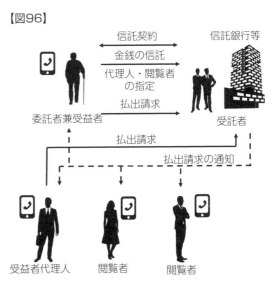

れ，払出しが請求されると，払出請求情報がスマートフォン経由で委託者，受益者代理人，閲覧者に通知される。受託者は払出請求日から一定期間（みまもり期間）経過後にあらかじめ指定された銀行口座に金銭を入金する。

111　厚生労働省「認知症施策推進総合戦略（新オレンジプラン）～認知症高齢者等にやさしい地域づくりに向けて～」（2017年7月改訂版）1頁。
112　三菱UFJ信託銀行「つかえて安心」の商品概要を参考に作成。

　金銭の入出金記録は，委託者，受益者代理人，後見人等の請求により閲覧に供されるため，信託財産の管理について透明性が確保されることになる。

　スマートフォンのアプリを利用して写真により領収等を添付して払出請求が指図され，その払出しの請求情報が即時に共有され，かつ，払出しまでに時間の経過を置くことから，認知症による誤利用や犯罪性の出金を未然に防ぐことができる。

　委託者の代わりに子や兄弟等が委託者の金銭を管理し，必要な資金のみを払い出し，アプリにより出金状況が家族間に共有されることからも安心感が強い。

(2)　認知症サポート特約付金銭信託

【図97】

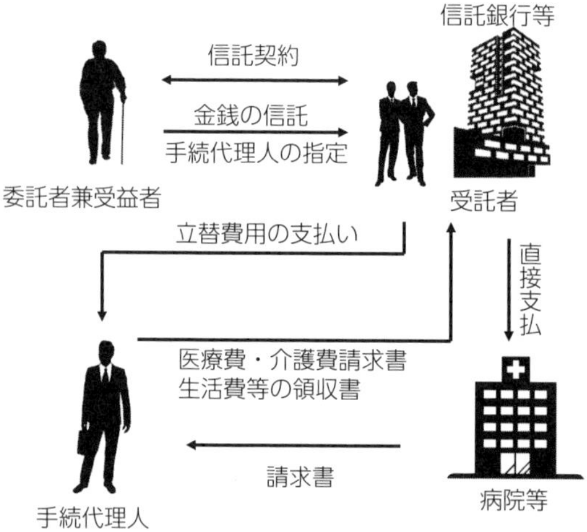

　認知症のサポートに特化した信託の仕組みとして，認知症サポート特約付金銭信託がある。図97の通り[113]，委託者が認知症になる前の備えとして，信託銀行等を受託者として金銭を信託し（既に認知症の場合は信託の申込みができない），認知症と診断されたときの払出し等を行う手続代理人を3親等内の親族または弁護士，司法書士の中から，1名を指定する。

　信託行為の別段の定めとして，委託者が認知症と診断された場合，委託者の資金管理を委託者に代理して行う特約を締結し，資金使途は，生活費，医療費，介護費に限定される。

　委託者が認知症と診断されると，あらかじめ指定された手続代理人が，医療費・介護費の請求書，生活費等を立て替えていた場合，領収書を受託者に提出し，受託者がその内容をチェックし，医療費等は直接支払い，生活費等については委託者があらかじめ指定した銀行口座に定額を自動入金する。

　委託者が認知症になる前に自らの意思で認知症サポートの特約付きの金銭の信託を設定できるため，委託者の認知症への不安感を軽減できる信託の仕組みとなる。

113　みずほ信託銀行「認知症サポート信託」の商品概要を参考に作成。

(3)　死後事務委任特約付金銭信託

　2020年の国勢調査によれば，65歳以上の一人暮らし世帯（高齢単身世帯）数は671万人で，うち女性の高齢単身世帯は440万人と全体の65%を占める。65歳以上の女性人口比で65歳以上の女性の5人に1人が一人暮らしとなっている。

　一人暮らしの高齢者にとって，自分が病気になったときの親族への連絡や財産の管理，自分にもしものことがあったときのペットの世話や家の片付け，財産の処分等の事後の整理など，不安は尽きない。

　ここでも，金銭の信託に信託行為の別段の定め（特約）を設け，信託銀行等が受託者となって高齢単身者の終活および事後の整理等をサポートすることができる。

　図98の通り[114]，委託者が受託者となる信託銀行等に金銭を信託し，委託者死亡のときの身の回りの整理や病院等の支払等の死後事務委任契約を一般社団法人等（受任者）と締結する。委託者死亡時に受任者は受託者が管理する信託財産から受任事務の費用の支払いを受ける。

　委託者と受託者との間には遺言代用信託の仕組みを活用し，委託者が信託契約時に残余財産帰属権利者を指定し，受託者は受任者への受任事務費用精算後の残余財産を帰属権利者に給付する。帰属権利者は，相続人等の親族であっても，また，受託者が提携する寄付先法人（学校法人や公益法人等）であってもよい。

【図98】

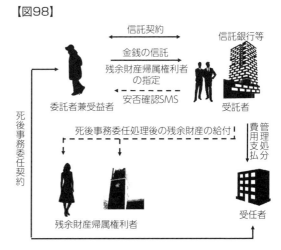

　信託の設定の目的が，一人暮らしの高齢者のみまもりにあるため，受託者は定期的に委託者へ安否確認を行う。電話や訪問といったものではなく，携帯電話のショートメッセージ機能（SMS）を使い，受託者の安否確認に対し，委託者が返信する形式をとる。

　安否確認自体は，SMSによる簡便な形式となるが，委託者の返信がなかった場合，死後事務委任契約の受任者が家庭訪問等の調査を実施することから，一人暮らし高齢者が日常生活を安心して過ごせることになる。高齢単身世帯の増加に即した信託本来

114　三井住友信託銀行「おひとりさま信託」の商品概要を参考に作成。

のサービスの提供と言える。

3　障がい者を支援する信託

(1)　後見制度支援信託

　成年後見制度は，1999年の民法改正により新たに設けられた制度である。精神上の障がいにより事理を弁識する能力を欠く者については，本人または親族等の請求により後見開始の審判を行い（民7条），裁判所が成年後見人を付すことになる（民8条）。

　成年後見人は，後見開始の審判において裁判所が選任するが，申立書に記載された親・兄弟等の親族の候補者か，候補者以外の弁護士，司法書士，社会福祉士の専門家が選任される。

　成年後見人が弁護士等であっても成年被後見人の財産を着服する横領事件が後を絶たず[115]，成年後見制度自体への信頼が揺るぎかねない状況にあった。

　これらの後見人による不正のリスクを低減するため，2010年に最高裁が提案し，信託協会と法務省で創案されたものが後見制度支援信託であり（三菱666頁），成年後見制度に裁判所の関与と信託の仕組みを活用している。

　家庭裁判所は，新たな後見開始の申立てや既に後見人が選任されていても後見制度支援信託を利用すべきと判断したときには，弁護士等の専門職後見人を選任する。

【図99】

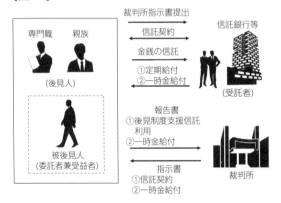

　図99の通り，専門職後見人が被後見人の生活状況や財産状況を勘案し，後見制度支援信託の利用に適していると判断したら，裁判所に信託契約の報告書を提出する。

　裁判所は，報告書の内容を確認し，後見制度支援信託の利用を認めるときは，専門職後見人に信託契約締結の指示書を発行し，専門職後見人は裁判所の指示書を受託者に提出する。

　被後見人を委託者兼受益者，親族後見人を代理人とする金銭の信託を設定し，信託の成立後に専門職後見人は辞任し，親族後見人が契約締結後に受託者から入金される

---

115 「成年後見で1億円着服，元弁護士に懲役6年，東京地裁判決」日本経済新聞夕刊2016年10月7日13面（東京地判平成28年10月7日 LEX/DB 文献番号25544644）。

定期給付金を管理する。

　親族後見人は，受託者からの定期給付金で被後見人の生活費等の日常的な支出を行うが，医療費等の一時金が必要な場合は，受託者が管理する信託財産から給付を受ける必要がある。

　信託財産からの一時金の給付には，信託契約締結時と同じ手続が必要となり，親族後見人が裁判所に対して必要な経費について報告書を提出し，裁判所がこれを認める場合は一時金給付の指示書を発行する。

　したがって，専門職後見人であっても親族後見人であっても，被後見人の財産を自由に管理できるわけではなく，裁判所の判断（指示書）と受託者の金銭の給付と二段階の確認手続が生ずる。

　このため，一般的な成年後見制度に比べ，後見制度支援信託では，弁護士や親族等による被後見人の財産の着服といった不正が起こりにくい仕組みとなり，被後見人が安心して日常生活を送るための信託を活用した工夫が図られている。

　後見制度支援信託の2012年から2021年末までの累計利用者数は2.8万人[116]，受託残高累計は1兆1,090億円となり（最高裁判所事務総局家庭局調べ），制度としての利用が進み，成年後見制度を補完している。

(2)　特定贈与信託

　障がい者の経済的な安定を図るための税制上の優遇措置として，特定障がい者に対する贈与税の非課税制度が定められている（相続21条の4）。障がいの程度に応じて，特別障がい者が6,000万円，それ以外の特定障がい者が3,000万円を上限として非課税枠が設けられている。

　この特定障がい者への非課税制度を信託の仕組みによって，特定障がい者等へ生活費等の金銭が円滑に給付される信託が特定贈与信託である。

　図100の通り，特定障がい者等の生活を支援したいと思う，その親族，篤志家等の個人が委託者となり，受託者となる信託銀行等に金銭を信託し，受託者は特定障がい者等を受益者として，定期的な金銭の給付を行うのが信託の目的となる。

　信託の設定には，特定障がい者等が障がい者非課税信託申告書に必要書類を添付したうえで受託者経由で納税地の所轄税務署長に提出しなければならない（相続令4条の10第3項）。

　通常，資産承継等を目的とした営業信託では，当初信託財産が金銭となる金銭の信

---

[116]　成年後見制度の利用者数は24万人程度となり（最高裁判所事務総局家庭局調べ），後見制度支援信託の10倍ほどの規模である。

【図100】

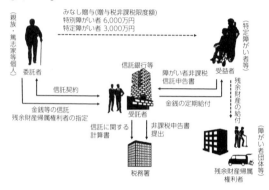

託となるが，特定贈与信託では，当初信託財産の対象が，①金銭，②有価証券，③金銭債権，④立木および立木とともに信託された土地，⑤継続的に相当の対価を得て他人に使用させる不動産，⑥①から⑤のいずれかと共に信託された特定障がい者等が居住する不動産となり（相続令4条の11），包括信託の形態をとる。

　委託者が供出した信託財産の金銭全額を費消せずに受益者が死亡したときは（信託の終了），基本的には受益者の相続人または受遺者に残余財産が給付されるが，あらかじめ残余財産帰属権利者として指定したボランティアや障がい者支援団体等に残余財産を給付してもよい。

　2021年度末時点の特定贈与信託の受託状況は，受託件数2,436件，受益者数2,300人，受託残高529億円となり，制度の利用としてはあまり進んでいない。

第4節　公益のための信託

1　概要

　委託者が科学技術の発展や自然環境の保全等に貢献するために固有財産を有効に活用したいという思いは，これもまた社会全般への資産承継とも言える。この篤志家の思いに応えるために，様々な信託の仕組みが用意され，公益信託（→56頁），目的信託（→55頁）があることは既に述べてきた。

　また，残余財産帰属権利者に公益法人等を指定することで，生命保険信託や死後事務委任特約付金銭信託等でも委託者が拠出した信託財産が公益活動等に貢献することも可能である。

　信託の仕組みは柔軟性があり，信託の設定時に受益者または残余財産帰属権利者に指定するか，目的信託において信託の目的にするなどして，学校法人や様々な公益を目的にした法人に金銭を給付することが可能となる。

　公益目的に信託財産を拠出する場合，公益信託または特定寄付信託を利用すると寄附金控除の税制上の優遇措置を受ける場合があるため，委託者に節税等の目的がある

場合は選好されやすい。

2　特定寄附信託

　特定寄附信託は，信託を通じた寄附行為により公益活動等を促すことを目的とし，2011年度の税制改正により創設された非課税制度である（三菱660頁）。

　図101の通り，学校法人ほか公益法人等に寄附することを目的とし，委託者が信託銀行等を受託者とし，金銭を信

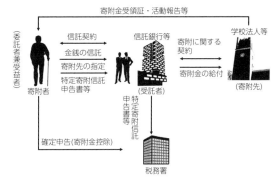

【図101】

託する仕組みとなるため，税務署に対し非課税措置のための手続を行うこと以外は，目的信託と同じ仕組みとなる。

　委託者となる寄附者が寄附先から直接活動報告等を受領する立場にあるため，受益者を兼ねることになる点，受益者がいない目的信託とは異なる。公益信託と異なり，主務官庁の認可・監督，運営委員会や信託監督人の設置が不要でありながら，寄附者に同じ税制上のメリットがあることから，利用されやすい仕組みとなる。

　寄附先については，学校法人，公益法人，社会福祉法人およびNPO等広範な法人が対象となるが，あらかじめ受託者と寄附に関する契約が締結済みであることが求められる。

　所轄税務署長への特定寄附信託申告書等の提出は，信託の成立の要件とはならないが，寄附先に運用収益が給付される前に提出しなければ非課税措置を受けることができない（措法4条の5第3項）。

　寄附金は，信託期間中，運用収益とともに毎年定期的に寄附先へ給付される。信託期間の終了または委託者兼受託者の死亡時は，残余財産はすべて寄附先に帰属する。

　特定寄附信託の受託状況は，2020年度末時点で，受託件数が24件，受託残高が1.1億円となっている（三菱660頁）。同じ目的を有する公益信託は同時点で受託件数406件，受託残高580億円である（信託協会調べ）。

　篤志家の出捐金が有効かつ効率的に公益活動に費消されていくためには，類似の非課税の仕組みが複数存在する必要はなく，公益信託と特定寄附信託が統合され，寄附者にとって，わかりやすい，使いやすい仕組みを提供すべきであろう。

第５節　ペットの信託

1　概要

　犬は飼主に忠実である。高齢者が一人暮らしであったり，家族と不仲となったりしても，犬は飼主に寄り添い，家族も同然である。犬と猫を合計した飼育頭数は2021年時点で1,605万頭となり（一般社団法人ペットフード協会調べ，以下同じ），同時点の15歳未満人口合計の1,503万人（総務省統計局人口推計）を超えている。

　さらに，犬と猫を飼育する世代の20％程度が60代以上の高齢者となり，一般的な犬と猫の平均寿命とされる15年程度を考慮すると，ペットを飼育する高齢者にとって，自分にもしものことがあった場合，残されたペットへの不安は大きい。

　米国では信託の仕組みを使い，犬等のペットへ財産を相続させることが一般的であり，存命中は被相続人をぞんざいに扱ってきたが，被相続人の大半の財産を犬が相続すると知るやいなや相続人の権利を抗弁して犬を相手に裁判で争う事例が少なくない[117]。

　わが国では自然人のみが相続人となるため（民886条ないし890条），ペットや法人が相続をすることができない。しかし，飼主のペットへの思いを実現するため，信託の仕組みの活用が工夫されている。

2　遺贈・死因贈与によるペットのサポート

　ペットの飼主は，自分にもしものことがあったときに，ペットのケアをすることを条件として（負担付），遺言による贈与（遺贈）と，生前に第三者との贈与契約の締結（死因贈与）を利用することができる。これらを負担付遺贈または負担付死因贈与と言う。

　遺贈の場合は，遺言者が遺言に記述する単独行為となるため，相手方の同意の必要はないが，受遺者は遺言者の死亡後，いつでも遺贈の放棄ができる（民986条１項）。

　死因贈与は，当事者間の贈与契約となり，贈与者の死亡を事由として贈与の効力が発生するため，贈与者の死亡を理由として受贈者は一方的に契約を解除することができない。

　図102の通り，受遺者または受贈者はペットの世話を負担することになるが，受遺者は遺贈自体を放棄することができ，また，受遺者が負担付遺贈を承諾しても，また

受贈者が負担付死因贈与の負担を履行したとしても，遺贈または贈与された財産は，ペットの世話のみの費消に制限されない。

さらに，いったん遺贈が承諾され，または，負担付死因贈与契約が履行されてしまうと，ペットの世話の負担が適正に履行されているかを監督できる仕組みがない。ペットの世話といった飼主の核心的な思いを確実に実現できる保証がないのが負担付遺贈または負担付死因贈与契約の問題点である。

【図102】

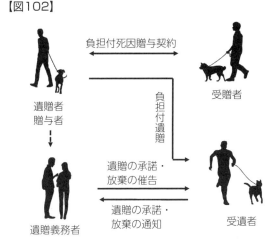

3　ペット信託®

　負担付遺贈および負担付死因贈与の欠点を補い，民事信託の仕組みを活用したものが，ペット信託®である。その名称は商標登録されている[118]。

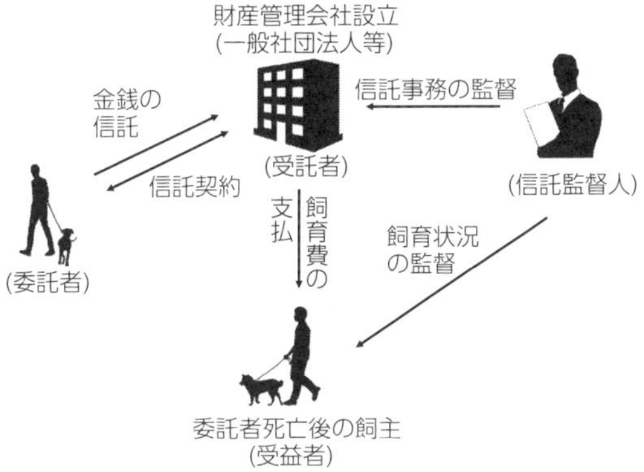

　ペット信託®の仕組みは，図103の通りとなり，一般社団法人等の財産管理会社を受託者として設立し，ペットの飼主が委託者となり，委託者死亡後のペットの世話等に必要な金銭を信託財産として受託者が管理する。

　ペット信託®では，受託者による信託事務の状況および委託者死亡後の犬の世話をする者（受益者）による犬の飼育状況を監督する信託監督人を置くことから，負担付遺贈および負担付死因贈与の欠点を補うことが可能となっている。

　ただし，ペット信託®では，ペットごとの財産管理会社を設立し，行政書士や司法

【図103】

118　登録番号第5553280号および第6039461号。

書士等の信託監督人を置くことから，相応の費用がかかること，また，事前に委託者死亡時の新しい飼主を決めることが難しいため，委託者の思いに応えるには必ずしも有効な仕組みではない[119]。

4　営業信託によるペットの信託

　営業信託の当初信託財産の対象には制限がないため，動産となるペットも信託財産になり得るが，信託銀行等がペットを信託財産として管理すること自体には知見がなく，ペットの信託を引き受けることは受託者としての善管注意義務違反を生じさせやすい。

　しかし，信託の仕組みの設計は柔軟性があるため，ペットホテル等の専門の法人に再委託または業務委託することにより，ペットの信託は可能である。

　たとえば，前述した死後事務委任特約付金銭信託（→215頁）の委任事務としてペットの世話を指定することができ，遺言代用信託の組合せにより新しい飼主（法人）をあらかじめ受益者として指定することも可能である。

　また，目的信託（→55頁）を設定することにより，委託者死亡後にペットの世話を行う NPO やボランティア団体への金銭の給付を目的に設定することも可能である。

【図104】

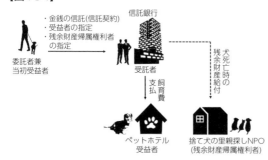

　そのほか，図104の通り，金銭の信託と信託行為の別段の定め（特約）を置くことにより対応が可能である。信託銀行等を受託者とし，ペットの飼主（委託者兼当初受益者）が，判断能力があるうちにペットの飼育を目的とした金銭の信託を設定する。

　委託者が認知症等で判断能力が劣り，ペットの世話をできなくなったら，あらかじめ指定した受託者が業務提携するペットホテル等が受益者となり，ペットの世話を委託者から引き継ぐ。

　受託者は定時にペットの世話のための金銭を給付し，委託者が死亡しても，受益者はペットの世話を継続する。ペットが死亡したときは（信託の終了），委託者が指定した捨て犬の里親さがし NPO 等を残余財産帰属権利者として，残余財産を給付する。

　委託者となるペットの飼主は，受託者が提案するペットホテルやペットが死亡した

ときの残余財産帰属権利者を判断能力があるうちに選択できるため，自分にもしもの
ことがあったとしても，ペットのことを心配することはない。ただし，信託の設定に
あたっては，法定相続人が存在する場合，遺留分を侵害しないよう注意を要する。

　営業信託における受託者および受益者には，個人の新たな飼主の検索や選択および
新たな法人設立といった手続が不要となるうえ，免許または登録業者となる信託銀行
等の法人には自然人や一般社団法人に比べ継続性があることから，委託者のペットに
対する思いに応える信託の仕組みを提供することができる。

エピローグ

1 受託者責任の法理（信認法理）

　本書においては，受託者責任について，その解釈と意義を全編を通じて反復継続的に述べてきたつもりである。それは，行政庁や金融機関の役職員が用いる「顧客本位」や「FD[120]」とは相容れないものである。

　受託者責任は，当初契約の二者間で生ずるものではなく，第三者である受益者に対して受託者が負う責任であり，受託者に財産の管理や権限に裁量権があるため，受益者との情報の非対称性が存在し（受益者は信託が設定されたことすら知らない場合が多い），それだけにより重く厳格な概念となる。

　行政庁が受託者責任の定義とする「他者の信認に応えるべく一定の任務を遂行する者が負うべき幅広い様々な役割・責任の総称」は，主として金融商品・サービスの取引または契約に関連する委任契約において金融事業者が負う受任者義務に近い。

　したがって，行政庁が本来，法令上は適用できない受託者責任をあえて金融事業者に求めることは，受託者責任の文言の重みを十分理解したうえで，顧客・利用者に対して過分な業務履行責任を求める金融監督上の強圧性が存在する。かような金融規制のアプローチは諸外国では例をみない。

　近時，このような行政庁の動きを支援するためか，「信認法理」と新しい法理念が形成されたかのような紹介がなされる場合もあるが，単に Fiduciary Duty を訳し直しただけで，その実は受託者責任そのものである。

　わが国においては，信託法制定から100年を経過し，大陸法的な民法の概念に英米法的な信託法の概念を融合し，本書でも記述したように様々な解釈論の対立があり，2006年の現信託法に集約されている。

　また，Fiduciary Relationship は，「信認関係」と訳され，会社法の英米との比較法研究における善管注意義務と忠実義務の異質説，同質説を持ち出すまでもなく（→27頁），十分な研究が既になされている。

　そのうえで，受託者責任を金融事業者が契約・取引の相手方に一律に負うものと陳腐化するのではなく，財産管理または権限を信託された者が，その行使に裁量権を有

120　おそらく Fiduciary Duty の略だと思われるが，一般的には，消防署（Fire Department）や記憶媒体（Floppy Disk）を指し，英米法では，金商法上のフェア・ディスクロージャー（Fair Disclosure）の略語で使用される。

し，専ら第三者である受益者の利益のために尽くす受託者責任本来の意義に立ち戻り，再認識する必要がある。

2　社会基盤としての信託

　信託法の大学講義では，学生に「信託」が自分たちに無関係な存在だと思っていたとアンケート等で回答されることが多い。しかし，信託の起源となるユースは，市民社会に根ざした仕組みであり，また，わが国でも信託の仕組みが最も利用されたのが，個人の利殖となる貸付信託であった。

　本書でも述べた通り，年金運用，投資信託等の資産形成は信託が介在しなければ成り立たず，また，金銭債権や不動産等の流動化・証券化も同じである。信託の仕組みは，市民社会に欠かせない存在となっている。

　信託業が管理する受託財産は，2021年度末時点で，再信託を含め1,500兆円を超え，もはやその存在は社会基盤となっている。信託財産の対象は制限がなく，今後も暗号資産やIT等の知的財産など信託の転換機能を使った証券化等が進み，受託財産はさらに増加していくであろう。

　信託業が社会基盤を担うことにより，これまでの信託契約上の当事者のみに責任を負う受託者責任の考え方に変化が生ずることは言うまでもない。この点，行政庁が考える受託者責任の定義が，受託者責任の解釈としては誤用であるが信託業一般の原則として該当する。

　もちろん，それは受託者責任の概念では捉えきれず，英国法上のスチュワードシップに近い。信託業は受託者として，一つ一つの信託契約において，契約当事者となる受益者に受託者責任を負うが，受託財産が1,500兆円にも達すると，もはや信託業は社会基盤のスチュワードとしての責任を負う。

3　信託業への期待

　信託業は株式会社であることから，当然に営利性を追求し，取締役は株主利益最大化原則を負うとも言われる（→23頁）。しかし，下級審となるが，裁判所は，「株式会社は，理念的には企業価値を可能な限り最大化してそれを株主に分配するための営利組織であるが，同時にそのような株式会社も，単独で営利追求活動ができるわけではなく，1個の社会的存在であり，対内的には従業員を抱え，対外的には取引先，消費者等との経済的な活動を通じて利益を獲得している存在であることは明らかであるから，従業員，取引先など多種多様な利害関係人（ステークホルダー）との不可分な関係を視野に入れた上で企業価値を高めていくべきものであり，企業価値について，専ら株主利益のみを考慮すれば足りるという考え方には限界があり採用することができ

ない。」と判断している（東京高決平成19年7月9日金判1271号17頁）。

　つまり，株式会社は営利性のみを追求すれば足りるわけではなく，ESG と呼ばれる従業員，取引先，消費者等の多様なステークホルダーの利益に配慮することが求められ，その存在には公益性が求められている（上村200頁）。

　英国の自然保護地や歴史的建造物を守るナショナル・トラストの管理者はスチュワードと呼ばれ，その管理者の責任はスチュワードシップと言う。ナショナル・トラストのスチュワードシップとは，資金を出捐する市民に対する相対の責任ではなく，英国内の自然環境を保護し，市民社会の持続可能性を維持するための広範な責任となる。

　信託業は，ESG 要素に配慮した経営を求められる株式会社であり，また，社会基盤のスチュワードであるため，報酬コンサルティング等の特定の利害者を利するビジネスに偏ることなく，市民社会に寄り添った社会的役割をはたす責任がある。

　わが国は，本書でも述べた通り，少子高齢化が進み，年金や財政赤字，貧困等の格差社会など，今後様々な問題が顕在化することが予想される。これらの社会的な課題に対し，信託はどのような解決策を提示できるかが，信託業に期待されることである。

　現役世代の資産形成，世代間の資産承継，高齢者層のサポート等，本書でとりあげた通り既に着手されているが，さらに家族愛を実現し，優しい市民社会を築いていくために信託の仕組みで対応できることは尽きない。

　非課税措置や企業の会計基準の改正，そしてそれらに対応した金融商品・サービスの設計等，これからわが国の社会保障制度に負荷がかかる30年間，どう持続可能な社会を官民一体となりアーキテクトしていくかが課題となり，信託業は社会基盤を付託されたスチュワードとして，常にその中心に存在しなければならない。

索　引

な行

《著者紹介》

坂東　洋行（ばんどう・ひろゆき）

1967 年　福井県生まれ
1990 年　早稲田大学法学部卒業
2014 年　早稲田大学大学院法学研究科博士後期課程修了（博士（法学））
現　　在　名古屋学院大学法学部教授，早稲田大学比較法研究所招聘研究員
主要論文
「金融事業者のガバナンスと金融規制」信託研究奨励金論集 43 号（2022 年）52 頁，「会社法学からみたスポーツ団体ガバナンス」名古屋学院大学論集社会科学篇 57 巻 4 号（2021 年）49 頁，「投資運用業等の受託者責任とスチュワードシップ」名古屋学院大学論集社会科学篇 56 巻 2 号（2019 年）1 頁，「英国における役員報酬改革」早稲田法学 94 巻 3 号（2019 年）375 頁ほか多数

信託法とその社会的役割

2023 年 4 月 1 日　第 1 版第 1 刷発行

著　者	坂	東	洋	行
発行者	山	本		継

発行所　㈱中 央 経 済 社

発売元　㈱中央経済グループ
　　　　　パ ブ リ ッ シ ン グ

〒 101-0051　東京都千代田区神田神保町 1-31-2
電話　03（3293）3371（編集代表）
　　　03（3293）3381（営業代表）
https://www.chuokeizai.co.jp
印刷／文 唱 堂 印 刷 ㈱
製本／㈲ 井 上 製 本 所

©2023
Printed in Japan